Arno Lustiger

» Wir werden nicht untergehen «

Arno Lustiger

»Wir werden
nicht untergehen«
Zur jüdischen Geschichte

Ullstein

Der Ullstein Verlag ist ein Unternehmenm der
Econ Ullstein List Verlag GmbH & Co. KG, Berlin und München
© 2002 by Econ Ullstein List Verlag GmbH & Co. KG, München

Alle Rechte vorbehalten. Printed in Germany
Umschlaggestaltung: Büro Jorge Schmidt, München
Umschlagfoto: Susanne Schleyer, Berlin
Gesetzt aus der Sabon
Satz: Dörlemann Satz, Lemförde
Druck und Bindung: Clausen & Bosse, Leck
ISBN: 3-550-07546-4

INHALT

BIOGRAPHISCHES

Lebenslauf

Arno Lustiger wurde am 7. Mai 1924 in Bedzin in Polnisch-Oberschlesien geboren. Bis 1939 besuchte er dort das jüdische Fürstenberg-Gymnasium und war Mitglied jüdischer Kinder- und Jugend-Organisationen, so der Kinderorganisation der jüdischen Arbeiterpartei *Bund (Skif – Sozialistischer Kinder-Farband)*, später eines zionistischen Pfadfinderbundes.

Während des Krieges war er Mitglied des Untergrundes. Als Zwangsarbeiter und Häftling war er in den folgenden Lagern und KZ interniert: Sosnowitz, Annaberg, Otmuth, Auschwitz-Blechhammer, Groß-Rosen, Buchenwald und Langenstein. Er überlebte die Todesmärsche von Auschwitz-Blechhammer und von Langenstein im Januar und April 1945. Vom letzten Marsch im östlichen Harz flüchtete er und wurde halbtot von einer amerikanischen Panzerspitze gefunden.

Nach seiner Gesundung betätigte er sich als Freiwilliger der amerikanischen Armee u.a. als Dolmetscher. Vom Herbst 1945 bis 1948 lebte er im *Displaced-Persons*-Lager Frankfurt-Zeilsheim als heimatloser Ausländer. Dort war er Redakteur der jiddischen Zeitung »Unterwegs«, Organ der DP in Hessen.

Wegen der schweren durch die Haft bedingten Krankheiten seiner Mutter und seiner Schwester Hella, die wie er das KZ überlebt hatten, blieb er in Deutschland. Seine Schwestern Mania und Erna emigrierten in die USA.

Seit 1948 ist Arno Lustiger Mitglied der Jüdischen Gemeinde Frankfurt. Er war Mitglied des ersten gewählten Gemeinderates nach dem Kriege und Mitgründer der

Jüdischen Gemeinde. Er war mehrmals Vorstandsmitglied.

1950 machte er sich als Hersteller für Damenbekleidung selbstständig.

Als Mandatsträger kommunaler Gremien von Frankfurt/Main war er viele Jahre Ehrenbeamter dieser Stadt. Seit 1964 ist er ohne Unterbrechungen Vorstandsmitglied und stellvertretender Vorsitzender der Budge-Stiftung, des einzigen konstitutionell paritätischen jüdisch-christlichen Altenzentrums in Europa. Seit vielen Jahren ist er stellvertretender Vorsitzender der Kirchheimschen Stiftung und Vorstandsmitglied der Kannschen und der Rothschildschen Stiftung in Frankfurt am Main.

Mehrere Jahre war er Vorsitzender der »Freunde und Förderer des Leo-Baeck-Instituts in Deutschland«. Der Verein fördert die Forschungsarbeit der Leo-Baeck-Institute zur deutsch-jüdischen Geschichte in London, New York und Jerusalem. 1954 war er Mitgründer der Zionistischen Organisation in Deutschland, deren Bundesvorsitzender er viele Jahre war.

Seit langem forscht, schreibt und referiert Arno Lustiger u.a. über die Geschichte der Frankfurter Juden, die polnisch-jüdische Geschichte, die russischen und sowjetischen Juden, die Schoa und den jüdischen Widerstand in Ost- und Westeuropa und über die Rolle der Juden in den sozialen Bewegungen.

Manche Wiederholungen konnten aufgrund des inhaltlichen Zusammenhangs in den jeweiligen Essays nicht immer ausgeschlossen werden.

Die KZ, die Todesmärsche
und meine Befreiung

Blechhammer

Nach den KZ-Lagern Sosnowitz, Annaberg und Otmuth wurde ich im August 1944 ins KZ Blechhammer eingeliefert, einem Nebenlager von Auschwitz in Schlesien. Ich bekam die Häftlingsnummer A-5592 eintätowiert. Das KZ Blechhammer war kein Vernichtungs-, sondern ein Arbeitslager. Die 4000 Häftlinge arbeiteten in einem großen Hydrierwerk, das aus Kohle Benzin herstellte. Die Lebens- und Arbeitsbedingungen waren denkbar schlecht, doch das Ziel der SS im KZ-Blechhammer war nicht die Tötung, sondern die höchstmögliche Ausbeutung der Arbeitskraft der Gefangenen. Deshalb waren die Lagerkapos keine verbrecherischen Sadisten wie in vielen anderen Lagern. Der Lagerälteste Karl Demmerer z.B. war ein Vorbild an Solidarität und verhinderte Übergriffe von Kapos gegenüber den einfachen Gefangenen, wie ich einer war.

Das Werk Blechhammer war von höchster strategischer Bedeutung für die deutsche Kriegsführung und wurde deshalb oft bombardiert. Viele Häftlinge starben bei den Bombardements des Lagers, oder sie wurden bei dem geringsten Verdacht der Plünderung erhängt. Bei Prügelstrafen musste das gesamte Lager anwesend sein. Wer nicht arbeiten konnte, wurde ins Hauptlager Auschwitz verbracht und dort vergast, so auch mein Vater nur zwei Wochen vor meinem Eintreffen im KZ Blechhammer.

Erster Todesmarsch

Am 21. Januar 1945 wurde die Evakuierung des Lagers zu Fuß angeordnet, weil sich die Rote Armee unaufhaltsam Schlesien näherte. Es sollte ein Todesmarsch werden. Als Marschverpflegung wurde ein halbes Kommissbrot, eine Portion Margarine und Kunsthonig verteilt. Es war ein harter Winter mit viel Schnee und Temperaturen um 20 Grad minus. Wir hatten nichts weiter an als unsere gestreiften Zellwollfetzen und Holzschuhe. Durch das Eis, das sich an den Absätzen festsetzte, kam es leicht zu Verstauchungen der Knöchel, die ein Weitermarschieren unmöglich machten. Eine Salve aus einer Maschinenpistole war die Antwort. Wer nicht marschieren oder das Tempo nicht einhalten konnte, wurde erschossen. Schon in der zweiten Nacht wurde mir meine Brotration, die ich in einem Beutel verpackt als Kopfkissen benutzte, gestohlen. Damit war ich eigentlich zum Tode verurteilt, denn das war meine einzige Verpflegung während des Marsches gewesen.

Nach 12-tägigem Marsch über Kosel und Neiße erreichte nur noch ein Viertel der Häftlinge am 2. Februar das KZ Groß-Rosen. Dort erlebte ich die schlimmsten Zeiten als Häftling. Sadistische Berufsverbrecher, die als Kapos das Lager beherrschten, prügelten zahlreiche Häftlinge zu Tode.

Buchenwald
Am 7. Februar 1945 wurden die überlebenden Häftlinge auf offene Waggons verladen. Die dreitägige Reise ohne Transportverpflegung führte über Dresden und Jena nach Weimar. Als der Zug auf dem Bahnhof in Weimar am 10. Februar 1945 eintraf, gab es einen heftigen Fliegerangriff. Die SS-Wachen flüchteten in Panik, und auch einige Häftlinge, darunter ich, liefen weg. Ich versteckte mich hinter einem Haus, doch nach der Entwarnung wurde ich denunziert und eingefangen. Nun ging es nach Buchenwald, denn die Gleise in das nahe gelegenen KZ waren unbeschädigt geblieben.

Langenstein
Nach einer Woche als Buchenwald-Häftling Nr. 124880 im berüchtigten »Kleinen Lager« wurde ich mit der Bahn ins KZ Langenstein im Harz verbracht. Später erfuhr ich, dass das Lager erst im April 1944 errichtet und hier die letzte Parole der SS ausgegeben worden war: »Verschrottung durch Arbeit«. Ich wurde in dieses Lager, in dem die durchschnittliche Lebenserwartung sechs Wochen betrug, von

den Funktionskapos aus Buchenwald als sogenanntes menschliches Verschrottungs-Objekt geschickt, da ich zu keiner schützenswerten Kategorie gehörte. Zu einer solchen Kategorie zählten zum Beispiel orthodoxe Kommunisten. Der Tagesablauf im KZ Langenstein sah folgendermaßen aus: Wecken um 5 Uhr, Waschen in der eiskalten Waschbaracke, Bettenbau, Essenfassen (Brühe aus Ersatzkaffee, 200 Gramm Brot, je ein Löffel Margarine und Marmelade), Appellstehen, Marsch von mehreren Kilometern zur Arbeit. Die Häftlinge gruben kilometerlange Stollen und schleppten den Abraum in schweren Loren, die auf den wackligen, provisorischen Schienen oft entgleisten. Bei Sprengungen starben viele Häftlinge, weil es keinen Atem- oder Kopfschutz gab. Doch die meisten Kameraden starben durch Unterernährung, Schikanen und Schläge der SS-Wachen. Mehrmals passierte es, dass ein Kamerad neben mir beim Schieben einer Lore einfach tot umfiel. Einmal bekam ich Durchfall und war so schwach, dass ich mit letzten Kräften den Stollen erreichte. Ich war sicher, dass dies der letzte Tag meines Lebens war. Der nicht zur SS gehörende zivile Meister meines Kommandos erkannte sofort meine Lage und schloss mich, ohne ein Wort zu sagen, in eine Werkzeugkiste ein und ließ mich erst bei Arbeitsende wieder heraus. Dieser eine arbeitsfreie Tag hat mir das Leben gerettet.

Die im Stollen bei der Arbeit verstorbenen Kameraden mussten zurück ins Lager getragen werden, denn die Zahl der einrückenden musste mit der Zahl der ausrückenden Sklaven stimmen. Nach 12- bis 14-stündigem Arbeitstag verzögerte sich der Rückmarsch wegen der alliierten Fliegerangriffe manchmal um Stunden, denn auf keinen Fall durften die Flieger den stark getarnten Tunneleingang bemerken. Danach gab es noch einmal einen Zählappell, so dass zum Schlafen nur wenige Stunden blieben.

Wegen kleinster Übertretungen wurden Prügelstrafen angeordnet, und oft sind an dem berüchtigten großen Kiefernbaum Häftlinge wegen Kleinigkeiten aufgehängt worden. Die Sterblichkeit war so hoch, dass das mit dem Begraben der Leichen beauftragte Kommando mit der Arbeit nicht nachkam. Die toten Häftlinge wurden durch Transporte neuer Häftlinge aus dem KZ Buchenwald ersetzt.

Das KZ Langenstein war das internationalste Lager, das ich kennen lernte, denn dort litten und starben Häftlinge und Widerstandskämpfer aus 17 europäischen Nationen, darunter sehr viele Franzosen. In den wenigen freien Stunden unterhielt ich mich gerne mit gefangenen sowjetischen Offizieren, die mich über den abgrundtiefen Gegensatz zwischen kommunistischen Ideen und der sowjetischen Praxis im Namen des Kommunismus aufklärten und mir meine Illusionen über die Sowjetunion gründlich austrieben.

Anfang April 1945 wurde die Arbeit im Stollen eingestellt, denn die amerikanischen Truppen näherten sich dem Harz, und es wurde über eine Evakuierung gesprochen. Eines Tages wurden die Häftlinge auf den Appellplatz befohlen, doch niemand folgte der Aufforderung, weil bekannt geworden war, dass die SS alle 4000 Häftlinge in den Tunnel treiben und dann den Eingang sprengen wollte.

Zweiter Todesmarsch

Schließlich wurde am 9. April die Evakuierung des Lagers befohlen. Alle marschfähigen Häftlinge bekamen eine Tagesration als Verpflegung, die einzige während des ganzen Fußmarsches. Es wurde in sechs Kolonnen zu 500 Mann und nur nachts marschiert. Wer nicht marschieren konnte, wurde auf der Stelle erschossen. Die Häftlinge einer dieser Kolonnen wurden alle ermordet, von anderen blieben nur zwei Dutzend am Leben. Die ersten Etappen waren Quedlinburg, Ermsleben und Welbesleben.

In der vierten Nacht flüchtete ich bei Quenstedt. Kurz nach Mitternacht weckte ich einen in einem Bauernhaus einquartierten Wehrmachtsoffizier und bat ihn um ein Stück Brot. Er musterte mich und sagte: »Warten Sie hier und laufen Sie nicht weg.« Ich war überzeugt, dass er per

Telefon die Feldgendarmerie alarmierte, um sich nicht selbst die Hände an einem entlaufenen Häftling schmutzig zu machen. Nach einer Weile, die für mich eine Ewigkeit dauerte, kam er mit einem ganzem Kommissbrot heraus und schlug die Tür zu. Ich fand draußen vor dem Dorf eine Gartenhütte, in die ich mich für den Rest des Tages verkriechen wollte. Doch gegen Morgen weckte mich das Gebell von Hunden, die mich aufgespürt hatten. Zwei mit Gewehren bewaffnete Volkssturm-Männer befahlen mir, mich zu den acht Häftlingen zu stellen, die in dieser Nacht ebenfalls geflüchtet und gefasst worden waren. Wir wurden zum Lagerplatz unserer Marschkolonne geführt. Ich wusste, dass dies die letzte Stunde meines Lebens war, denn auf Flucht stand die sofortige Exekution. Kurz entschlossen lief ich in der Nähe eines Waldes einfach weg, und es war mein Glück, dass mich keine der vielen Kugeln traf. Ich irrte im Wald umher, hörte aus der Ferne Geschützdonner und wusste nicht, wo die nahe Frontlinie verlief. Plötzlich hörte ich Schritte. Es war ein deutscher Deserteur, ohne Koppel und Waffe, der aus der Gegend stammte und einfach nach Hause wollte, dorthin, wo schon die Amerikaner waren. Ich habe mich an seine Fersen geheftet, aber er wollte mich durch ein hohes Tempo, das er anschlug, loswerden. Er hätte mich auch mit einem Schlag ins Jenseits befördern können, aber er wollte wohl nicht die ersten Stunden seiner Freiheit mit einem Mord beginnen.

Befreiung

Nach einer gewissen Zeit hatte ich offenbar doch das Bewusstsein verloren, denn plötzlich hörte ich wie im Traum englische Worte. Es war eine amerikanische Panzerspitze, die mich am Waldrand aufgelesen hatte und mich festgeschnallt auf dem Panzer ins Feldlazarett brachte. Ich war jetzt frei, aber halbtot.

Über die nächsten Tage kann ich nichts sagen, denn ich war wie in einem Trancezustand. Einmal spürte ich den Händedruck eines Soldaten, der sich beim Anblick meiner

Auschwitznummer die Tränen wegwischte. Später lernte ich meinen Retter kennen, einen jüdischen Armeearzt aus New York, der mich auf strenge Diät setzte und mir damit das Leben rettete. Meine Befreier gehörten zum 474. Luftabwehr-Bataillon der First Army, das seit der Landung in der Normandie im Juni 1944 ununterbrochen im Einsatz war.

Freiwilliger der US-Army

Da ich mich dank der guten Pflege sehr schnell erholte, bat ich den kommandierenden Offizier, Oberstleutnant William A. Stricklen, mich in die Einheit aufzunehmen. Ich erhielt eine Uniform und eine Waffe, eine großkalibrige Pistole, fungierte als Dolmetscher für Deutsch und slawische Sprachen und nahm u. a. an Vernehmungen von Kriegsgefangenen teil. Auch Befehle und Anordnungen der Amerikaner habe ich den zahlreichen befreiten alliierten Kriegsgefangenen überbracht und die Frontzeitung meiner Einheit »The Track« verteilt.

Wir waren im Harzstädtchen Hettstedt stationiert, und ich genoss die Freiheit, aber auch die brüderliche Kameradschaft meiner Befreier. Es waren durch viele Schlachten hart gesottene Veteranen, doch sie zeigten ihr weiches Herz im Umgang mit Kindern und Jugendlichen und vor allem mit mir. Ein älterer Stabssergeant übernahm die Vaterrolle und versuchte mich mit allen Mitteln aufzuheitern, denn ich war überglücklich, aber zugleich oft unendlich traurig, weil ich über mehrere Wochen hinweg keinen einzigen jüdischen Überlebenden getroffen hatte. Ich glaubte manchmal, dass ich der einzige überlebende Jude wäre, der einzige meiner Familie, der Letzte von Millionen.

Mein 21. Geburtstag

Von der Kapitulation Deutschlands erfuhr ich von Frankie, einem polnischstämmigen Kameraden aus Chicago, der die freudige Nachricht im Armeeradio gehört hatte. Wir haben uns daraufhin so besoffen, dass wir nur als wankende Gestalten am Appell, auf dem unser Captain den Text der Kapitulation vorlas, teilnehmen konnten. Erst danach erinnerte ich mich, dass ich am Tag zuvor, am 7. Mai 1945, meinen 21. Geburtstag vergessen hatte. Nun setzte aus beiden Anlässen, dem Sieg über Nazi-Deutschland und wegen meines Geburtstags, ein allgemeines Besäufnis ein. Ich war volljährig und frei. Ich freute mich mit den Menschenmassen auf den Straßen, unter ihnen viele befreite Zwangsarbeiter aus ganz Europa, aber im Inneren beweinte ich den Tod meiner Familienangehörigen und meines Volkes.

Als die amerikanische Armee aufgrund interalliierter Abkommen Sachsen und Thüringen räumte, kam ich mit meiner Einheit nach Westdeutschland. Ich bat um Entlassung und ging auf eine mehrmonatige Reise quer durch Europa auf der Suche nach meiner Familie. Ich fand tatsächlich meine Mutter und drei Schwestern in einem Dorf in Schlesien, wo sie aus einem Lager von Rotarmisten befreit worden waren. Gemeinsam kamen wir in das Displaced-Persons-Lager Frankfurt-Zeilsheim, wo wir bis 1948 blieben.

Im Februar 1997 hat das SWF-Fernsehen eine Dokumentation über meine Zeit in Langenstein gedreht. Ulrich Neumann mit seinem Team und ich brauchten einen ganzen Tag, um das Grab meiner bei Quenstedt ermordeten acht Kameraden zu finden. Die Inschrift auf der Grabplatte hätte von neun, statt von acht Häftlingen gesprochen, wären die Volkssturm-Männer, die uns zur Exekution geführt hatten, entweder bessere Schützen oder schlechtere Menschen gewesen. Wir fanden auch das Quartier meiner Einheit in Hettstedt, wo ich mehrere Wochen meines Lebens verbrachte. Es befand sich im Kasino der Mansfelder Kupferwerke. Frau Friedel Hohnbaum-Horschuch, deren Vater die amerikanische Frontzeitung »The Track« in Hettstdedt gedruckt hatte, hat mir ein Originalexemplar der einzigen Ausgabe geschickt.

Langenstein gehört zu dem Teil meiner Biographie, den ich lange Zeit verdrängt habe. Erst viele Jahre nach dem Krieg und nach vielen Überlegungen wollte ich den Ort meines Leidens und meiner Befreiung wiedersehen. Ich schrieb an den Rat der Stadt Halberstadt und bat als ehemaliger Langenstein-Häftling um die Ausstellung eines Einreisevisums. Von den beamteten Antifaschisten in der damaligen DDR erhielt ich die Aufforderung, *nachzuweisen*, dass ich wirklich Häftling dort gewesen war. Ich musste mehrere Monate auf die entsprechende Bescheinigung und auf den Auszug aus den Akten des Internationalen Suchdienstes in Arolsen warten. Als »normaler« Tourist hätte ich das Visum sofort bekommen, auch wenn ich früher Nazi gewesen wäre.

Seit mehreren Jahren stehe ich im engen Kontakt mit den Mitarbeiterinnen und Mitarbeitern der leider wenig bekannten Gedenkstätte Langenstein. Mehrere Lagerkameraden haben in Essays und Büchern vom Todesmarsch, der eine andere Art von »Harzreise« war, und über ihre Erlebnisse in Langenstein berichtet.

Noch immer ist der Stollen, bei dessen Aufbau so viele meiner Kameraden zu Tode geschunden wurden, für die Öffentlichkeit nicht zugänglich. Nach dem Zusammenbruch der DDR hat die Treuhand versäumt, entweder die Erhaltung des Stollens oder wenigstens eine kurze Strecke als Gedenkstätte zu sichern.

Arno Lustiger und Wolf Biermann bei der Verleihung des
Heinz-Galinski-Preises am 17. Januar 2002 in Berlin
© ullstein bild – Henry Herrmann

JÜDISCHE ARBEITERBEWEGUNG UND KULTUR

Die jüdische Arbeiterbewegung

Der jüdische Sozialismus war eine Bewegung im jüdischen Volk, die neben dem Kampf um die Verwirklichung der universellen sozialistischen Ideen auch für die Erreichung der besonderen Ziele des jüdischen Proletariats, das unter schwierigen Bedingungen um seine Rechte kämpfte, eintrat. Der jüdische Sozialismus ist nicht zu verwechseln mit den Aktivitäten von Juden innerhalb der sozialistischen Bewegungen in verschiedenen Ländern, die keine spezifischen Interessen der jüdischen Arbeiterschaft zum Ausgangspunkt hatten. Mehrere Juden waren z.B. bereits in der Ersten Internationale aktiv. In der Zweiten, Dritten und Vierten Internationale gab es ebenfalls viele führende jüdische Aktivisten wie auch innerhalb der Gewerkschaftsbewegungen in vielen Ländern der Welt.

Warum entstand die jüdische Arbeiterbewegung? Der Grund war das ethisch bedingte, von den Propheten Israels postulierte Streben nach sozialer Gerechtigkeit, aber vor allem die große Not der jüdischen Arbeiterschaft, resultierend aus der Lage der Juden in den jüdischen Zentren Europas und Amerikas. Die jüdischen Arbeiter waren dem doppelten Druck der sozialen und nationalen Unterdrückung ausgesetzt und durch Vorurteile, gesetzliche und andere Beschränkungen der Möglichkeit beraubt, in der sozialen Entwicklung weiter zu kommen. Oft konnten sie nur in Betrieben von jüdischen Arbeitgebern unterkommen. Da es sich hier um kleine Unternehmen handelte, gab es geringe Möglichkeiten, die Lage zu ändern. Der jüdische Sozialismus erstrebte, die Lage der Juden durch gemeinsamen Kampf zu verbessern und sie von dem doppelten Druck zu befreien. Dies erklärt den großen Anteil der Juden in allen sozialen, auch allgemeinen, nicht spezifisch jüdischen sozialen Bewegungen.

Es gab mehrere Perioden:

Die erste »vorgeschichtliche« Periode von 1860 bis 1893 war der zaghafte, aber misslungene Versuch, den jüdischen Sozialismus ins Leben zu rufen.

Die zweite Periode von 1893 bis 1907 stand unter dem Zeichen der Begründung und Stärkung der jüdischen Arbeiterbewegung.

Die dritte Periode von 1907 bis 1914 war gekennzeichnet von der Erfüllung vieler Postulate der jüdischen Arbeiterbewegung, aber auch vom Konkurrenzkampf zwischen den Parteien um die Stimmen der jüdischen Arbeiter.

Die vierte Periode von 1914 bis 1919 brachte den Zerfall der einheitlichen jüdischen Arbeiterbewegung. Es folgte die Gründung der jüdischen sozialistischen Parteien in Russland, der Ukraine, Weißrussland, Litauen, Lettland und den USA.

Die fünfte Periode von 1919 bis 1939 führte, außer in Polen, zur Schwächung der Arbeiterbewegung in vielen Ländern durch die Verbürgerlichung der Arbeiterklasse und der jüdischen Arbeiter.

Die sechste Periode von 1939 bis heute steht für die Ermordung von Millionen von Juden und Zerschlagung der jüdischen sozialistischen Partei mit ihren Mitgliedern und allen Strukturen. Nur die mächtige sozialistische Gewerkschaftsbewegung »Histadrut« in Palästina, heute in Israel, erlebte einen großen Aufschwung.

Die Geschichte der jüdischen Arbeiterbewegung in der ersten Periode ist eng mit der »Haskala« (hebr. »Aufklärung«) in Russland und Polen verbunden. Im Zuge der Teilung Polens 1772 und der völligen Zerschlagung der polnischen Adelsrepublik 1793 und 1795 wurde Russland erneut mit der »Judenfrage« konfrontiert. Das Zarenreich annektierte ein Territorium, in dem sich im ausgehenden 18. Jahrhundert die größte jüdische Minderheit der Welt konzentrierte.

Per Dekret schränkte Katharina II. 1791 die Bewegungsfreiheit der Juden drastisch ein. Sie durften künftig ausschließlich in einem zugewiesenen Gebiet, dem so genannten jüdischen Ansiedlungsrayon, leben. Dieses Territorium von einer knappen Million Quadratkilometer erstreckte sich von der Ostsee bis zum Schwarzen Meer und umfasste 25 Gouvernements *(Gubernii)*. In diesem Sperrbezirk lebten mehr als die Hälfte der Juden der Welt und 94 Prozent der russischen Juden. Ihr Anteil an der Gesamtbevölkerung betrug 11 Prozent, in kleineren Orten, den Schtetls, waren sie oft in der Mehrheit. Meist fristeten sie ihr Dasein in bitterer Armut als Luftmenschen – umherziehende Händler –, als Lastträger, Handwerker oder in der Kleinindustrie.

Die Reaktionen der Juden auf gesetzliche Diskriminierung, Pogrome und Ritualmordbeschuldigungen, Armut und widrige Arbeitsbedingungen waren vielgestaltig. Bildung und Aufklärung schienen einen Ausweg aus dem Elend zu bieten. Die jüdische Aufklärungsbewegung »Haskala« konnte sich aufgrund der widrigen Lebensverhältnisse im Ansiedlungsrayon nur auf die wirtschaftlich und sozial unabhängigen Mitglieder der Gemeinden stützen. Es gab sogar einen gewissen Kulturkampf zwischen den hebräisch- und jiddischsprachigen Schichten. Jiddisch war die Sprache der breiten Massen, Hebräisch wurde neben Russisch von den gebildeten Kreisen benutzt. Im Laufe der Zeit bildete sich unter den Handwerksgesellen und Fabrikarbeitern ein frühes Proletariat, das zum Träger der revolutionären sozialistischen Partei und der Arbeiterbewegung wurde und die Herrschaft der Reichen und Honoratioren über die Gemeinden bekämpfte.

Die jüdische Intelligenzija innerhalb der Haskala-Bewegung, meist sekuläre Studenten und Akademiker, waren von den radikalen Strömungen in Russland beeinflusst. Sie revoltierten gegen die jüdisch-religiösen Werte und Traditionen im Ansiedlungsrayon. Sie verbanden revolutionäre Ideen und marxistische Ideologie mit einem Gefühl der Zugehörigkeit und Verantwortung für das bittere Schicksal von Millionen von Juden. Auf dem Wege zum

Sozialismus, der die Assimilation begünstigte, entdeckten die Intellektuellen das jüdische Proletariat, die selbstbewussten Handwerker und Arbeiter. Die daraus resultierende Allianz zwischen der radikalen jüdischen Intelligenzija und den jüdischen Massen begünstigte das Entstehen des jüdischen Sozialismus und der Arbeiterbewegung. Doch zunächst fanden die sozialistischen Ideen wenig Resonanz in der noch schwach strukturierten Arbeiterschaft.

Der Vater des jüdischen Sozialismus war der 1845 in Litauen geborene Aron Liebermann. Nach seinem Studium wurde er Lehrer an der Technischen Hochschule in St. Petersburg. Später kehrte er nach Litauen zurück und war seit 1872 eines der aktivsten Mitglieder der revolutionären Bewegung, die sich später als »Narodnaja Wola« konstituierte. Um der drohenden Verhaftung durch die zaristische Geheimpolizei zu entgehen, flüchtete er zunächst nach Berlin und ging dann nach London. Dort wurde er Setzer der von Pjotr Lawrow redigierten russisch-sozialistischen Zeitschrift »Wperjod«, in welcher auch seine Artikel über die Lage der jüdischen Arbeiter erschienen sind. 1876 verfasste er die Statuten einer revolutionären jüdisch-sozialistischen Bewegung in Russland. Da er enthusiastischer Verfechter der hebräischen Sprache war, gab er dem von ihm im gleichen Jahr in London gegründeten Jüdischen Sozialistischen Verein den hebräischen Namen »Agudat Hasozialistim Haiwriim«. Der hebräische Gründungsaufruf wurde im »Wperjod« auf Russisch nachgedruckt. In London wurde von ihm auch die erste jüdische Gewerkschaft gegründet. 1877 zog er nach Wien, wo er die erste jüdische sozialistische Zeitung »Ha'emet« (Die Wahrheit) herausgab, die auf Hebräisch erschien. In der ersten Ausgabe definierte er die Ziele der Zeitschrift. Sie würde sich nicht mit religiösen oder nationalen Problemen beschäftigen. Die Notwendigkeiten des Lebens, Brot und Butter, hätten Vorrang vor allen religiösen und ideologischen Problemen. Wegen mangelnder finanzieller Unterstützung und wegen des Verbots in Russland musste die Zeitschrift bald eingestellt werden. Liebermann wurde unter dem Vorwurf revolutionärer Aktivitäten in Wien verhaftet und nach Deutschland ausgewiesen, wo er sofort eingekerkert wurde. Er konnte aber nach London zurückkehren. 1880 folgte er einer Frau in die Vereinigten Staaten von Amerika. Weil seine Liebe zu ihr unerwidert blieb, beging er dort im gleichen Jahr im Alter von 35 Jahren Selbstmord.

Während der zweiten Periode von 1893 bis 1907 entstand die eigentliche jüdisch sozialistische Bewegung in den annektierten polnischen und den sechs weißrussisch-baltischen Provinzen des Zarenreiches mit den Textilindustriegebieten um Łodz und Białystok und dem geistigen Zentrum Wilna. 1864 gab es dort bereits mehr als 200 von Juden gegründete Fabriken. Wegen schlechter Entlohnung und katastrophaler Arbeitsbedingungen kam es unter den Arbeitern der Textil- und Tabakindustrie häufig zu Streiks. So war z. B. bis 1885 Nachtarbeit von Frauen und Kindern in Russland erlaubt, erst 1897 wurde die tägliche Arbeitszeit auf elfeinhalb Stunden gesenkt. Die Arbeiterschaft organisierte sich unter Führung säkularisierter jüdischer Radikaler. Die ersten jüdisch-sozialistischen Zirkel, jiddisch *Kreislech* genannt, bildeten sich 1872 um das Rabbinerseminar in Wilna. Man forderte den Zehn-Stunden-Tag, und richtete Streikkassen, jiddisch *Kasses*, ein. Neben den Zeitungen »Jidischer arbeter« und »Die arbeter-stimme« erschienen in Wilna zahlreiche jiddische Broschüren mit sozialistischer Propaganda. 1895 begingen in der Stadt mehr als 500 Juden den 1. Mai.

Die Arbeiterbildungskurse über jüdische Kultur und Sozialismus wurden zunächst in russischer Sprache durchgeführt, aber bald sollte die jiddische Sprache das ideologische Rückgrat der Arbeiterbewegung bilden. Viele Intellektuelle wurden Arbeiterführer und organisierten Streiks, weil sie zur Überzeugung gelangten, dass die Juden eine eigenständige Arbeiterbewegung bilden müssen. Die vielen *Kreislech* sollten von einer Massenorganisation abgelöst werden.

Im Juni 1895 tagte in Wilna die erste jüdische Arbeiter-

konferenz. Auf einer konspirativen Tagung vom 7. bis
9. Oktober 1897 wurde in Wilna der »Allgemeine jidische
arbeterbund in Russland un Pojln« (Bund) gegründet, der
sich zunächst keine eindeutige Definition als Organisation
gab, da er nicht nur als politische Partei agierte, sondern
sich auch gewerkschaftlichen Zielen widmete. Die Bundisten bauten Streik- und Krankenkassen auf. Sie betrachteten
sich als Teil der russischen Sozialdemokratie und deklarier-
ten den Kampf gegen die zaristische Autokratie als ihr po-
litisches Hauptziel. Das seit 1898 in Genf bestehende Auslandsbüro gewährte nationalen Sektionen weitgehende
Autonomie. Hatte die Mehrheit der Delegierten auf dem
III. Parteitag in Kowno »Nationalitätenrechte« noch abgelehnt, so wurde auf dem IV. Parteitag in Białystok die Um-
wandlung Russlands in eine »Föderation von Nationalitäten mit voller nationaler Autonomie« gefordert, und zwar
unabhängig von dem Territorium, auf dem das Volk lebte.

Zu den Führern des Bundes gehörten Wladimir Kossowski, Arkadi Kremer und Abraham Mutnik. Als bei der
Maidemonstration 1902 mehr als zwanzig jüdische Arbeiter auf Befehl des zaristischen Gouverneurs von Wilna
ausgepeitscht wurden, versuchte Hirsch Lekert, ein junges
Mitglied des Bundes, ihn zu töten. Lekert wurde sechs
Wochen später gehenkt. Individuelle Terrorakte lehnte
der Bund ab, aber nach den Pogromen im Jahre 1903 organisierte er Selbstverteidigungseinheiten. Dadurch nahm
sein Einfluss unter den Arbeitern rasch zu. Er zählte 1905
35000 Mitglieder in Russland, die Russische Sozialdemokratische Arbeiterpartei dagegen nur 8400. Die Presseorgane des Bundes, z.B. »Der weker« und »Volkszeitung«,
wurden zeitweilig illegal im Ausland gedruckt.

Der Bund war ein wichtiges und geachtetes Mitglied der
Sozialistischen Internationale. Aus den Reihen der Bundisten kamen in mehreren Ländern Führer der Arbeiterbewegung, z.B. in den USA und in Polen, wo er bis in die
40er Jahre als selbstständige Partei (im Untergrund) bestand. 1914 machte sich der Bund in Polen selbstständig.
Bis 1939 wuchs er zur stärksten Gruppierung unter den

jüdischen Sozialisten. Er publizierte zahlreiche Tageszeitungen, literarische Journale, fachliche Gewerkschaftsblätter. Die Partei nahm an allen Gemeinde-, kommunalen und Parlamentswahlen mit großem Erfolg teil. Sie bildete eine starke Gewerkschaftsorganisation mit eigenen Krankenkassen, Sanatorien und Kindererholungsheimen, einem eigenen Netz von jiddischen Volksschulen, Gymnasien und Lehrerseminaren. Als sekuläre, atheistische Bewegung bekämpfte der Bund die jüdische Orthodoxie und Religion. Es gab bundeigene Arbeitersportklubs wie der »Stern«, eine Jugendorganisation »Zukunft« und den Kinderverband »Skif Sozialistischer Kindervarband«. Der Bund hatte, ähnlich wie die deutsche Sozialdemokratie, auch eine eigene Schutztruppe.

Die legendären Führer des Bundes in Polen, Henryk Erlich und Wiktor Alter, die bereits 1917 an der Februarrevolution in Russland teilgenommen hatten, flüchteten nach Kriegsausbruch 1939 nach Ostpolen, das von der Roten Armee besetzt wurde. Sie wurden verhaftet, zum Tode verurteilt, begnadigt und sind nach Kriegsausbruch 1941 ermuntert worden, einen Plan zur Gründung eines Jüdischen Antifaschistischen Komitees zur Verteidigung der Sowjetunion auszuarbeiten. Ihre Ideen wurden übernommen, aber beide wurden nochmals verhaftet. Alter wurde 1942 erschossen, Erlich beging in seiner Zelle in der Lubjanka Selbstmord. Dieses Verbrechen an prominenten Präsidiumsmitgliedern der Sozialistischen Internationale löste Proteste in der ganzen westlichen Welt aus, aber die Sowjetführung hat die Morde stets geleugnet.

Der Bund hatte Schwesterorganisationen in mehreren europäischen, nord- und südamerikanischen Ländern. Heute gibt es eine Veteranengruppe in Israel, dem einstigen ideologischen Feind. Im Laufe seines hundertjährigen Bestehens kämpfte er für die Interessen der jüdischen Arbeiter, für die nationale und kulturelle Autonomie der Juden und propagierte einen säkularen, demokratischen Sozialismus. Ideologen wie Kossowski und Medem prägten die Doktrin der *Do'igkejt* (Hiersein) als scharfen Gegen-

satz zur zionistischen Idee von einem eigenen Staat in Palästina. Die militante Gegnerschaft zum Zionismus blieb
bis zum Zweiten Weltkrieg ein zentraler Bestandteil der
Ideologie und Praxis des Bundes. Zur Förderung und
Pflege der jiddischen Kultur und Literatur, der Sprache
der jüdischen Massen gründete der Bund ein Netz von jiddischsprachigen Schulen und Organisationen.

Juden gehörten zu den Aktivisten der russischen Sozialdemokratie. Deren Dachorganisation, die Sozialdemokratische Arbeiterpartei Russlands, SDAPR, wurde 1898 in
Minsk gegründet. Diese Stadt wurde gewählt, weil es dort
schon eine starke Bund-Organisation gab, die auch eine illegale Druckerei zur Verfügung stellte. Vier der neun Delegierten dieses ersten Parteitages waren Juden (Edelman,
Katz, Kremer und Mutnik), Edelman und Kremer gehörten zu den drei Mitgliedern des ersten Zentralkomitees.
Fast alle Delegierten wurden kurz nach der Gründung
vom zaristischen Geheimdienst Ochrana verhaftet.

Der Bund schloss sich, wie auf dem Gründungspartei-
tag vereinbart, der SDAPR als autonome Organisation an
und erwies sich bald als deren stärkste und aktivste Gruppierung. Er geriet nicht nur ins Fadenkreuz der Antisemiten und der zaristischen Geheimpolizei. Selbst der Vater
des russischen Marxismus, Plechanow, äußerte sich voller
Hass über die Bundisten. Er erkannte zwar deren Rolle als
Vorhut der Arbeiterbewegung an, wies jedoch die Auto-
nomieforderungen zurück. Viele nichtjüdische russische
Marxisten kritisierten, dass der Bund nicht nur auf dem
Klassenkampf (dieser stand auch bei ihnen an vorderster
Stelle) beharrte, sondern für das jüdische Proletariat den
Status einer Nation forderte sowie die Pflege jüdischer
Kultur und Sprache, und zwar auch ohne geschlossenes
jüdisches Siedlungsgebiet. Ein solches von österreichi-
schen Marxisten inspiriertes Nationenkonzept wurde als
»spalterisch« deklariert.

Der Bundist Medem, der in einem zum Lutheranertum
konvertierten Elternhaus aufwuchs und als Muttersprache nicht Jiddisch, sondern Russisch lernte, schrieb 1910:

»Das organisierte jüdische Proletariat ist sowohl das Rückgrat der Kulturbewegung als auch das Rückgrat der politischen Bewegung. Es vereint den allgemeinen politischen Kampf mit dem Kampf um Entwicklungsmöglichkeiten für seine demokratische Kultur. Frei von jeder nationalistischen Demagogie verteidigt es seine Klasseninteressen, und vom Klassenstandpunkt ausgehend, erstrebt es die nationale Befreiung.«

Die größte jiddische Bibliothek Europas in Paris, die vor den deutschen Besatzern versteckt werden konnte, trägt übrigens den Namen Medem.

Auf dem 2. Parteitag der SDAPR, der am 30. Juli 1903 in Brüssel begann und nach dreizehn Sitzungen am 11. August in London (24 Sitzungen) fortgesetzt wurde, offenbarte sich der tiefe Abgrund zwischen den totalitären Bestrebungen der von Lenin geführten Gruppe, dem freiheitlich-demokratisch strukturierten Bund und der Gruppe um Martow. Obwohl der Bund mehr Mitglieder zählte als alle russischen Lokal-Gruppen zusammengerechnet, wurden ihm nur fünf Delegierte zuerkannt, drei für ganz Russland und Polen, d.h. ein Mandat pro 10000 Mitglieder, und zwei für das Auslandskomitee. Die nichtjüdischen Gruppen erhielten je ein oder zwei Mandate. Lenin hatte mit Hilfe seiner Anhänger die Postulate des Bundes nach kultureller und sprachlicher Autonomie des jüdischen Proletariats auf äußerst polemische und trickreiche Weise zurückgewiesen.

Der Antrag, den Bund als die legitime Vertretung des jüdischen Proletariats anzuerkennen, wurde auf Geheiß Lenins ebenso abgelehnt wie die Forderung nach einem föderalen Aufbau der SDAPR. Zu den Hauptopponenten in dieser Frage gehörten u.a. Martow und Trotzki. Der Bund sah sich gezwungen, die SDAPR nach fünfjähriger revolutionärer opferreicher Tätigkeit zu verlassen.

Das ZK des Bundes reagierte auf die auf dem Parteitag vorgebrachten Beschuldigungen, die Organisation sei eine historische Anomalie, schädlich, nationalistisch und bürgerlich, im Dezember 1903 mit einem Aufruf:

Das alles wäre sehr lächerlich, wenn es nicht so traurig wäre. Traurig ist der Fakt, der sich auf dem Parteitag herausgestellt hat: die Führer der russischen Sozialdemokratie haben nicht die geringste Ahnung vom Bund, sei es vom Charakter und Inhalt seiner Tätigkeit, sei es über die historische Rolle, die der Bund als Einziger wegen der besonderen gesellschaftlich-politischen Bedingungen, die durch zweitausendjährige Verfolgungen der Juden bestimmt sind, zu spielen hat. Außer der wirtschaftlichen und politischem Repression, unter welcher er wie die Proletarier anderer Länder steht, leidet der jüdische Proletarier unter einem besonderen, schrecklichen Druck, der historisch gewachsenen Verachtung des Juden, einem Paria der Parias.

Dieser Appell endet mit den Parolen: »Nieder mit dem Bruderkrieg! Es lebe der Sozialismus!«

Wenige Monate vor dem Parteitag, im April 1903, fielen in Kischinjow innerhalb von drei Tagen 45 Juden einem Pogrom zum Opfer, fast hundert wurden verletzt, 700 Häuser und 600 Läden zerstört. Als Lenin den Bund zu vereinnahmen bzw. zu liquidieren versuchte, bevölkerten zahlreiche Bundisten die zaristischen Gefängnisse und die sibirischen Verbannungsorte und betrauerten ihre Genossen vom Selbstschutz, die bei den Pogromen gefallen waren. Auch im Zuge der gescheiterten Revolution von 1905, an der sich viele jüdische Arbeiter beteiligten, waren die Juden in Russland wie in Polen Verfolgungen und Pogromen ausgesetzt, so in Łodz, Białystok, Warschau, Minsk und anderen Zentren der jüdischen Arbeiterbewegung. Viele Revolutionäre wurden nach Sibirien verbannt.

Die russischen Rechten verknüpften vor der Revolution die antisemitische Hetze gegen den Bund verstärkt mit antirevolutionären Parolen und verkündeten, alle Juden seien unterschiedslos Revolutionäre – schon deshalb dürfe man ihnen keine Bürgerrechte gewähren.

Einige Führer des Bundes

Wladimir Kossowski

wurde 1867 in Dwinsk in Lettland geboren. Bereits als Gymnasiast in Kowno stand er den Narodniki nahe. Ab 1895 engagierte er sich für die jüdischen Arbeiter in Wilna. Er gehörte als Mitbegründer des Bundes (1897) auch dessen erstem ZK an und initiierte die erste bundistische Zeitung »Der jidischer arbeter«, die im Ausland gedruckt und illegal nach Russland gebracht wurde. Er schrieb mehrere Propagandabroschüren. 1898 wurde er verhaftet. Als der Zug mit dem prominenten Häftling in Moskau eintraf, hatten sich Spitzenbeamte des Zarenreiches versammelt, unter ihnen der Armee-Kommandeur von Moskau, Justizminister Murawjow und der berüchtigte Chef der Ochrana Subatow. Wenig später floh Kossowski nach Genf, wo er das 1898 von John Mill gegründete Auslandsbüro des Bundes leitete, dessen Organ »Poslednije nowosti« (Neueste Nachrichten) herausgab und zahlreiche programmatische Schriften veröffentlichte. Kossowskis scharfe Debatten mit Lenin auf dem II. Parteitag der SDAPR 1903 beeindruckten sowohl Bundisten als auch Mitglieder der befreundeten sozialistischen Parteien. 1904 wurde Kossowski als Bund-Vertreter zum Mitglied der Sozialistischen Internationale in Amsterdam gewählt. Im Auftrag des ZK sollten Kossowski und Mark Liber eine repräsentative, legale Wochenzeitung, »Jewrejski rabotschi« (Der jüdische Arbeiter), herausgeben. Die Behörden versiegelten jedoch schon bald die Druckerei. Die von Kossowski in Wilna gegründete Tageszeitung »Der weker« wurde nach 33 Ausgaben verboten. Zwischen 1911 und 1931 verfasste er Hunderte von Artikeln für die »Zukunft«, die New Yorker Zeitschrift des Bundes.

Sechs Wochen nach der Februarrevolution fand im April 1917 in Petrograd der 10. Parteitag des Bundes statt, an der Kossowski nicht teilnehmen konnte. Seine bereits im November 1918 in Olten/Schweiz erschienene

74-seitige Broschüre *Das bolschewistische Regime in Russland,* war eine der ersten schonungslosen Abrechnun gen mit dem leninistischen Staat. Ab 1930 lebte er ständig in der polnischen Hauptstadt. Auf einer der letzten Sitzungen des Parteirates des Bundes, im April 1939, prophezeite er: »Die Nazis werden alle Juden vertilgen, überall, wo sie einmarschieren werden.« Im September 1939 gelang ihm die Flucht nach Pinsk, das von sowjetischen Truppen besetzt war. Da das NKWD nach Führern des Bundes fahndete, tauchte Kossowski zunächst in Wilna unter, musste sich aber beim Volkskommissariat des Innern melden, weil der amerikanische Gewerkschaftsbund AFL einigen Gewerkschaftsführern Einreisevisa für die USA besorgt hatte. Mit einem Pass auf den Namen Mosche Kamenstein gelangte er über Moskau, Wladiwostok und Tokio im April 1941 nach New York. Dort arbeitete er für das Bund-Journal »Neie zeit«. Er starb am 19. Oktober 1941.

Mark Liber
Einer der aktivsten Führer des jüdischen Sozialismus, zunächst innerhalb der SDAPR als Gegenspieler Lenins und später als Mitglied des Bund-Parteivorstandes, war Mark Liber. Er wurde 1880 in Wilna geboren. Er zählte bereits als Gymnasiast zusammen mit seinem Schulkameraden Feliks Dzierzynski zu den Aktivisten der revolutionären Kreise. Dank seiner Bildung und Rhetorik profilierte er sich unter dem Parteinamen Mark Liber schon früh als markanter Vertreter der Interessen des jüdischen Proletariats. Liber gehörte zur fünfköpfigen Bund-Delegation beim II. Parteitag der SDAPR 1903 in Brüssel und London. Er hielt dort nach Lenin und Trotzki die meisten Reden. Seine Erklärung über den Austritt des Bundes aus der gemeinsamen Partei führte zur Gründung der Bolschewik-Fraktion. 1904 nahm er am Internationalen Sozialistenkongress in Paris teil.

Während der Revolution von 1905 war Liber wie Trotzki Mitglied des Arbeiterrates von St. Petersburg und entging nur knapp einer Verhaftung. Wegen seiner Tätigkeit in der Freien Ökonomischen Gesellschaft, welche liberale und radikale Kreise vereinte, wurde er 1915 in Odessa verhaftet und nach Busuluk in Sibirien verbannt, wo er bis zum Ausbruch der Februarrevolution 1917 lebte.

1917 wurde Liber als Vertreter des Bundes mit Henryk Erlich in den Exekutivrat der Arbeiter- und Soldatenräte von Petrograd berufen und setzte sich für eine enge Zusammenarbeit zwischen den sozialistischen Parteien und den Sozialrevolutionären ein. Er war neben Zereteli, Tscheidse, Dan und Gotz einer der populärsten Führer der demokratischen Februarrevolution. Da er gegen die Bolschewiki und für die Provisorische Regierung kämpfte, zog er sich den Hass Lenins und Trotzkis zu. Einen von Regierungschef Kerenski angebotenen Ministerposten lehnte Liber ab. Auf der Bund-Konferenz im November 1917 in Petrograd, kurz nach dem Oktoberputsch, erklärte er: »Es darf keine Kompromisse mit den konterrevolutionären Bolschewiki geben.« Nach dem Oktober-Umsturz brauchten die wenigen jüdischen Bolschewiki dringend Verstärkung für ihre Propaganda- und Parteiarbeit unter den jüdischen Massen. Die potentiell besten Kandidaten waren natürlich Bundisten. Durch Infiltration, Intrigen, Aussicht auf Parteikarriere und Druck ist es ihnen gelungen, den Bund zu spalten. Es entstand der »Kom-Bund«, der kommunistische Flügel des Bundes, der bald in die KP integriert wurde. Aus ihm rekrutierten sich die zukünftigen »Jewseki«, Mitglieder der Jüdischen Sektionen der KP, und des »Jewkom«, des Jüdischen Kommissariats, die rigoros alle jüdischen Strukturen, Gemeinden, kulturellen und zionistischen Organisationen zerstörten.

1918 wurde er ins ZK der Menschewiki gewählt. Die bolschewistische Propaganda diffamierte ihn als Konterrevolutionär und Verräter, weil er sich gegen die Todesstrafe in der Armee ausgesprochen hatte. Liber kritisierte die prokommunistische Einstellung von exbundistischen

Genossen wie Mosche Rafes und Esther Frumkin, die sich nicht nur mit der Sowjetmacht arrangierten, sondern führende »Jewseki« wurden. Die Verfolgungen überlebte er zunächst nur, weil er der Schwager Dzierzynskis, des Chefs der Tscheka, war. Während des Großen Terrors wurde er nach Alma-Ata verbracht und dort mit ca. 10 000 meist politischen Gefangenen inhaftiert. Erst 1947 wurde bekannt, dass er zusammen mit Abram Gotz und anderen Revolutionären 1937 erschossen worden war. Heute ist Libers Name in Vergessenheit geraten.

Poale Zion (Arbeiter Zions)

Gegen Ende des 19. Jahrhunderts beeinflussten sozialistische Ideen mehr und mehr die zionistische Bewegung in West- und Mitteleuropa. Nahman Syrkin entwickelte in seinem Buch *Die jüdische Frage und der sozialistische Judenstaat* (1898) die Idee des sozialistischen Zionismus weiter, die Moses Hess in seiner 1862 erschienenen Publikation *Rom und Jerusalem* dargelegt hatte. Die Bewegung nannte sich »Poale Zion«, besaß jedoch bis dahin weder eine parteiähnliche Struktur noch ein einheitliches Programm. Auch in Russland agierten 1901 verschiedene Gruppen mit diesem Namen, die eine Synthese aus Zionismus und Sozialismus befürworteten. Viele jüdische Sozialisten wurden Poalezionisten, als der Bund 1901 den Zionismus als »Reaktion der bourgeoisen Klassen gegen den Antisemitismus, als Utopie« brandmarkte.

Auch Ber Borochow, bedeutendster Denker des Arbeiterzionismus und einer der ersten marxistischen Theoretiker, die sich mit der nationalen Frage des jüdischen Volkes auseinander setzten, gründete 1901 in Jekaterinoslaw eine »Poale-Zion«-Gruppe. Unter seiner Führung vereinigte sich diese 1906 in Poltawa mit anderen zur Jüdischen Sozialdemokratischen Arbeiterpartei »Poale Zion«, die sich 1907 mit anderen Landesverbänden zum Weltverband Poale Zion zusammenschloss.

Die Partei wurde 1907 in Russland verboten, ihre Mitglieder verhaftet und verbannt. Von den 25 000 Mitgliedern konnten nur einige Hundert in der Illegalität weiterwirken. Während der Pogrome von 1903 schlossen sich Poalezionisten zu bewaffneten Selbstschutz-Truppen zusammen. Nach dem Oktober-Umsturz 1917 bildete sich eine kommunistische Fraktion der Poale Zion, die sogar bis 1928 als einzige Partei neben der KPdSU ein Scheindasein fristete. So genannte *linke* Poalezionisten außerhalb der Sowjetunion arbeiteten mit kommunistischen Parteien zusammen. Sie beantragten den Anschluss an die Komintern. Der Antrag wurde jedoch abgelehnt, weil etliche Bedingungen für den Beitritt nicht erfüllt wurden. 1924 verzichtete die Poale Zion endgültig auf den Anschluss an die Dritte (kommunistische) Internationale. Besonders stark waren die Organisationen in Österreich-Ungarn, in Galizien, Polen, Palästina und in den USA.

Ber Borochow
gilt als der Theoretiker, Ideologe und Begründer der sozialistisch-zionistischen Arbeiterbewegung. Er wurde 1881 in Solotonoscha in der Ukraine geboren. Die Familie lebte später in Poltawa, wo er russische Schulen besuchte. Als Jude wurde er jedoch nicht zum Universitätsstudium zugelassen und musste sich seine Kenntnisse über Philosophie, jüdische Philologie, Volkswirtschaft, Statistik und mehrere Sprachen selber aneignen. 1901 gründete er in Jekaterinoslaw eine Gruppierung der Poale Zion, die an allen Zionistischen Kongressen teilnahm. In seiner Studie *Klassenkampf und die nationale Frage* (1905) und in der programmatischen Schrift *Unsere Plattform* (1906) entwickelte er eine Synthese von wissenschaftlichem marxistischem Sozialismus und Zionismus. 1907 verließ Borochow Russland, arbeitete als Publizist in West- und Mitteleuropa und gründete in Den Haag den Weltverband der Poale Zion, die Organisationen in vielen Ländern der Welt hatte. 1914 leitete er in New York die amerikanischen Poale-Zionisten und gab das jiddische Parteiorgan »Die Wahrheit« heraus. Nach Ausbruch des Ersten Weltkrieges setzte Borochow die Parteiarbeit in Russland fort.

Auf der Poale-Zion-Konferenz im August 1917 trug er
seine Gedanken zum genossenschaftlichen Siedlungsauf-
bau und zum Klassenkampf in Palästina vor. Er starb im
Alter von 36 Jahren während einer Vortragsreise in der
Ukraine. Borochow verfasste viele Aufsätze und Essays,
die nach seinem Tode in mehrere Sprachen übersetzt wurden. Auf Deutsch erschienen 1932 die Sammelbände
*Klasse und Nation – Zur Theorie und Praxis des jüdi-
schen Nationalismus* und *Sozialismus und Zionismus,
eine Synthese.* Eine Bibliografie seiner Arbeiten wurde in
jiddischer, hebräischer, deutscher und englischer Sprache
veröffentlicht.

Zeire Zion (Junge Zionisten)
Sozialistisch, aber nicht marxistisch war die 1903 gegründete Partei »Zeire Zion« – Junge Zionisten –, aus der sich
viele künftige Kibbuzmitglieder in Palästina rekrutierten,
sowie eine Reihe von Organisationen, die 1922 die Vereinigte Zionistische Arbeiterpartei Hitachdut gründeten.

Sionisty-Sozialisty (Zionisten-Sozialisten)
Die 1904 u. a. von Jakob Leschtschinski in Russland gegründete Arbeiterpartei Zionisten-Sozialisten wurde vom
Bund scharf bekämpft, weil sie um das gleiche sozialistische Mitgliederpotential warb. Wie der Bund forderte die
Sionisty-Sozialisty ein geschlossenes Siedlungsgebiet, in
dem die Juden eigene ökonomische Strukturen aufbauen
könnten, hielt aber die Perspektiven der jüdischen Siedler
in Palästina für unrealistisch.

Als der Plan zur Ansiedlung der Juden in Uganda auf
dem Siebenten Zionistenkongress 1905 scheiterte, löste
sich die Sionisty-Sozialisty von der zionistischen Bewegung, kämpfte jedoch mit den anderen Parteien in der Revolution von 1905 und nahm am Kongress der Zweiten
Internationale 1907 in Stuttgart teil. 1917 schlossen sich
die Zionisten-Sozialisten und die Sejmisten der SERP zur
Partei »Vareinikte« zusammen.

Die Jüdische Sozialistische Arbeiterpartei SERP, Akronym für »Sozialistitscheskaja jewrejskaja rabotschaja partija«, wurde 1906 in Kiew von Chaim Shitlowski gegründet. Ihr Programm basierte auf einer Synthese von jüdisch-nationalen und sozialistischen Ideen, war jedoch nicht marxistisch. Sie forderte die nationale Autonomie für Minderheiten in multinationalen Staaten wie Russland. Jede Minderheit sollte ein eigenes Parlament, polnisch Sejm, bekommen, daher der auch gebräuchliche Name Sejmisten. Die Partei gab ein jiddisches Organ, »Volksstime«, und die russische Zeitung »Serp« heraus. Sie stimmte in der Agrarfrage mit den Sozialrevolutionären überein und nahm an der Revolution von 1905 teil. Mit anderen jüdischen sozialistischen Parteien forderte sie die Gründung einer jüdischen Sektion bei der Zweiten Sozialistischen Internationale.

Der jüdische Sozialismus und die Kommunisten

Die feindliche Haltung der Kommunisten gegenüber dem Zionismus sowie der Sozialdemokratie war eine der wenigen Konstanten der sowjetischen Ideologie und Praxis. Die in den 1930er Jahren von Moskau gegen die Sozialdemokratie lancierte Parole vom Sozialfaschismus traf die jüdischen Sozialisten in besonderem Maße. Wurden sie doch in einen Topf mit den ärgsten, todbringenden Feinden der Juden, den Nazis, geworfen. Noch schlimmer waren die auf Befehl Moskaus und der Komintern von jüdischen Kommunisten in der ganzen Welt betriebenen Spaltungsaktivitäten innerhalb der jüdischen Arbeiterbewegungen. Dies führte auch zu persönlichen und familiären Tragödien, weil der ideologische Riss oft quer durch die Familien ging. Durch die Rote Gewerkschafts-Internationale wurde die kommunistische Gleichschaltung der demokratischen westlichen Gewerkschaften versucht. Dieser Versuch scheiterte kläglich, und die »Profintern« wurde sang- und klanglos 1936 aufgelöst.

Die jüdischen Arbeiterbewegungen
in anderen Ländern

Deutschland

In mehreren Ländern gab es jüdische Arbeiterorganisationen. Zwischen 1881 und den 1920er Jahren wanderten Abertausende Juden nach Deutschland aus. Im Scheunenviertel in Berlin lebten Tausende von Ostjuden, die ihre eigenen Organisationen, Parteien, Verlage etc. in jiddischer Sprache hatten. Während der deutschen Besetzung Polens im Ersten Weltkrieg wurden Tausende von jüdischen Arbeitern mit sanftem Zwang in die Rüstungsbetriebe und Kohlengruben des Ruhrgebietes rekrutiert. Sie gründeten Parteien wie Bund und Poale Zion. Viele Institutionen, wie Yivo, das Jiddische Wissenschaftliche Institut, wurden in Berlin gegründet, um später nach Wilna und New York umzuziehen. Das Berliner Café »Scholem Alejchem« war Treffpunkt der jiddischsprachigen Intelligenzija. Auch die linke Organisation »Kulturlige« hatte ein Büro in Berlin, wie auch die Geldsammelorganisation für das Jüdische Autonome Gebiet Birobidshan Geserd.

Frankreich

Abertausende jüdische politische Flüchtlinge und Arbeiteremigranten kamen nach Frankreich. In den Pariser Stadtteilen Belleville und Marai beherrschten jiddische Schilder das Straßenbild. Um die Rue de Rosiers lebten jüdische Orthodoxe mit ihren Synagogen, koscheren Restaurants und Pensionen und jüdische atheistische Kommunisten, die ein eigenes proletarisches jiddisches Theater hatten, im friedlichen Miteinander. Die französische KP hatte eine eigene jüdische Sektion, aus der sich während der deutschen Besatzung Hunderte von Helden der kommunistischen Widerstandsorganisation FTP-MOI rekrutierten. Sie gaben mehrere jiddische Widerstandzeitungen heraus, die zum bewaffneten Kampf aufriefen. Über vierzig Redakteure, Drucker, Setzer und andere Mitarbeiter dieser Zeitungen sind verhaftet und hingerichtet worden.

England

Nach den russischen Pogromen von 1881 wanderten Tausende von Juden nach England aus. 1880 lebten dort nur 65000 Juden, 1914 bereits 300000. 40 Prozent der jüdischen Haushaltsvorstände waren Schneider, 13 Prozent Schuster und 10 Prozent Schreiner. Viele von ihnen bildeten den Kern jüdisch-sozialistischer, radikaler und anarchistischer Kreise. Der Londoner Stadtteil Whitechapel wurde zum Schtetl, war Sitz der Parteilokale, dort gab es Büchereien, Cafés und Buchhandlungen der meist Jiddisch sprechenden Arbeiter.

Schon 1883 wurde die erste jüdische Gewerkschaft »Taylors' Union« gegründet. Morris Winchevsky gründete 1894 die Zeitschrift »Dos pojlische Jidl«, die erste sozialistische Zeitung in jiddischer Sprache. 1895 erschien die Zeitung »Arbeter-Freint«, die eine atheistische, antireligiöse Propaganda unter den Juden verbreitete. Gegen 1888 war eine anarchistische Strömung innerhalb der jüdischen Arbeiterschaft nicht nur in England, sondern auch in den USA vorherrschend. Im März 1889 demonstrierten über 3000 Juden an einem *Schabes* vor einer Synagoge. Sie forderten Brot und den Achtstundentag. Dies war auch eine Demonstration gegen das jüdische Establishment und gegen die Religion. Im April 1889 begannen die jüdischen Schneider den bislang längsten Streik in der Geschichte der jüdischen Arbeiterbewegung. 10000 Arbeiter legten den Betrieb in 120 Fabriken und Schneiderwerkstätten über fünf Monate still. Im Dezember 1889 ist der jüdische Gewerkschaftsbund »General Council« in London gegründet worden. Der in London lebende Karl Marx wollte von den wahrhaftigen jüdischen Proletariern in seinem Wohnland und woanders nichts wissen. Er blieb zeitlebens ein Antisemit, der nur die Banker und Börsianer als Juden kannte und hasste. Seine Tochter Eleanor Marx-Aveling dagegen sympathisierte mit den jüdischen Arbeitern und lernte sogar Jiddisch, um mit ihnen kommunizieren zu können. Auch Friedrich Engels bezeugte oft seine Solidarität mit den jüdischen Arbeitern und Sozialisten.

Eine seltsame und äußerst sympathische Gestalt des jüdischen Anarchismus in England und später weltweit war der 1873 in Mainz geborene katholische Typograf Rudolf Rocker. Er sollte der charismatischste Führer der jüdischen Arbeiter Englands werden. Er war zunächst Mitglied der SPD, wurde aber wegen revolutionärer Umtriebe aus der Partei ausgeschlossen. Da er auch polizeilich gesucht wurde, flüchtete er nach Paris. Dort nahm er an einer Versammlung jüdischer Arbeiter teil, die ihm die jiddischen Zeitungen »Arbeter-Freint« und »Freie Arbeterstimme« vorlasen. Er war erstaunt, dass er fast alles verstehen konnte. Diese Begegnung sollte sein Leben von Grund auf verändern.

1895 zog Rocker nach London, wo er die Arbeiterbibliothek leitete. In London kam er mit den führenden Anarchisten Enrico Malatesta, Louise Michel und mit dem jüdischen Anarchisten Janowski zusammen. Rocker lernte perfekt Jiddisch und wurde Redakteur der Zeitung »Dos freie Wort« und später Chefredakteur des »Arbeter-Freint«. Rocker wurde der beste jiddische Redner seiner Zeit, ein radikaler, feuriger von Christen abstammender Prophet der jüdischen Arbeiterschaft. Im Gegensatz zu Malatesta propagierte er einen gewaltfreien, libertären Anarchismus und trat für eine Kooperation mit den englischen Gewerkschaften und Parteien ein. 1902 gab es bereits über vierzig jüdische Gewerkschaften in England. 1911 kam es in England zu einer Welle von Streiks unter den Bergleuten und Hafenarbeitern. Nach einer feurigen Rede Rockers begannen 13 000 jüdische Arbeiter einen langen Solidaritätsstreik mit ihren christlichen Kollegen. Als 1914 der Weltkrieg ausbrach, nahmen die jüdischen Arbeiter eine pazifistische Antikriegsposition ein. Die zweite Generation der jüdischen Immigranten setzte jedoch die sozialistische Tradition ihrer Väter nicht fort, sprach nicht mehr Jiddisch und las auch keine Arbeiterpresse. Rocker kehrte nach Deutschland zurück und kämpfte weiter für seine jüdischen Genossen. 1933 flüchtete er über Spanien, wo er 1936–1938 unter Anarcho-Sydikatisten aktiv war, nach England und kam später in die USA, wo er 1958 fast unbekannt starb. Er hinterließ viele Werke, auch in jiddischer Sprache.

Die jüdische Arbeiterbewegung in den USA

Die Massenauswanderung der Juden, meist aus dem russischen Ansiedlungsrayon, von 1880 bis in die 1920er Jahre, brachte eine große Zahl von sozialistisch eingestellten jüdischen Arbeitern in die USA. Abertausende von ihnen, Männer und Frauen, und sogar Kinder, schufteten in den *sweat shops*, den Fabriken der Bekleidungsindustrie. Viele schlossen sich in ihrer neuen Heimat der jüdischen, aber auch der allgemeinen Arbeiter- und Gewerkschaftsbewegung an. Bereits 1891 wurde die Gewerkschaft »United Garment Workers of America« gegründet. 1900 verließen die Frauen die Organisation und bildeten die noch heute existierende »Ladies' Garment Workers Union«. Mehrere kleinere jüdische Gewerkschaften schlossen sich 1888 zum Gewerkschaftsbund »United Hebrew Trade« zusammen. Die jüdischen Aktivisten und Linksradikalen, unter ihnen Bundisten, Poalezionisten und Anarchisten, bereicherten das politische Leben der Arbeiterschaft Amerikas ungemein. Sie gründeten eine Fülle von Presseorganen, Krankenkassen, Hilfsorganisationen und Streikfonds. Die bis heute erscheinende jiddische Zeitung »Vorwerts« war das Flaggschiff des jüdischen Sozialismus und der Arbeiterbewegung. Die bekanntesten jüdischen Gewerkschafter waren Abe Cahan und David Dubinsky. Die jüdischen Gewerkschaften und Gewerkschaftsbünde waren und sind bis heute frei von Mafia-Verwicklungen und Korruption.

Noch heute wirkt die jüdisch-sozialistische Organisation »Arbeter-Ring«, die sogar ein jiddisches Theater, einen Verlag und eine Buchhandlung sowie eine Krankenkasse unterhält.

Eine große Rolle im politischen Leben Amerikas spielten die jüdischen Anarchisten. Die jüdisch-russischen Anarchisten Emma Goldman und Alexander Berkman sind die bekanntesten unter ihnen. Beide waren in etliche Prozesse wegen ihrer revolutionär-anarchistischen Aktivitäten verwickelt. Nach dem Oktober-Umsturz 1917, den sie freudig begrüßten, wurden sie mit zahlreichen anderen linken Aktivisten nach Russland ausgewiesen. Sie waren Zeugen des Aufstandes gegen die bolschewistische Diktatur in Kronstadt und dessen blutiger Niederringung. Ihre vor dem Bolschewismus warnenden Eindrücke beschrieben sie in den Büchern: Emma Goldman: *Die Ursachen des Niedergangs der russischen Revolution*, Berlin 1921, und Alexander Berkman: *The Bolshevik Myth*, New York 1925.

Die jüdischen Gewerkschaften haben als einzige ihre deutschen Kollegen und Genossen nach dem Machtantritt Hitlers nicht vergessen. Sie unterstützten großzügig die Exil-SPD, die Sopade, und die deutschen Gewerkschafter im Exil. Das »Jewish Labor Committee« hat erhebliche Mittel aufgewendet und Anstrengungen unternommen, um sie nach der Besetzung Frankreichs zu retten. Dank intensiver Bemühungen der prominenten jüdischen Gewerkschaftsführer David Dubinsky, Alexander Kahn und Isaiah Minkoff beim State Department wurden schließlich Einreisevisa für die deutschen Genossen ausgestellt. Es waren über 600 Sondervisa für europäische Gewerkschafter und Sozialdemokraten, die diese jüdischen Führer der »American Federation of Labor« erwirkten.

1997

Jiddische Kultur im Berlin
der 1920er Jahre

Von jeher gab es Konflikte und Spannungen zwischen den deutschen Juden und ihren aus Osteuropa eingewanderten Glaubensgenossen. Der Erste Weltkrieg und die zionistische Bewegung brachten eine Annäherung zwischen den Ost- und Westjuden in Deutschland. 1925 waren 19 Prozent der in Deutschland lebenden 564000 Juden Einwanderer.

Die Bevölkerungsgruppe der Ostjuden setzte sich zusammen aus: a) den schon vor 1914 in Deutschland lebenden Menschen, b) den teilweise unter Zwang nach Deutschland für die Kriegsindustrie gebrachten Arbeitern aus dem Osten, c) den ehemaligen jüdischen Kriegsgefangenen und Internierten sowie d) den Flüchtlingen aus den durch Krieg, Hunger, Elend, Verfolgungen, Pogromen und Revolution heimgesuchten Gebieten Osteuropas. Viele von ihnen kamen nicht, um in Deutschland zu bleiben. Sie hofften auf die Rückkehr in ihre Heimatländer, andere wollten nach Westeuropa oder in die USA weiterziehen. Deutschland war für sie eine Zwischenstation. 1922 wurden die Einwanderungsquoten für Nordamerika drastisch auf 3 Prozent je Nationalität gesenkt. Aus diesem Grunde mussten viele Ostjuden länger als ursprünglich geplant in Deutschland bleiben.

In Berlin lebten in den 1920er Jahren 44000 Ostjuden, das waren 25 Prozent der Juden Berlins. Zu ihnen zählten die aus ihrer Heimat im Osten geflüchteten oder emigrierten Journalisten und Schriftsteller, Dichter, Künstler, Musiker, Wissenschaftler und Forscher, Sozialarbeiter und Politiker. Wie hoch der Anteil der Ostjuden am künstlerischen und kulturellen Leben Deutschlands war, kann man aus den nachfolgenden Zahlen ersehen. Der »Akademie für die Wissenschaft des Judentums« zufolge wirkten allein in Preußen: 899 Musiker und Kapellmeister, 443 Sänger, 680 Schriftsteller und Redakteure und 35 bildende

Künstler; ungefähr ein Drittel von ihnen waren Ostjuden. Hinzuzurechnen wären die Juden der übrigen Provinzen und Städte des Reiches.

Im Zuge der Oktoberrevolution flüchteten viele Führer der oppositionellen Parteien, wie Menschewiki, Bund und Poale Zion nach Deutschland. In Berlin haben die Führer der russischen Menschewiki Juli Martow, Theodor Dan und Rafael Abramowitsch, alle drei jüdischer Abstammung, die Zentrale ihrer Partei im Exil errichtet, wo auch die Parteizeitung erschien. Ebenfalls in Berlin lebte Isaak Steinberg, der ab 1910 in Heidelberg Jura studierte und 1917 an der Februarrevolution teilnahm. Als Vertreter der linkssozialrevolutionären Partei war er Volkskommissar der Justiz (Minister) in der ersten sowjetischen Regierung unter Lenin. Aus Protest gegen die mörderischen Aktivitäten des Geheimdienstes Tscheka demissionierte er, wurde mehrmals verhaftet und konnte 1923 nach Deutschland flüchten.

In Deutschland und in Berlin lebten und wirkten auch viele Führer der zionistischen Bewegung, die später wichtige Positionen in Palästina/Israel bekleideten, wie Chaim Arlosoroff, Chef der politischen Abteilung der Jewish Agency und später Bürgermeister von Tel Aviv, Berl Locker, Führer der sozialistischen Zionisten. Chaim Weizmann und Salman Rubaschof/Schasar wurden später Staatspräsidenten Israels. Auch zahlreiche Journalisten lebten in Berlin, die Korrespondenten der jiddischen Presse Osteuropas und der USA waren, unter ihnen Jakob Lestschinsky, Begründer der Soziologie und der Demografie der Juden.

Berlin war in den 1920er Jahren Zentrum der Hilfstätigkeit für die Juden Osteuropas. Die amerikanische Hilfsorganisation »JOINT« hatte hier ihre europäische Zentrale. Von Berlin aus wurde die Hilfe für die Juden in Polen, Russland, Rumänien und anderen Ländern geleitet und koordiniert. Auch die in Russland gegründete und später weltweit tätige Berufsbildungsorganisation »ORT« hatte in Berlin ihre Zentrale wie auch die Gesundheitsschutzorganisation »OSE«. Beide Organisationen operieren bis heute in allen jüdischen Zentren der Welt.

Berlin war auch Sitz des 1921 von 27 Organisationen gegründeten »Vereinigten Komitees für jüdische Auswanderung« (Emigdirekt), das eine eigene jiddische Monatsschrift herausgab, »Die jidische emigrazje«. Das Komitee wurde im Jahre 1927 durch die Vereinigung mit der Emigrationsabteilung der »Jewish Colonization Association« ICA in Paris und der »Hebrew Immigrant Association« HIAS in New York zur HICEM erweitert.

Die Ostjuden waren in fünfzig lokalen Vereinen organisiert. 1920 wurde der »Verband der Ostjuden« gegründet, dessen Ziel es war, die Tausende von Flüchtlingen zu unterstützen und ihnen zur Gleichberechtigung in den Gemeinden zu verhelfen. Um sie u. a. vor den Behörden zu vertreten, wurde von der Jüdischen Gemeinde zu Berlin, dem »Verband der Ostjuden«, dem »Hilfsverein der deutschen Juden«, dem »Komitee für den Osten«, dem sozialistischen »Bund« und der »Zionistischen Vereinigung für Deutschland« das »Arbeiterfürsorgeamt« gegründet. Daneben wirkte das »Jüdische Arbeitsamt«. Hier arbeiteten auch trotz ideologischer Differenzen die jüdischen sozialistischen Verbände wie Bund und Poale Zion zusammen, die eigene jiddische Zeitungen wie »Morgenstern«, »Unsere Bawegung« und »Die Arbeit« herausgaben.

Auch dem 1923 gegründeten »Verband jüdischer Studentenvereine« gehörten viele Ostjuden an. Sie stellten die Avantgarde der jüdischen Intellektuellen dar. Alle Richtungen des politischen und kulturellen Lebens waren unter den ostjüdischen Intellektuellen vertreten: die Jiddischisten und Hebraisten, die bundistischen Sozialisten, die Zionisten aller Schattierungen, die von der Revolution und vom bolschewistischen Terror enttäuschten jüdischen Menschewiki.

Das Scheunenviertel, in dem viele Ostjuden wohnten, glich einem Mikrokosmos ostjüdischer Kultur. Dort gab es alles, was das jüdische Leben im Osten ausmachte: Betstuben, Gaststätten, Bäckereien, Buchhandlungen, Ge-

schäfte, Bibliotheken, Arbeiterküchen, Teehallen, literarische Zirkel, Kinos und jiddische Theater, Kulturvereine
und Arbeiterparteien. Es fanden Lesungen, Vorträge,
Kurse, Gastspiele von jiddischen Theatern, politische Ver-
eins-Versammlungen und viele andere kulturelle und politische Veranstaltungen statt. Das »Jüdische Volksheim« in
der Dragonerstraße organisierte Veranstaltungen, das
»Jüdische Arbeitsamt« am Monbijouplatz vermittelte Ar-
beitsstellen und Gelegenheitsjobs. Mehrere Organisationen hatten im Viertel ihre Büros, wie der »Verband der
Ostjuden« in der Auguststraße.

Joseph Roth hat in seinem journalistischen Essay *Juden
auf Wanderschaft* das Viertel porträtiert. Die Wiener »Ar-
beiter-Zeitung« veröffentlichte vom 7. Oktober bis zum
6. November 1923 täglich den 38-teiligen Fortsetzungsro-
man von Joseph Roth *Das Spinnennetz*, in welchem er
beinahe prophetisch das Pogrom im Scheunenviertel und
den Münchener Hitler-Ludendorff-Putschversuch vom
9. November 1923 voraussah.

Am 5. November 1923, einen Tag *vor* der Veröffentlichung der letzten Folge der Romanfortsetzung fand das
Pogrom statt. Anhänger der Völkischen haben die im
Herbst 1923 galoppierende Inflation, den Hunger und
die Not der arbeitenden Bevölkerung für ihre Zwecke ge-
nutzt. Täglich standen um das Arbeitsamt in der Gor-
mannstraße in der Nähe des Scheunenviertels Arbeits-
lose Schlange, die auf die Auszahlung der Unterstützung
warteten. Sie wurden von den Vorläufern der Nazis am
5. November 1923 aufgehetzt und aufgefordert, das
Scheunenviertel, Hort der Ostjuden, die für alles Schlechte verantwortlich gemacht wurden, zu überfallen und zu
plündern. Tausende zogen ins Viertel. Es wurden Rufe
laut: »Schlagt die Juden tot! Zieht die Juden aus! Juden
nieder!« Juden wurden überfallen, nackt ausgezogen, beraubt und durch die Straßen gejagt. Es kam zu gewalt-
tätigen Auseinandersetzungen, bei denen es viele Verletzte gab.

Erst am 6. November wurden Einheiten der Polizei, mit

Karabinern, Granaten und Panzerwagen ausgerüstet, in das Scheunenviertel verlegt. Inzwischen hatten Tausende jüdische Bewohner das Viertel fluchtartig verlassen, um bei Freunden Obdach zu finden. Nichtjüdische Ladenbesitzer hängten Schilder heraus, die sie als Nichtjuden auswiesen. Die Polizei verhaftete Mitglieder des »Frontbundes jüdischer Frontsoldaten«, die die misshandelten Juden verteidigen wollten. Im Bericht der Polizeiinspektion Alexanderplatz vom 7. November 1923 hieß es: »Der Ursprung der Plünderung am 5. 11. ist lediglich auf das Verhalten der Ostjuden in der Dragoner- und Grenadierstraße zurückzuführen.« Die Juden waren also selbst schuld.

Im Leitartikel des SPD-Organs »Vorwärts« vom 8. November 1923 lesen wir: »Die antisemitische Saat ist nun in Berlin aufgegangen ... Berlin hat sein Judenpogrom gehabt. Berlin ist geschändet worden. Eine Schmach für ein Volk, das sich zu den zivilisierten zählt.«

Vor dem Zweiten Weltkrieg sprachen knapp elf Millionen Menschen Jiddisch als Muttersprache. Jiddisch hatte viele Gegner und wenige Freunde innerhalb der assimilierten jüdischen Gemeinschaft in Deutschland. Aber selbst von vielen Ostjuden wurde Jiddisch abwertend als Jargon bezeichnet. Gegner der Ostjuden und ihrer Sprache waren Anhänger des von Max Naumann geführten »Verbandes der nationaldeutschen Juden«. Nach Theodor Herzl, dem Begründer des Zionismus, sollten die Menschen im künftigen Judenstaat ihre Muttersprachen sprechen, nicht jedoch Jiddisch. Auch die Zionisten waren Gegner des Jiddischen. Der sozialistische Bund dagegen postulierte die Pflege und Entwicklung der jiddischen Sprache und Kultur als Sprache der jüdischen Massen. Folgerichtig wurden viele Zeitungen und Bücher vom Bund in Jiddisch gedruckt.

Die von Nathan Birnbaum 1908 in Czernowitz organisierte erste Jiddisch-Konferenz brachte die Anerkennung des Jiddischen als Volkssprache der Juden. Erst 85 Jahre später haben sich der Zionismus und der Staat Israel mit der jiddischen Sprache versöhnt, als am 4. Januar 1993 eine Sondersitzung der Knesset zu Ehren der jiddischen Kultur und Literatur stattfand.

Deutsche Juden, die als Soldaten im Ersten Weltkrieg kämpften, erlitten einen Kulturschock, als sie in Polen Ostjuden – Handwerker und Proletarier, Dichter und Künstler – begegneten, die ihre Sprache und Kultur pflegten. Nach dem Krieg erschienen Bücher, Kunstalben und Journale, die sich mit den Ostjuden beschäftigten, wie z. B. die Zeitschriften »Ost und West« und »Der Jude«. Plötzlich wurden Bücher über Ostjuden mit Grafiken von Jakob Steinhardt, Josef Budko, Schemarja Gorelik und vielen anderen gedruckt. Das Buch *Das ostjüdische Antlitz* mit Original-Lithografien von Hermann Struck und mit einem Text von Arnold Zweig kam in mehreren Auflagen heraus. Bedeutende Schriftsteller wie Alfred Döblin, Franz Kafka, Joseph Roth haben die Begeisterung für das Ostjüdische in ihren Schriften ausgedrückt. Viele ostjüdische Künstler, wie Marc Chagall, Henryk Glicenstein, Issachar Rybak, Arno Nadel, Jankel Adler, Rahel Szalit, Henryk Berlewi, Leonid Pasternak, Vater von Boris, stellten ihre Werke in Deutschland aus, manche verlegten ihren Wohnsitz nach Berlin. Sie gründeten 1920 den »Ostjüdischen Kulturbund«, der Konzerte, Theateraufführungen und Ausstellungen jüdischer Künstler veranstaltete.

Mit ähnlicher Sympathie und Begeisterung wurde die ostjüdische Musik, besonders die jiddischen Volkslieder, rezipiert. Es erschienen mehrere Liederbände, und es wurden auch viele Konzerte organisiert. Die zionistische »Jüdische Rundschau« in Berlin schrieb über ein Volksliederkonzert: »Solch ein Abend bringt dem Westjuden die Seele unseres Ostens näher als zehn dicke Bände, denn das jiddische Lied ist mehr als Genre, es ist Leben, Weinen, Lachen, Spiegel unseres eigenen Schicksals, ein Stück von uns selbst.« Aber auch die nichtjüdische Presse äußerte sich sehr positiv über die jiddische Kultur, und es gab Diskussionen über Formen und Aspekte der ostjüdischen Kunst und Literatur.

Der 1921 in Berlin gegründete »Jüdische Theaterver-

ein« organisierte Gastspiele jiddischer Ensembles, wie
z.B. des als »Wilner Truppe« bekannten und berühmten
jüdischen Künstlertheaters. Das Stück *Dybbuk* von An-
Ski erlebte über fünfzig Aufführungen. Auch Max Reinhardt und Berthold Viertel inszenierten das Stück in ihren
Theatern. Die Gastspiele des Moskauer Theaters »Ha-
bima«, des Jüdisch-Akademischen Theaters unter Alexander Granowski und des späteren Staatlichen Jüdischen
Theaters »Goset« unter Salomon Michoels mit Stücken
von S. An-Ski, David Pinski, Halpern Leivick, Abraham
Goldfaden, Izchok Leib Perez, Natan Altman, Mendele
Moches Sforim, Scholem Alejchem wurden von führenden Theaterkritikern wie Alfred Kerr enthusiastisch re-
zensiert. Den nationaldeutschen Juden war diese Eupho-
rie zuwider. In ihrem Blatt nannten sie das jiddische
Theater »das Kunst-Ghetto für Ostjuden und ihrer jüdisch-nationalen Freunde«, d.h. Zionisten, und riefen
zum Boykott der Vorstellungen auf.

Während und nach dem Ersten Weltkrieg erschienen in
Berlin viele Übersetzungen ostjüdischer Literatur. Es waren Romane, Novellen und Sammelbände von jiddischen
Sagen und Legenden. In der »Ostjüdischen Bibliothek«
des B. Harz Verlages in Berlin wurden Werke der drei jiddischen Klassiker Mendele, Scholem Alejchem und Peretz,
wie des Neoklassikers David Bergelson veröffentlicht. Der
»Jüdische Verlag« druckte mehrere Werke ostjüdischer
Autoren ab. Die Berliner Gruppe der linken, in der Ukraine
gegründeten »Kulturlige« organisierte Lesungen und Veranstaltungen jiddischer Autoren und Dramatiker. Alexander Granach, Mitglied des Ensembles von Max Reinhardt, trug in der Veranstaltung »Drei Jahrtausende
jüdischer Dichtung« auch Gedichte auf Jiddisch vor.

Diese positive Entwicklung schuf günstige Voraussetzungen dafür, dass Berlin zwischen den Jahren 1920 und
1925 zum relativ kurzlebigen Zentrum der jiddischen
Kultur, Literatur und des Verlags- und Zeitungswesens
aufstieg und mit Warschau und New York konkurrieren
konnte. Zu den wichtigsten jiddischen Verlagen in Berlin

zählten der »Klal Varlag«, »Rimon«, »Wostok«, »Jidischer Kultur Varlag«, »Juwal Varlag« und der »Jidische
Literarische Varlag«. Der »Klal Varlag« war die jüdische
Abteilung des bekannten Ullstein Verlages. 1922 und
1923 wurden 66 jiddische Titel, die meisten als Taschen-
bücher der Klal-Bibliothek, gedruckt. Acht von ihnen waren Übersetzungen ins Jiddische der Werke von Chamisso,
Eichendorf, France, Keller, Merimée, Montaigne, Epiktet,
und Hamsun.

Der »Wostok Varlag«, dessen Direktor Elias Olschwan-
ger zugleich Gründer der »OSE«- Organisation in Berlin
war, veröffentlichte dreißig Bücher. Viele Titel waren
Schulbücher, die für Schulen mit jiddischer Unterrichtssprache bestimmt waren. Im Verlagsverzeichnis finden
wir auch Übersetzungen der Werke von Goethe, Marx
und Tagore.

Der »Juwal Varlag« veröffentlichte Schulbücher für den
Gesang- und Musikunterricht an jiddischen Schulen wie
auch Sammelbücher mit jiddischen Volksliedern. Der »Ji-
dische Kultur Varlag« druckte meist Übersetzungen ins
Jiddische von Andersen, Goethe, Grimm, Luxemburg,
Dostojewski und Toller.

Der »Jidische Literarische Farlag« veröffentlichte Werke der jiddischen Erzähler und Dichter Der Nister,
Kwitko, Opatoschu, Schneurson, Rewutzki und Tscherikower, vor allem aber die jiddische Fassung der *Weltgeschichte des jüdischen Volkes* von Simon Dubnow.

Ein Grund für den rasanten Aufschwung der Verlagsak-
tivitäten war das Fehlen einer Zensur in der Weimarer Republik. Nach dem Weltkrieg entstanden zudem in Polen,
im Baltikum, in Argentinien und in anderen Staaten Schulen mit jiddischer Unterrichtssprache. Der große Bedarf
an jiddischen Schulbüchern konnte von den bisherigen
Zentren des jiddischen Verlagswesens in Polen wegen der
Zerstörungen ihrer Druckereien und Verlage nicht ge-
deckt werden.

In Deutschland konnte wegen der hohen Inflation viel
billiger als anderswo gedruckt werden. Aus diesem Grun-

de verlegten ostjüdische Verlage ihren Sitz nach Berlin
oder wurden in Berlin neu gegründet, wie der »Wostok
Varlag«. Aber auch die kreative Atmosphäre Berlins zog
jiddische Künstler, Schriftsteller, Dichter und Verleger an.
Ihnen folgten Lektoren, Setzer, Drucker, Korrektoren und
Verlagskaufleute.

Die Folge war ein Aufblühen des jiddischen Verlagswesens, das es in diesem Ausmaß noch nie gab. Es muss
gleich einschränkend festgestellt werden, dass ein großer
Teil der Bücher für den Export bestimmt war, denn
100 000 Ostjuden in Deutschland konnten diese große
Bücherproduktion nicht abnehmen. Die Exporterlöse
brachten der zerstörten deutschen Wirtschaft heiß be-
gehrte Devisen.

Die Essays von Glenn S. Levine und Leo und Renate
Fuks belegen diese unglaubliche Entwicklung. Zwischen
1919 und 1925 haben dreißig Verlage in Berlin über
230 Titel jiddischer Bücher veröffentlicht. Daneben erschienen 26 jiddische Periodika.

Einige jiddische Intellektuelle kritisierten scharf die
nach Berlin emigrierten Schriftsteller und Verleger. Der
Dichter Peretz Markisch beschuldigte sie des Verrats an
der ohnehin schon wegen des Krieges geschwächten jiddischen Literatur.

Zwei gegenläufige Tendenzen beherrschten das literarische Schaffen. Einerseits war das nostalgische Lamento
über die Kultur des untergehenden Schtetls ein wichtiges
Motiv, andererseits war Jiddisch das Transportmittel für
die Übermittlung und Propagierung von fortschrittlichen
Ideologien und Ideen als Voraussetzung für die erhoffte
jüdische Renaissance.

Zwei Konzepte sind auch in der Literaturproduktion in
Berlin sichtbar: die modernistische Tendenz, repräsentiert
durch Bergelson und Der Nister und die avantgardistische
Richtung, repräsentiert durch Mitglieder der Chaliastre-
Gruppe mit Peretz Markisch. In Berlin lebten außer Bergelson und Der Nister die russisch-jüdischen Schriftsteller
und Dichter Peretz Markisch, Leib Kwitko, David Hof-

stein, Mojsche Kulbak u. a. Sie kehrten später in die Sowjetunion zurück, wo sie großes Ansehen genossen haben.
Ihre Werke wurden in hohen Auflagen gedruckt. Leib
Kwitkos Kinderbücher wurden in alle Sprachen der Sowjetunion übersetzt und erreichten Millionenauflagen. All
diese Männer wurden jedoch im August 1952 durch Stalins Henker nach einem Geheimprozess hingerichtet.

Mit dem Justizmord an David Bergelson verlor die jiddische Literatur einen Neo-Klassiker. Sein literarischer
Ruf gründete sich auf seinen 1913 erschienenen Roman
Noch alemen. 1920 verließ Bergelson die Sowjetunion
und kam nach Berlin; 1922/23 erschien in Berlin eine
sechsbändige Sammlung von Bergelsons Erzählungen und
Romanen.

In Berlin war Bergelson eng mit den führenden Persönlichkeiten der Weimarer Republik befreundet, wie
zum Beispiel Max Reinhardt und Albert Einstein. Im
Scholem-Alejchem-Club in der Kleiststraße gaben Bergelson und Einstein vor dem ostjüdischen Publikum einmal
ein Violinkonzert. Der Roman *Noch alemen* ist 1923
beim Jüdischen Verlag in Berlin unter dem Titel *Das Ende
vom Lied* erschienen. In der Rezension von Alfred Döblin
in der »Vossischen Zeitung« hieß es u. a.: »Mirel ist eine
Figur, um die bald die Luft Flauberts, bald, so kommt es
einem vor, die Luft Neuerer weht«. 1990 ist dieser he-
rausragende Roman im Aufbau-Verlag Berlin unter dem
Titel *Leben ohne Frühling*, mit einem Vorwort des Sohnes
Bergelsons, Prof. Lew Bergelson, und einer Einführung
von mir erschienen.

Noch viele weitere jiddische Dichter und Schriftsteller
lebten in Berlin, wie David Einhorn, Schemaria Gorelik,
Arno Nadel, Hersch Nomberg, Jacob Steinberg, Abraham
Stenzel, David Pinski.

Auch mehrere hebräische Dichter lebten in Deutschland
und teilweise in Berlin. Zu ihnen zählten Uri Zvi Grin-
berg, Salman Schneur, Saul Tschernichowski, der hebräische Nationaldichter Chaim Nachman Bialik und der spätere Nobelpreisträger Samuel Josef Agnon.

Auch für die jiddische Publizistik und für Periodika war Berlin ein wichtiges Zentrum. Der »Rimon Varlag« brachte die berühmte Kunst- und Literatur-Zeitschrift »Milgrojm« – Granatapfel – heraus. Herausgeber waren Rachel Wischnitzer-Bernstein, Mark Wischnitzer, David Bergelson und Der Nister. »Milgrojm« ist ein gesuchtes Sammler-Objekt, nicht nur, weil zwischen 1922 und 1924 nur sechs Ausgaben erschienen sind. Das Sach- und Autoren-Verzeichnis liest sich wie ein Who's Who der Literatur und der Kunstgeschichte der damaligen Zeit. Alle Artikel waren Original-Beiträge. Die Titelseiten wurden von bedeutenden Künstlern wie Marc Chagall und El Lissitzky gestaltet. Der Verlag veröffentlichte auch eine hebräische Ausgabe unter dem Namen »Rimon«. »Milgrojm-Rimon« war die schönste Kunstzeitschrift der jüdischen Verlagsgeschichte und der bis heute, achtzig Jahre später, unerreichte Höhepunkt der jüdischen Essayistik und der deutschen Druckkunst. Eine weitere Zeitschrift für Dichtung und Grafik war »Albatros«.

Außerdem erschienen eine Zeitschrift des jüdischen Genossenschaftswesens »Die Jidische Kooperazje«, »Der Freitog«, »Unsere Bawegung«, »Freie Schriftn«, »Der Weg«, »Dos freie Wort«, »Der Misrach Jid«, »Die Tribine«, »Unser Gedank«, »Ojf der Schwel«, »Der Kampf«, »Volksgesund« und in russischer Sprache die zionistische Zeitschrift »Rasswjet«.

Neben den erwähnten Zeitschriften »Albatros« und »Milgrojm«, erschienen innerhalb weniger Jahre die »Jiddisch-Illustrierte Zeitung«, »Schriftn far Ekonomik un Statistik« und »Wirtschaft un Leben« vom Jiddisch Wissenschaftlichen Institut YIVO, das bei einer Vorkonferenz vom 5. bis 12. August 1925 in Berlin gegründet wurde, und »Die Jidische Emigrazje«. Ex-Justizkommissar Isaak Steinberg sagte aus Protest gegen die Einladung sowjetkommunistischer Funktionäre seine Teilnahme ab. Wilna wurde als Hauptsitz des Instituts gewählt, wo in kurzer Zeit mehrere wissenschaftliche Abteilungen aufgebaut wurden. Zweiginstitute wurden, neben Berlin, in War-

schau und in New York errichtet. Das Institut in Berlin
unterhielt die Abteilung für Geschichte unter Leitung von
Simon Dubnow, Elias Tscherikower, Abraham Menes und
Jacob Schatzky, die zahlreiche wissenschaftliche Werke
und bibliographische Jahrbücher veröffentlichten. Elias
Tscherikower begann schon in der Ukraine Dokumente
über die Pogrome 1919–1921 zu sammeln. Er brachte sie
nach Berlin, wo sie im »Ostdeutschen Historischen Archiv« aufbewahrt und ausgewertet wurden. Auch die Abteilung für Wirtschaft und Statistik wurde in Berlin unter
der Leitung von Jacob Leschtschinski gegründet. Sie veröffentlichte mehrere wissenschaftliche Abhandlungen über
jüdische Wirtschaftsfragen, Demografie und Statistik.

Mit den im Jüdischen Museum in Berlin ausgestellten
Fotos von Alter Kacyzne aus den Beständen des YIVO-
Instituts in New York schließt sich ein Kreis, der 77 Jahre
seit dessen Gründung 1925 in Berlin umfasst.

Die meist auf hohem Niveau angesiedelten kulturellen
Aktivitäten der Ostjuden leisteten einen bedeutenden Beitrag zur Überwindung der Vorurteile der deutschen Juden
gegen ihre Brüder aus dem Osten. Besonders die Zionisten
strebten eine Vereinigung der beiden Segmente der jüdischen Bevölkerung an, weil die geistige nationale Wieder-
geburt der Juden eines ihrer wichtigsten Postulate war.
Auch die nichtzionistischen Organisationen, wie der
»Centralverein der deutschen Staatsbürger jüdischen Glau-
bens« und die Bne-Brith-Logen bedienten sich der Sach-
kenntnis der ostjüdischen Intellektuellen bei ihren kulturellen und sozialen Aktivitäten, weil die Stärkung des
jüdischen Bewusstseins auch im Interesse der deutschen
Juden lag. Aus diesem Grunde haben sie die Organisationen der Ostjuden gelegentlich finanziell und moralisch
unterstützt.

Die beschränkte Wirkung der überdimensionierten ostjüdischen Strukturen, der Verlage, Vereine, Zeitschriften
usw. beruhte zum Teil auf der starken Fraktionierung der
jüdischen Gesellschaft. Hier wirkten und kämpften, eher
gegen- als miteinander, Zionisten und antizionistische

Bundisten, Sozialisten und Kommunisten, orthodoxe Juden, Jiddischisten und Hebraisten, Proletarier und Mittelständler. Den jiddischen Schriftstellern, Dichtern und Künstlern fehlten die jüdischen Massen als Resonanzboden, als Leser und Zuschauer. Nach der Währungsreform 1923/24 entfielen auch wirtschaftliche Gründe für die Fortsetzung der Tätigkeit vieler Verlage. Nach und nach zogen die Intellektuellen weiter über Paris und London in die USA und nach Argentinien oder kehrten nach Polen oder nach Russland zurück, wo sie ein millionenfaches Lesepublikum hatten.

Die Akzeptanz der Ostjuden und ihrer Kultur war trotz des hohen Niveaus und der Intensität ihres Wirkens keine Selbstverständlichkeit. Die erste Ausgabe des 1925 erschienenen jüdischen Bibliophilen-Journals »Soncino-Blätter«, mit einer kompletten Bibliografie der zwischen 1920 bis 1925 in Deutschland erschienenen »Judaika«, verschwieg die großartige Produktion jiddischer Bücher in Berlin.

Ein weiteres Beispiel: 1928 wurde in Köln die Internationale Presseausstellung »Pressa« eröffnet, in deren Rahmen es auch in vier Räumen die »Jüdische Sonderschau« gab. Auf Intervention von Max Bodenheimer, der zu den Kölner Honoratioren und engsten Mitarbeitern Theodor Herzls und Mitgründer der Zionistischen Weltorganisation zählte, wurden die in Berlin erschienenen jiddischen Zeitschriften, für die bereits ein Raum reserviert war, ausgeladen. So wurden zwar im Katalog der »Jüdischen Sonderschau« jiddische Zeitungen aus aller Welt, nicht jedoch die in Deutschland erschienenen aufgeführt.

Parallel zur Gründung jiddischer Verlage und der Literaturszene verlief die Entwicklung des russischen Verlagswesens. Berlin war nach den beiden Revolutionen von 1917 Zentrum und Hauptstadt der russischen Emigration und Kultur. Es entstanden siebzehn russische Verlage, deren Gründer oft russische Juden waren, wie B. Rubinstein, S. Efron und A. Kogan. Am Slowo Verlag war der Ullstein-Konzern beteiligt. M. Kadisch, D. Levin, W. Hirschfeld u. a. unterhielten russische Buchhandlungen und Literatursalons.

1924 erschien in Berlin der Aufsatzband *Rossija i Jewrei*, (Russland und Juden), herausgegeben von konservativen und militanten antikommunistischen und antizionistischen russischen Juden, wie J. Bikerman, G. Landau und D. Pasmanik; einer von ihnen war sogar ein prozaristischer Monarchist. 1924 verließen fast alle russischen Emigranten Berlin und zogen nach Paris, das ab 1925 Zentrum der russischen Emigration wurde. Die jiddischen und russischen Verlage verschwanden genauso schnell, wie sie entstanden waren.

Die bedeutendsten jüdischen Persönlichkeiten der 1920er Jahre in Deutschland und in der Metropole Berlin waren Albert Einstein, Max Liebermann, Leo Baeck und Simon Dubnow. Der Letztere, der einzige Ostjude unter ihnen, ist bis heute der am wenigsten bekannte. Er wurde 1860 in Mstislaw in Weißrussland geboren und war der wichtigste jüdische Historiker des 20. Jahrhunderts. Im Laufe seines Lebens hat der Autodidakt unzählige historische Werke verfasst. Dubnow schuf die ideologischen Grundlagen und gründete in Russland die Jüdische Volkspartei, die eine kulturelle und administrative Autonomie der Juden anstrebte. Er war auch Chefredakteur des jüdischen historischen Journals »Jewrejskaja Starina« und verfasste zahlreiche ethnografische und historische Monografien. 1922 musste er die Sowjetunion, ohne sein großes Archiv und die Forschungsbibliothek mitnehmen zu dürfen, verlassen und kam mit seiner Familie nach Berlin. Nach mehreren Interventionen konnten Dubnows Bücher und Archivalien, die Grundlagen und Voraussetzungen seiner weiteren wissenschaftlichen Arbeit, auf persönlichen Befehl Lenins nach Berlin transportiert werden.

Hier stürzte sich Dubnow in die Arbeit, und das Unglaubliche geschah: Innerhalb von nur vier Jahren, von 1925 bis 1929, erschien in Berlin, von A. Steinberg aus dem Russischen ins Deutsche übersetzt, die monumentale zehnbändige *Weltgeschichte des jüdischen Volkes*. Dubnow schuf eine neue, soziologische Schule der jüdischen Historiografie, denn seiner Meinung nach war das jüdische Volk stets Schöpfer seiner Geschichte, und nicht nur die religiösen und metaphysischen Strömungen waren die bestimmenden Faktoren. Neu bei ihm ist auch eine systematische Periodisierung der jüdischen Geschichte.

Der deutschen Veröffentlichung folgten jiddische, polnische, hebräische, russische, englische und französische Ausgaben. 1930 erschien im Jüdischen Verlag in Berlin eine Festschrift zu Dubnows 70. Geburtstag und 1961 eine jiddische Festschrift in New York zum 100. Geburtstag.

1933 zog Dubnow nach Riga, wo er seine Tätigkeit fortsetzte. Bei der Deportation der Juden von Riga in Vernichtungslager am 8. Dezember 1941 soll Dubnow von einem seiner Berliner Studenten, der SS-Mann geworden war, erschossen worden sein. Kurz davor soll er ausgerufen haben: »Jidn, schreibt un varschreibt alzding!« – Juden, schreibt und zeichnet alles auf! Dieser Aufruf ist auch zum Lebensmotto und zum Leitstern meiner Arbeit geworden.

2002

Spanischer Bürgerkrieg

Das Novemberwunder von Madrid. Manfred Stern – Gründer der internationalen Brigaden

Der im Juli 1936 ausgebrochene spanische Bürgerkrieg erreichte im November 1936 eine kritische Phase. General Franco wollte die Hauptstadt Madrid um jeden Preis erobern, weil er sich davon die Anerkennung seines Regimes durch die Westmächte und damit das siegreiche Ende des Krieges erhoffte. Von Anfang an verteidigten die Madrileños zusammen mit den Parteimilizen die Stadt mit größter Entschlossenheit und Aufopferung. Die heftigen Attacken der Rebellen und Fremdenlegionäre aus Afrika und die schweren Bombardements der Stadt durch Artillerie und aus der Luft ließen ahnen, dass man bald mit dem Fall von Madrid mit anschließender Niederlage der Republik rechnen müsste. Radio Burgos strahlte ab dem 4. November mehrmals täglich Sendungen unter dem Titel »Die letzten Tage von Madrid« aus. Am 6. November verließ die Regierung von Largo Caballero die Hauptstadt in einem langen Konvoi von Lastwagen, in denen die wichtigsten Akten mittransportiert wurden, und zog nach Valencia. Die Verteidigung der Stadt wurde General Miaja anvertraut, der eine Verteidigungs-Junta mit Oberst Rojo als Stabschef gründete, der die meisten politischen Parteien angehörten. General Franco gab am 7. November bekannt, dass er am nächsten Tage der Sonntagsmesse in Madrid beiwohnen würde, und ließ für den Nachmittag einen Tisch in einem Café auf der Gran Vía reservieren. Dass die Stadt nicht gefallen ist, ist dem »Novemberwunder von Madrid« zu verdanken.

Mitverantwortlich für diese unerwartete Wende war General Manfred Stern. Um die Person dieses Generals rankten sich lange Zeit Legenden; die kommunistische Historiografie hat ihn jahrzehntelang, eigentlich bis heute, totgeschwiegen. Stern wirkte in Spanien unter dem Kriegspseudonym Emilio Kléber, weil er den napoleonischen General Jean Baptiste Kléber verehrte. Im sowjetischen Standardwerk über den spanischen Bürgerkrieg, *Die Völker an der Seite der Spanischen Republik 1936 bis 1939*, das 1975 in Moskau veröffentlicht wurde, wird Stern im Kapitel »Österreich« der deutschen Ausgabe mit den wenigen Worten erwähnt: »Der erste Kommandeur der XI. Internationalen Brigade, General Kléber (Manfred Stern), welcher eine wichtige Rolle bei der Organisation der Verteidigung von Madrid im Herbst 1936 spielte, wurde in Österreich geboren und erzogen.« Kein Wort über sein Schicksal und seinen Tod im Gulag.

Gustav Szinda, ein führender Funktionär der KPD, war vom Juli bis September 1937 Stabschef der XI. Brigade. In seinem 1956 im Ostberliner Militärverlag erschienenen Buch *Die XI. Brigade*, das als offizielles Dokument der DDR-Militärgeschichtswissenschaft gelten muss, finden wir eine komplette Liste aller Kommandeure, Kommissare und Stabschefs der XI. Brigade sowie der Bataillons-Kommandeure. Szinda, der im März 1938 einen Monat lang selbst Kommandeur der XI. Brigade war, nennt als ersten Kommandeur Hans Kahle. Manfred Stern wird auch in diesem Buch mit keinem Wort erwähnt. Dem Tschekisten Szinda, er war seit 1951 hoher Stasi-Offizier, war die historische Wahrheit offenbar nicht wichtig. Weder die SED noch die PDS haben bis heute den Gründer der »Thälmann-Brigade« aus dem schwarzen Loch des stalinistischen Bannfluchs von 1937 herausgeholt.

Dennoch ist Stern durch literarische und journalistische Zeugnisse und vor allem durch die Erinnerungen seiner Mitkämpfer unvergessen geblieben. Die Kriegskorrespondenten Michail Kolzow (Prawda), Ilja Ehrenburg (Iswestia), Herbert Matthews (New York Times), wie auch Ernest Hemingway, Ralph Fox, Ludwig Renn und viele andere schrieben ausführlich über General Kléber.

Manfred Stern wurde am 20. Januar 1896 in Woloka bei Czernowitz in der Bukowina als Sohn eines jüdischen Kleinbauern und Pächters geboren. Der Vater Salomon konnte nur mit größter Mühe seine vielköpfige Familie ernähren. Dank der Unterstützung seines älteren Bruders Philipp, der Jurist war, konnte Manfred das Gymnasium absolvieren und sich an der Universität als Medizinstudent immatrikulieren. Als Gymnasiast und später als Student beteiligte er sich an Aktivitäten der Arbeiterbewegung. Er war Mitglied der »Freien Vereinigung sozialistischer Studenten« und verbreitete Liebknechts und Lenins Losungen über den imperialistischen Krieg. Bald nach Beginn des Ersten Weltkrieges meldete er sich freiwillig als »Einjähriger« und kam an die russische Front. Als 20-jähriger Leutnant der k. u. k. Armee geriet er am 31. August 1916 in russische Kriegsgefangenschaft und wurde im Lager Tschita nahe der mongolischen Grenze interniert. Auf einer Postkarte aus der Gefangenschaft in Sibirien heißt es in deutscher Sprache: »Wolf und Leo [Sterns Brüder, A. L.] sollen trachten, sich jüdisches Wissen anzueignen. Wir wollen unsere Zukunft schmieden. Ich habe den Entschluss gefasst, sofort nach der Rückkehr nach Pal[ästina] auszuwandern.« Tatsächlich schloss sich Stern während seiner Gefangenschaft einer zionistischen Ortsgruppe in Sibirien an, was ihm bei der Untersuchung im November 1938 angelastet wurde. Sterns Leben wäre anders verlaufen, wenn er z. B. an der italienischen Front in Gefangenschaft geraten wäre. Dann wäre er nach dem Kriege vielleicht ein zionistischer Pionier, Soldat oder Politiker in Palästina geworden.

Nach der Oktoberrevolution 1917 war Stern an der Bildung von revolutionären Einheiten beteiligt, die sich aus befreiten ehemaligen Kriegsgefangenen zusammensetzten und an der Seite der Bolschewiki kämpften. Seine Vorgesetzten erkannten die hervorragenden militärischen und organisatorischen Fähigkeiten des jungen österreichischen Offiziers rasch. Als Kommissar einer Partisaneneinheit operierte er im Rücken der weißgardistischen Truppen des

Admirals Koltschak. Im Sommer 1921 kämpfte er im Transbaikal-Gebiet gegen die Truppen des Generals Baron Ungern von Sternberg und wurde mehrmals verwundet. Stern wurde kurz darauf zum Stabschef der fernöstlichen Truppen der Roten Armee befördert, die gegen japanische Interventionstruppen und tschechische Legionäre kämpften.

In den folgenden Jahren war Stern wandernder Soldat der Komintern und der Revolution. Wo immer Konflikte oder Aufstände ausbrachen, war er zur Stelle, so auch als Berater der KPD in Deutschland.

1925 bis 1926 studierte er an der Frunse-Militärakademie in Moskau. Anschließend war er Stabschef eines Schützenregiments der Moskauer Proletarischen Division, später Mitarbeiter der Frunse-Militärakademie. In dieser Zeit heiratete er Vera Krylowa, 1926 wurde der Sohn Wilmar geboren.

1931 wurde Stern als sowjetischer Handelsattaché am sowjetischen Generalkonsulat in New York akkreditiert. Damals »beschaffte« er den Prototyp eines neuen Panzers samt dazu gehöriger Konstruktionsunterlagen und ließ ihn, mit tatkräftiger Unterstützung linker Hafenarbeiter in New York, in einer Schiffsladung von Cadillac-Limousinen versteckt, in die Sowjetunion bringen. Sterns nächstes Operationsgebiet war China. Manfred Stern traf im Frühjahr 1933 in Schanghai als Militärberater der Komintern beim Zentralkomitee der chinesischen KP ein. Von Schanghai aus dirigierte die KP das Zentrale Sowjetgebiet in Südchina, in dem der lange Marsch Maos nach Nordchina begann. Große Teile Chinas waren von Japan besetzt. Als die Sowjetunion im August 1934 einen Pakt mit der Zentralregierung in Nanking schloss, wurde der Kampf gegen die japanischen Invasoren verstärkt.

Nach Ausbruch des Bürgerkrieges in Spanien entsandte die Moskauer Führung den Militärexperten zusammen mit Marcel Rosenberg, dem ersten sowjetischen Botschafter, nach Spanien. Stern traf am 15. September 1936 in

Madrid ein. Da es damals noch keine reguläre Armee gab, wurden von verschiedenen Parteien hastig Militärformationen und Milizen gegründet und an die Fronten geschickt. Die Anarchisten und die POUM hatten z. B. eigene Regimenter. Die KPS formierte aus den provisorischen Volksmilizen eine eigene Truppe, das »Quinto Regimiento«, das im Laufe der Zeit Zehntausende Soldaten umfasste. Stern war Mitbegründer und Militärberater dieser Formation.

Die Schlacht
und das Novemberwunder von Madrid

Am Morgen des 7. November 1936 begann die Schlacht um Madrid, die das weitere Schicksal der Republik bestimmen sollte. General José Miaja rief die Bürger Madrids zur Verstärkung der seit Beginn des Krieges kämpfenden Milizen auf. Mehrere Angriffe der Truppen der Generäle Varela und Yagüe konnten abgewehrt werden, doch die Situation spitzte sich dramatisch zu. Aber am Sonntagmorgen des 8. November erblickten die verzweifelten Madrileños auf der Gran Vía uniformierte und bewaffnete Freiwillige der ersten größeren internationalen Einheit. Es war die erste der sechs Internationalen Brigaden (XI. bis XV. und 129.), die XI. Internationale Brigade, die später Thälmann-Brigade genannt wurde. Unter dem Kommando von Manfred Stern marschierten drei Bataillone, das deutsche Bataillon »Edgar André«, das französisch-belgische Bataillon »Commune de Paris« und das polnische Bataillon »Dombrowski«, an die nahe Front von Madrid. Die Verteidiger Madrids erhielten auch Unterstützung durch Panzereinheiten, die vom jüdisch-sowjetischen Oberst Semion Kriwoschin befehligt wurden. Zum ersten Mal brach an diesem Tage eine republikanische Flugzeugstaffel, kommandiert vom ebenfalls jüdisch-sowjetischen General Jakob Smuschkewitsch (Douglas), dessen Jagdflugzeuge »Moscas« genannt wurden, die

Luftherrschaft der Faschisten über Madrid. Obwohl die XI. Brigade aus nur knapp 2000 Soldaten bestand, stärkte sie den Verteidigungswillen der Milizen und der Bevölkerung erheblich. Vor dem Abmarsch an die Front hatte Stern einen Aufruf an die Bevölkerung Madrids gerichtet, in dem es u. a. hieß: »Wir sind gekommen, um euch zu helfen, um eure Hauptstadt mit der gleichen Hingabe zu verteidigen, als ob es die Hauptstadt eines jeden von uns wäre.«

Die Truppen des Franco-Generals Mola versuchten, wenigstens eine der fünf Brücken über den Manzanares zu erobern, und starteten immer wieder selbstmörderische Attacken. Besonders erbittert wurde um die Französische Brücke gekämpft, die von der XI. Brigade verteidigt wurde. In der Nacht vom 9. November gelang es den von Miaja und Stern befehligten Truppen, den Gegner im Casa del Campo abzuwehren. Im Morgengrauen des 10. November war klar, dass Madrid zunächst gerettet war. Die XI. Brigade eroberte den ganzen Park bis zu den Garabitas-Anhöhen, hatte aber ein Drittel ihrer Soldaten eingebüßt. Inzwischen wurde eine weitere Brigade formiert und an die Madrider Front beordert, die XII. Internationale Brigade, unter dem Kommando des Generals Máté Zalka, der in Spanien General Lucacs hieß. Zalka, ein Jude ungarischer Herkunft und wie Stern Offizier der k. u. k. Armee, kam aus der Sowjetunion und war eigentlich Kinderbuchautor. Die von ihm befehligte Brigade wurde später »Garibaldi-Brigade« genannt. Die beiden Brigaden kämpften in verlustreichen Attacken und Nahkämpfen im Casa del Campo um jedes Haus und um jeden Raum der Universitätsgebäude. Wegen schwerster Verluste mussten die Brigaden XI., XII. und XIII. später umgruppiert werden.

Der namenlose polnische Offizier

In der Literatur über die Verteidigung Madrids und über die kritischsten Tage der Republik im November 1936 wird ein namenloser polnischer Offizier erwähnt, dessen Einheit das Universitätsviertel verteidigte. Nur er und sechs Soldaten seiner Kompanie blieben am Leben. Es war der jüdische Freiwillige Hauptmann Adam Dawidowicz, Chef der 2. Kompanie des polnischen Bataillons »Dombrowski«. Adam Dawidowicz wurde 1910 in Polen geboren. Nach Beendigung des Gymnasiums kam er nach Paris, wo er an der Kunstakademie »École des Beaux Arts« Malerei studierte. Er war einer der aktivsten Funktionäre der kommunistischen Studentenbewegung in der französischen Hauptstadt. Als der Bürgerkrieg ausbrach, meldete er sich freiwillig und wurde Ausbilder der ersten polnischen und jüdischen Freiwilligen, weil er aufgrund des Militärdienstes in Polen zu den wenigen mit militärischer Vorbildung gehörte. Nach nur fünftägiger Vorbereitung in der Basis der Brigaden Albacete wurde das Dombrowski-Bataillon an die Madrid-Front geschickt. Das Bataillon verteidigte die Französische Brücke am Manzanares. Am 15. November übernahm Dawidowicz einen Frontabschnitt im Casa del Campo. Es sollte den Gegner aus Palacete und aus der französischen Botschaft vertreiben. Aber die versprochene Panzerunterstützung blieb aus. Bei der Attacke fielen viele polnische und jüdische Freiwillige, wie Chaim Elkon und Leon Inzelsztajn.

Am 20. November 1936 kämpften die polnischen Kompanien um die Casa Velázquez im Universtätsviertel. Sie leisteten erbitterten Widerstand gegen die anstürmenden marokkanischen Söldner Francos. Als der Tag zu Ende ging, gab es keine Handgranaten mehr, und die Gewehrmunition war fast verbraucht. Die Kämpfer beschlossen, sich bis zur vorletzten Kugel zu verteidigen, um sich mit der letzten zu erschießen. Vor dem Freitod hoben sie ein letztes Mal an, die Internationale zu singen. Wie durch ein Wunder flüchteten die Faschisten, steckten jedoch zuvor das umkämpfte Gebäude in Brand. Der amerikanische Schriftsteller Dan Kurzman schildert die dramatischen Ereignisse so: »Die noch unverwundeten Soldaten haben beschlossen zu bleiben, um ihre verwundeten Kameraden nicht allein sterben zu lassen, aber einer der Verwundeten mit Namen Józek flehte sie an: ›Kameraden, ihr könnt uns nicht mehr helfen, und wir können nicht aus dem Fenster springen ... Wir werden in diesem Haus lebendig verbrennen, aber ihr müsst springen. Ihr müsst die feindlichen Linien durchbrechen und weiterkämpfen. Das ist die einzige Möglichkeit.‹«

Die noch kampffähigen Männer umarmten ihre Kameraden, küssten sie und sprangen aus den Fenstern, ohne zu ahnen, dass sich die gleiche Szene in den Ghettos ihrer Heimat schon nach wenigen Jahren wiederholen würde. Sieben Mann erreichten lebend die eigenen Stellungen, kehrten aber bald zurück, um das in Asche gesunkene Gebäude zu verteidigen und die Rebellen an der Überschreitung des Flusses zu hindern. Hauptmann Dawidowicz und seine sechs Soldaten waren diese Überlebenden. Das Bataillon verlor fast alle seine Kämpfer, aber die Front hielt. Adam Dawidowicz wurde später Adjutant des Dombrowski-Bataillons. Er fiel am 16. Juni 1937 mit 27 Jahren in der Schlacht von Huesca.

Die Ballade der Elften Brigade

Die Stimmung unter den internationalen Verteidigern von Madrid gab Ernst Busch, der große Barde des Bürgerkrieges, in seinem Lied »Ballade der Elften Brigade« eindrucksvoll wieder:

> In Spanien stand's um unsre Sache schlecht.
> Zurück ging's Schritt um Schritt.
> Und die Faschisten brüllten schon:
> Gefallen ist die Stadt Madrid!
> Da kamen sie aus aller Welt,

mit einem roten Stern am Hut.
Im Manzanares kühlten sie
dem Franco das zu heiße Blut.
Das waren Tage der Brigade Elf
und Ruhm für ihre Fahne!
Brigada Internacional
ist unser Ehrenname!

Die Schlacht um Madrid dauerte sechzehn Tage, vom 7.
bis zum 23. November 1936. Die schwer umkämpfte,
bombardierte und belagerte Stadt hielt bis zum Ende des
Bürgerkrieges am 1. April 1939. Genau fünf Monate später, auf den Tag genau, entfesselte Hitler, mit Stalins Hilfe,
den Zweiten Weltkrieg.

Der Anfang vom Ende und der Tod im Gulag

Am 26. November 1936, nachdem die direkte Gefahr für
die Hauptstadt gebannt war, richtete General Miaja einen
ausführlichen Brief an die Regierung in Valencia, in dem
er Manfred Stern zahlreicher taktischer und anderer Füh-
rungsfehler beschuldigte. Er führte sieben Punkte an, die
sich wie eine Anklageschrift lesen. Stern war der einzige
Kommandeur, dem Fehler in dieser Form vorgeworfen
wurden. Seine Mitkämpfer und die Presse beurteilten
seine Taten anders. Es ist fast unwahrscheinlich, dass General Miaja solch schweres Geschütz gegen einen von der
Sowjetunion entsandten General hätte auffahren können,
ohne von dort Ermunterung oder sogar Zustimmung erhalten zu haben. Genau einen Monat später wurde Stern
seines Kommandos enthoben. Es ist nicht auszuschließen,
dass schon damals das Damoklesschwert der Moskauer
»Säuberungen« über diesem charismatischen Komintern-
funktionär jüdischer Abstammung schwebte.

Mit einem Schlag wurde der Held des spanischen Bürgerkrieges und Verteidiger von Madrid zu einer Unperson.
Von Januar bis Mai 1937 lebte er in Valencia, wo er Ge-

spräche mit dem Regierungschef Largo Caballero und dem Außenminister Juan Negrín führte. Vorangegangen waren erregte Debatten mit dem NKWD-General Jan Bersin, dem Obersten und späteren Marschall Kulik sowie dem Militärberater Gorjew. Stern wurden Intrigen gegen die Regierung, gegen das »Quinto Regimiento« und gegen die KPS vorgeworfen und nicht zuletzt ein gewisser Bonapartismus, denn auch um seinen Generalstitel gab es heftige Diskussionen.

Nach der Schlacht von Madrid führte General Máté Zalka das Kommando über die 45. Division, in deren Verband auch Internationale Brigaden kämpften. Als Zalka am 11. Juni 1937 fiel, übernahm Stern für kurze Zeit das Kommando über die Division. Im Oktober 1937 wurde Stern nach Moskau zurückbeordert. Weil er ahnte, dass ihm Schlimmes bevorstand, ließ er sich von seiner Frau scheiden, um sie und seinen inzwischen elfjährigen Sohn Wilmar vor Repressalien zu schützen. Er zog ins Hotel Lux, wo die Komintern-Prominenz logierte. Am 23. Juli 1938 wurde er in einem Zug verhaftet und ins Lefortowo-Gefängnis gebracht. Sofort wurde er brutalen Verhören unterzogen. Er gestand Spionage für Deutschland und die Zugehörigkeit zu einer antisowjetischen, trotzkistischen Organisation in Spanien. In dieser Zeit wurde auch NKWD-General Jan Bersin aus Spanien abberufen und in Moskau verhaftet. Er beschuldigte Stern, ein Trotzkist zu sein, und wurde später selbst als Spion erschossen. Im März 1939 widerrief Stern seine Selbstanschuldigungen.

Das Militärkollegium des Obersten Gerichts verurteilte Stern am 13. Mai 1939 wegen Spionage zu fünfzehn Jahren Gulag. Ende Mai 1939 wurde er über Wladiwostok nach Kolyma gebracht. Interventionen und Eingaben der Brüder Wolf und Leo Stern, die als Rotarmisten an der Front kämpften, sowie zahlreicher Komintern-Funktionäre blieben unbeantwortet. Im Juni 1944 bat Stern in einem Brief an Stalin, ihm eine aktive Beteiligung am Krieg zu gestatten. Auch diese Bitte blieb unerfüllt. Am 26. November 1945 wurde Stern wegen angeblicher antisowjetischer Agitation unter seinen Mitgefangenen als Trotzkist und Spion, d.h. als gefährlicher Verbrecher, zu weiteren zehn Jahren Sonderlager verurteilt. Das Ende der Haftzeit wäre der 26. November 1955 gewesen.

Im Oktober 1952 schrieb Stern erneut an Stalin. In diesem zwanzigseitigen Brief schilderte er seinen Lebensweg und seine Verdienste als treuer Sowjetbürger und Kommunist, beklagte seine langjährige, unverdiente Haft und bat um Entlassung. Am 24. Januar 1954, zehn Monate nach Stalins Tod, wandte er sich abermals an die Justiz mit der Bitte um Entlassung, auch diesmal ohne Erfolg. Manfred Stern starb am 12. Februar 1954 angeblich an einer Gehirnblutung im Gulag.

General Sterns Brüder nahmen ebenfalls am Spanischen Bürgerkrieg auf Seiten der Republik teil. Der 1901 geborene Leo Stern trat 1933 der KPÖ bei und nahm 1934 an den Februarkämpfen des Schutzbundes in Wien teil. Von 1936 bis 1939 kämpfte er in Spanien. Ab 1941 war er Offizier der Roten Armee. Als Oberstleutnant gehörte er ab 1945 dem Stab des Marschalls Tolbuchin an, dessen Armeen Österreich eroberten. Später war er Professor für Neuere Geschichte und Rektor der Universität in Halle, wo er 1982 starb. Auch Bruder Wolf Stern kämpfte in Spanien und war später Soldat der Roten Armee. Nach 1945 kehrte er in die heimatliche Bukowina zurück.

2001

Benjamin Lewinski –
George Orwells Kommandant in Spanien

George Orwell wurde 1903 als Eric Blair in Indien geboren, besuchte die berühmte Eton-Schule, war Polizist in
Burma und lebte später als Lehrer in England. Er heiratete
im Juli 1936, in dem Monat, in dem der spanische Bürgerkrieg ausbrach und ging mit seiner Frau nach Barcelona.
Als Mitglied der linkssozialistischen britischen »Indepen-
dent Labour Party« (ILP) schloss er sich der POUM an,
die eine Partei mit einer sehr verworrenen Ideologie war:
Sie war marxistisch, revolutionär, antitotalitär und anti-
sowjetisch. Orwell verbrachte sechs Monate an der Ara-
gon-Front. Als Fronturlauber erlebte er in Barcelona im
Mai 1937 die blutigen Kämpfe der Kommunisten gegen
die POUM, bei denen es 500 Tote und 1000 Verletzte gab
und die schließlich zur Liquidierung vieler Anarchisten
und Poumisten führten. Trotzdem kehrte er an die Front
zurück. Nachdem er von einer schweren Verwundung ge-
nesen war, gelang es den Orwells als arglose britische
Touristen getarnt, Spanien zu verlassen.

Bereits 1938 erschien sein Buch *Mein Katalonien*, das
zu den wichtigsten und spannendsten Schilderungen des
spanischen Bürgerkrieges zählt. Er beschließt sein Buch
mit einem Gedicht, einer Huldigung an seinen italienischen Waffenkameraden, den er im Lazarett traf. In der
vorletzten Strophe, in der Übertragung von Wolf Biermann, hat Orwell in wenigen Worten die Bewunderung
für die Freiwilligen und seine Abscheu vor den Verbrechen
und Lügen der Kommunisten zum Ausdruck gebracht:

> Bevor dein Gebein noch gebleicht sein wird,
> Verlöscht deine Tat und dein Name sogar
> Und hinter der Lüge, die dich erschlug,
> Da grinst eine Lüge, die noch schlimmer war.

Mit folgenden Worten beschreibt George Orwell, der in
Spanien unter seinem richtigen Namen Eric Blair kämpfte,
in seinem Buch den Kommandanten seiner Einheit Benjamin Lewinski, der bis heute so gut wie unbekannt blieb.
Obwohl Eric Blair dreizehn Jahre älter als sein Kommandant war, sprach er über ihn stets mit Liebe und Bewunderung.

»Der Hauptmann, der den Befehl über die Stellung
hatte, kroch aus seinem Unterstand und begrüßte uns. Er
hieß Lewinski, aber jeder kannte ihn unter dem Namen
Benjamin. Von Geburt war er ein polnischer Jude, aber
seine Muttersprache war Französisch.«

Benjamin Lewinski, dessen Urgroßvater Oberrabbiner
von Warschau war, wurde 1916 in Warschau geboren.
Der früh verwaiste Junge wurde von einer Verwandten
aufgezogen. Mit neun Jahren kam er mit seiner Ziehmut-
ter nach Paris. Nach Beendigung der Schule arbeitete er
als Kürschner.

Lewinski beschloss sofort nach Ausbruch der Franco-
Rebellion, sich als Freiwilliger zu melden, und kam Ende
Juli 1936 nach beschwerlicher, illegaler Reise in Katalonien an. Er erfuhr dort, dass die POUM eine marxistische,
nicht-stalinistische Partei war. Nach einer kurzen militärischen Ausbildung kam er als Soldat einer POUM-Kompa-
nie an die Huesca-Front. Im Oktober 1936 wurde er zum
ersten, aber nicht zum letzten Mal verwundet.

Der belgische Stabsoffizier der 29. POUM-Division Georges Kopp ernannte den mittlerweile kampferprobten
knapp 21 Jahre alten Lewinski zum Hauptmann und
Kommandanten einer neuen Einheit, die aus Katalanen
und Freiwilligen aus England, Frankreich und Deutschland bestand. Zu ihnen zählte auch Eric Blair alias George
Orwell.

Nach den blutigen Ausschreitungen gegen die POUM in
Barcelona im Mai 1937 war Lewinski als Ausländer nicht
mehr sicher. Spanische Kameraden besorgten ihm einen
Passierschein nach Albacete, wo er sich nach mehrtägigem
Fußmarsch bei den Internationalen Brigaden als französi-

scher Freiwilliger namens Bernard Launoy meldete. Der
tapfere Lewinski musste also seine wahre Identität und
seine Verdienste verheimlichen, um nicht den Häschern
des Komintern-Führers Marty, des »Schlächters von Albacete«, in die Hände zu fallen. Sein engster Freund in Albacete wurde Leutnant Suhard, Neffe des gleichnamigen bekannten Pariser Kardinals.

Nach der Auflösung der Internationalen Brigaden im
Oktober 1938 ließ die französische Repatriierungskom-
mission den Leutnant Bernard Launoy nach Paris zurückkehren. Dieser Tatsache verdankte Lewinski es, dass er
nicht in ein Internierungslager gebracht wurde.

Als der Zweite Weltkrieg ausbrach, meldete sich Lewinski sofort unter Verzicht auf seinen Offiziersrang als Freiwilliger eines Fremdenregiments an die Front. Seine Einheit wurde im Mai 1940 nach Syrien verlegt. Nach dem
Waffenstillstand hat sich die französische Armee in Syrien
und im Libanon dem Vichy-Regime unterstellt. Lewinski
erfuhr aus jiddischsprachigen Radiosendungen aus Palästina, dass dort gaullistische Freiwilligen-Einheiten formiert wurden. Er wollte sich ihnen anschließen. Ende Juni
1940 organisierte er gemeinsam mit spanischen Soldaten
und Offizieren eine Massenflucht. Sie requirierten zwei
Lastwagen, aber bei Aleppo wurde der Konvoi angehalten
und die Soldaten wurden zu zwei Monaten Militärhaft
verurteilt. Im Januar 1941 organisierte Lewinski wiederum eine Massenflucht über die verschneiten Golanhö-
hen nach Palästina, wurde dabei aber schwer verletzt.
Nach seiner Genesung versuchte er mehrmals zu flüchten,
doch erst der letzte Versuch glückte.

Im Juni 1941 überwanden er und seine sechs Waffenkameraden den verschneiten, fast 3000 Meter hohen Her-
mon-Berg. Erst etwa eine Woche später erreichten sie ein
Kibbuz in Galiläa. Mit erhobenen Händen gab er sich den
bewaffneten Kibbuzniks zu erkennen: Ich bin ein Jude aus
Warschau mit sechs »Goim«, nichtjüdischen französischen Soldaten.

In Haifa meldete sich Lewinski im Rekrutierungsbüro

der freifranzösischen Armee FFL und unterschrieb in Anwesenheit des Majors de la Bollardiére die freiwillige Verpflichtungserklärung für die Dauer des Krieges. Er wurde der 13. Halbbrigade der Fremdenlegion zugewiesen, der ruhmreichen Einheit der französischen Armee, die als Einzige im April 1940 in Norwegen und seitdem ununterbrochen auf der alliierten Seite im Einsatz war.

In Syrien und im Libanon nahmen die FFL-Einheiten an schweren Kämpfen teil. Wie durch ein Wunder blieb eines Tages ein deutsches Artilleriegeschoss zwischen ihm und seinem Kameraden Keleman im Schützengraben liegen, ohne jedoch zu explodieren. Die 13. Halbbrigade wurde unter das Kommando Generals Koenig gestellt und im Herbst 1941 in die 8. Britische Armee eingegliedert. Anfang 1942 kämpfte die Einheit gegen die Italiener der Panzerdivision »Ariete«, die Lewinski schon in Spanien kannte. Später lieferte sie erbitterte Schlachten gegen das Afrikakorps Rommels. Lewinski kämpfte mit seiner Einheit ohne Pause oder Urlaub sogar in Tunesien. Später wurde die Einheit in Italien eingesetzt. Im August 1944 nahm die Truppe an der Landung in Südfrankreich teil.

Damit fand der über achtjährige Krieg des Benjamin Lewinski ein Ende. Er beschloss, all die schrecklichen militärischen und ideologischen Kriege zu vergessen. Erst vierzig Jahre später – im Jahr 1984 – holte ihn die Vergangenheit wieder ein. Eines Tages las er im Hotel in Nizza, das er seit langem leitete, in einer spanischen Zeitung, die ein Gast zurückgelassen hatte, über Eric Blair alias George Orwell dessen Buch *1984*. Erst da wurde es ihm bewusst, dass sein Untergebener, der POUM-Soldat Eric Blair, der berühmte George Orwell war.

2001

Drei Flieger für die Freiheit Spaniens

Als der spanische Bürgerkrieg ausbrach, verfügte die Republik über keine nennenswerte Luftwaffe. Die Westmächte verhängten ein striktes Waffenembargo gegen die rechtmäßige Regierung. Nur der französische Luftfahrtminister Pierre Cot unterlief die Bestimmungen und lieferte vierzig Flugzeuge, Bloch- und Potez-Bomber sowie Dewoitine-Jagdflugzeuge. Er wurde dabei von seinem Kabinettschef Jean Moulin, dem von Barbie ermordeten Chef der Résistance, unterstützt. Erst später sandte die Sowjetunion Flugzeuge und setzte Piloten unter dem Kommando des jüdischen Fliegergenerals Jakob Smuschkewitsch, der 1941 von Stalins Schergen ermordet wurde, nach Spanien in Marsch.

Die republikanische Regierung hatte den Schriftsteller, Flieger und späteren Kulturminister Frankreichs, André Malraux, mit der Rekrutierung und Aufstellung der internationalen Flugstaffel »España«, die die schwache republikanische Luftwaffe verstärken sollte, beauftragt. Sie wurde von ihm kommandiert. Drei der freiwilligen Flieger sollen hier vorgestellt werden.

Hermann Feld
wurde am 21. Februar 1914 in Berlin als Sohn eines Bekleidungsfabrikanten geboren. Er war seit früher Jugend im »Bund jüdischer Pfadfinder« aktiv. Als die Nationalsozialisten an die Macht kamen, gehörte er als linker Jude zu den gefährdeten Personen und musste mit gefälschten Papieren flüchten, während sein Vater, sein Bruder und seine Schwester in Berlin blieben. Feld ging zunächst nach Paris. Er sandte von dort zahlreiche antifaschistische Propagandaschriften nach Deutschland, auch an seine Familie, zur weiteren Verbreitung

1934 kam Feld nach England. Im britischen Luftfahrtzentrum Croydon bei London ließ er sich zum Piloten und Flugingenieur ausbilden. Er war einer der Ersten, die sich freiwillig zur Flugstaffel »España« meldeten. Anfang 1937 wurde er zum Leutnant befördert. Er war zunächst Jagdflieger in der Flugstaffel Nr. 20 und flog von den Flugfeldern Madrilejos und Tembleque an die Fronten von Madrid und Guadalajara, wo er einen wichtigen Beitrag zum Sieg über die Italiener leistete. Nach der Aragon-Offensive wurde die Jagdflugstaffel nach Camporobles verlegt. Feld wurde stellvertretender Geschwader-Kommodore des 2. Jagdgeschwaders. Bei einem Erkundungsflug wurde sein Flugzeug von Flakgeschützen getroffen und stürzte ab. Feld war einer der besten Piloten der spanischen Luftwaffe, denn er war, eine Seltenheit unter den jungen Fliegern, auch Flugingenieur.

Über Freunde in der Schweiz erhielt die Familie in Berlin die Nachricht von Felds Tod. Die spanische Botschaft in Bern teilte mit, dass der Ingenieur-Pilot Hermann Feld am 18. Juli 1937 in Alcala nach zahlreichen Luftkämpfen gefallen war. Im Namen der Republik kondolierte der Botschafter Antonio Fabra Ribas der Familie.

Was wurde aus der Familie Feld? Hermanns Schwester Hermine war in Belgien, der jüngere Bruder Siegfried emigrierte 1939 als Jugendlicher nach England, wurde Freiwilliger Offizier im Garderegiment »Royal Fusiliers«, kämpfte bis zum Sieg in der englischen Armee und starb nach dem Kriege mit 36 Jahren. Der Vater wurde wegen der politischen Aktivitäten seines Sohnes zuerst in Dachau, dann in Buchenwald inhaftiert. Beide Eltern wurden später nach Auschwitz deportiert und ermordet.

Jecheskel Piekar
wurde 1910 in Polen als Sohn armer jüdischer Eltern geboren. Als er zehn Jahre alt war, starben beide Eltern an Influenza. Familienangehörige, die nach Palästina auswanderten, nahmen das Waisenkind mit. Er wurde Mechaniker und arbeitete in einer Gießerei in Haifa. 1935 wurde er Schüler an der Fliegerschule in Croydon und erhielt im Juli 1936 den Pilotenschein. Als der spanische Bürgerkrieg ausbrach, fuhr er nach Paris, um sich freiwil-

lig als Flieger zu melden. In der spanischen Botschaft wurde er mit offenen Armen empfangen und zu André Malraux geschickt. Die Flugstaffel »España« bestand damals aus fünfzehn Piloten und zehn Mechanikern. Bereits am 10. August 1936, drei Wochen nach Ausbruch des Bürgerkrieges, landete Piekar auf dem Madrider Flughafen Barajas.

Die Flugstaffel war eine bunt gemischte Truppe: Engländer, Italiener, ein Schweizer, zwei Weißrussen. Es gab auch Trotzkisten und Kommunisten, aber die politischen Meinungen haben niemanden interessiert, denn die Flieger hatten nur das eine Ziel, der rechtmäßigen Regierung im Kampf gegen die faschistischen Rebellen zu helfen. Piekar flog französische Potez-Bomber mit sieben Mann Besatzung. Die riesigen Flugzeuge konnten zwar zwei Tonnen Bomben transportieren, waren aber sehr langsam. Man nannte sie »Fliegende Särge«. Die Flügel und andere Teile des Bombers waren aus Sperrholz, und es war ein Wunder, dass die Flieger überhaupt lebend von ihren Einsätzen zurückkamen. Piekars Potez wurde einmal abgeschossen, aber den Fliegern gelang es, rechtzeitig abzuspringen.

Inzwischen trafen die ersten fünfzehn sowjetischen Flieger ein. Bis jetzt waren alle Flieger verschworene Kameraden, und volles gegenseitiges Vertrauen auf Leben und Tod war selbstverständlich, ohne Rücksicht auf die politische Überzeugung. Malraux ernannte Piekar wegen seiner Russischkenntnisse zum Verbindungsoffizier. Er wurde vom sowjetischen Politkommissar vergeblich über die politischen Überzeugungen der Flieger ausgefragt, man wollte herausfinden, ob sie Trotzkisten seien. Piekar erstattete Bericht über diese Nachforschungen an Malraux, der darüber entsetzt und niedergeschlagen war, denn es bedeutete das Ende der Staffel.

Einige Monate später verließ Piekar Spanien und fuhr nach Paris. Er verbrachte ein Wochenende im Hause von Malraux und kehrte danach nach Palästina zurück. Piekar kümmerte sich bis zu seinem Tode im Jahre 1984 um die vielen Spanienkämpfer, die aus kommunistischen Ländern kamen und die diversen »Säuberungen« überlebt hatten. Nach Jahrzehnten der Wanderungen durch Erdteile und Ideologien fanden sie endlich ihre altneue Heimat in Israel.

Die ungeheure Überlegenheit der faschistischen Luftwaffe im Bürgerkrieg, besonders der Bomberflugzeuge der Legion Condor, konnte nur durch den mutigen Einsatz der Jagdpiloten der republikanischen Luftwaffe einigermaßen kompensiert werden. Bis zum letzten Luftkampf im Januar 1939 führten 46 Staffel-Kapitäne die republikanischen Jagdstaffeln, die meistens aus sowjetischen Chato- und Mosca-Jagdflugzeuen bestanden. Es operierten auch zwei Nachtjagd-Staffeln. Die eine wurde von Jose Falco San Martin kommandiert, die andere befehligte der deutsche Jude Walter Katz.

Walter Katz
wurde am 27. April 1913 in Offenbach geboren. Sein Vater war Rechtsanwalt und Stadtverordneter in Offenbach, die Mutter war im Jüdischen Frauenbund unter Bertha Pappenheim aktiv. Nach dem Abitur am Lessing-Gymnasium in Frankfurt studierte Katz in Freiburg, München und seit 1933 internationales Recht in Paris. Professor Recasens von der Madrider Universität lud den begabten Juristen nach Spanien zum Abschluss der Studien ein. 1935 wurde er spanischer Bürger und Assistent an der Universität. Er war auch spanischer Ski-Champion und Sportflieger.

Bei Ausbruch des Bürgerkrieges hat sich Katz sofort bei der Luftwaffe gemeldet und flog viele Einsätze, wie z.B. bei der Schlacht von Guadalajara im März 1937, die mit einem großen Sieg der Republik endete. Zwischen den Kampfeinsätzen war Katz persönlicher Pilot fast aller spanischen Minister bei ihren Auslandsflügen. Als der Vater von Walter Katz im April 1938 in London starb, flog Katz zu dessen Beerdigung und kam anschließend sofort zu seiner Nachtjagdstaffel, die er kommandierte, zurück. Er sollte ab Oktober 1938 seinen Dienst als Diplomat an der spanischen Botschaft in London antreten, aber zuvor wollte er noch einen Nachteinsatz für die untergehende spanische Republik fliegen. Es sollte der letzte Einsatz seines Lebens sein. Katz wurde am 10. November 1938 bei Seros über Katalonien abgeschossen. Er war sofort tot, sein Bordschütze Sergeant Lopez überlebte den Absturz. Der 25-jährige Katz wurde auf dem jüdischen Friedhof in Barcelona beerdigt. Er war der letzte nichtspanische Jagdpilot, der sein Leben für die Republik gab.

Für die Verdienste ihres Sohnes hat die spanische Exilregierung in Mexiko der Mutter von Walter Katz die republikanische Staatsbürgerschaft zuerkannt. Mit Hilfe des französischen Widerstandes wurde sie nach Marokko geschleust und kam von dort nach Mexiko, wo sie 86-jährig starb. Der jüngere Bruder kämpfte bis 1945 bei den Truppen des Generals de Gaulles, zuletzt als Offizier in der Panzerdivision Leclerc, war später französischer Kulturoffizier in Deutschland und lebt heute in Paris.

2001

Oberst Israel Beer –
Die Lebenslüge eines »Spanienkämpfers«

In welchem Land westlicher Prägung könnte ein Offizier wegen seiner Beteiligung am spanischen Bürgerkrieg zu höchsten militärischen Ehren gelangen? Die unwahrscheinlich klingende Antwort lautet: im Staate Israel.

Als der Oberst der israelischen Armee Dr. Israel Beer am 31. März 1961 in seiner Wohnung in Tel Aviv unter dem Verdacht der Spionage für die Sowjetunion verhaftet wurde, brach für zahlreiche seiner Kollegen im Generalstab der israelischen Armee wie auch für seinen Protektor David Ben Gurion die Welt zusammen.

Der anschließende Prozess deckte eine der unglaublichsten militärischen Köpenickiaden aller Zeiten auf. Israel Beers Biografie zu schreiben ist kein leichtes Unterfangen, denn es gibt mehrere Versionen, und fast alle stammen von ihm selbst. Die letzte Version schrieb er im Gefängnis, und sie ist, wie auch die früheren Fassungen, von Anfang bis Ende erlogen.

Danach wurde er angeblich am 9. Oktober 1912 in Wien als Sohn jüdischer Eltern, die aus den USA stammten (nicht wahr), in Wien geboren. Das Studium an der Wiener Universität beendete er mit der Promotion (Beer hat nie promoviert). Er wurde Mitglied der militärischen Organisation der österreichischen Sozialdemokratie »Schutzbund« und nahm an den Februar-Kämpfen im Jahre 1934 in Wien teil (unwahr). Er meldete sich freiwillig bei der Offiziersschule in der Wiener Neustadt, die er als Leutnant verließ (frei erfunden).

Als der spanische Bürgerkrieg ausbrach, meldete er sich freiwillig bei der XI. Internationalen Thälmann-Brigade. 1936 bis 1937 kämpfte er bei Madrid und Guadalajara. In der Schlacht von Brunete 1937 kommandierte er eine spanisch-deutsche Einheit. In Spanien traf er auch den Schutzbundkommandeur und österreichischen General Julius Deutsch. Bis 1936 nannte er sich *Capitan* Gregorio, seit 1937 *Commandante* Diaz. Als *Teniente Colonel* (Oberstleutnant) Gregorio wiederum ist er demobilisiert worden, weil die Sowjetgeneräle Gorjew und Grischin, die Militärberater in Spanien waren, ihm empfahlen, die Frunse-Militärakademie in Moskau zu absolvieren. Nach der Auflösung der Interbrigaden kam er mit einem gefälschten Pass nach Prag und von dort nach Wien, um sich von seiner Familie vor der Reise nach Moskau zu verabschieden.

All das ist frei erfunden, denn bei den Internationalen Brigaden gab es niemals einen Offizier namens Beer, Gregorio oder Diaz. Beer hat spanischen Boden nie betreten. Die Wahrheit war viel einfacher und prosaischer. Während des spanischen Bürgerkrieges war Beer braver Mitarbeiter im Büro einer zionistischen Geldsammelorganisation in Wien, wanderte dann 1939 nach Palästina aus und schloss sich der geheimen Militärorganisation »Hagana« an. Wegen seiner angeblichen militärischen Erfahrungen wurde er Offizier und nahm am Unabhängigkeitskrieg Israels 1948–1949 teil. Bei einer Lagebesprechung des Generalstabes tat er sich durch strategische Kenntnisse aus seiner Zeit bei den Internationalen Brigaden in Spanien hervor. Der angebliche heldenhafte jüdische Spanienkämpfer stieg noch höher im Ansehen seiner Kameraden, die er von nun an mit militärwissenschaftlichen Theorien überschüttete.

Als sich Anfang der fünfziger Jahre die linkssozialistische Partei Mapam in eine prosowjetische und eine sozialdemokratische Fraktion spaltete, lief Beer zu den Sozialdemokraten Ben Gurions über, bei dem er sich dadurch einschmeichelte, dass er dessen taktische Fehler, die im Kriege viele das Leben gekostet hatten, ins Positive manipulierte. Er wurde zum Obersten der Armee befördert, gründete eine militärgeschichtliche Abteilung beim Generalstab mit eigenem Büro, Sekretärin, Auto und Chauffeur. Dank seiner Position hatte er freien Zugang zu allen Archiven und stand im Kontakt mit maßgeblichen Offizieren der Armee. Er wurde Direktor des von ihm gegrün-

deten militärgeschichtlichen Instituts an der Tel Aviver
Universität und schrieb militärhistorische Aufsätze, die in
der führenden Zeitung des Landes »Haaretz« erschienen
sind.

Als Berater und Freund Ben Gurions war seine Position
derart gesichert, dass es niemand wagte, seine Biografie
näher zu überprüfen. Lediglich General Dajan mied mit
dem Instinkt eines geborenen Soldaten den gelehrten Offizier und ließ ihn nie an sich heran.

Erst Jahre später wurde Beer als sowjetischer Spion ent-
larvt. Beim geheim geführten Prozess kam nach und nach
die Wahrheit ans Licht. Bei einem Empfang in der sowjetischen Botschaft im August 1956 in Ramat Gan bei Tel
Aviv traf er den sowjetischen Diplomaten Lussejew, der
ihn in eine militärpolitische Diskussion verwickelte. Lussejew traf Beer wiederholt »zufällig« auf der Straße und
reichte ihn an den Chef der sowjetischen Spionage in Israel, Oberst Sokolow, weiter. Von nun an trafen sie sich
des Öfteren bei konspirativen Zusammenkünften, wo Sokolow seinem Spion jeweils einen »Einkaufszettel« mit ge-
wünschten Informationen überreichte. Es ist sehr wahrscheinlich, dass Sokolow schon vorher die spanische
Maskerade Beers durchschaut hat, denn die Archive der
Internationalen Brigaden befinden sich seit 1939 in Moskau. Es ist auch möglich, dass der Ostberliner Staatssi-
cherheitsdienst die nötigen Informationen lieferte. Erich
Mielke selbst kannte aus seiner Komintern-Zeit jeden Offizier der XI. Internationalen Thälmann-Brigade persönlich.

Beer versuchte schließlich auf Befehl seiner sowjetischen Vorgesetzten zum Bundesnachrichtendienst des Generals Gehlen Kontakt zu knüpfen. Anfang 1958 fuhr
Beer privat nach Deutschland und kam über West- auch
nach Ostberlin, was zunächst keinen Verdacht erregte.
Mitte 1958 machte Oberst Beer den ersten Versuch, mit
Gehlen in Verbindung zu treten. Aber sein Auftrag, General Gehlen zu besuchen, wurde auf Empfehlung des miss-
trauisch gewordenen Chefs der israelischen Abwehr Isser

Harel abgelehnt. Ende 1959 versuchte es Beer wieder, diesmal als ein von der bundesdeutschen Gesellschaft für Wehrkunde eingeladener Referent. Der dritte Versuch, Gehlen im Jahre 1959 zu treffen, hat den israelischen Geheimdienstchef Harel vollends überzeugt, dass Beer nicht »koscher« und höchste Vorsicht geboten sei. Trotzdem gelang es Beer, im Mai 1960 durch das Netz des Mossad zu schlüpfen und zu einem als privat erklärten Besuch nach Deutschland zu kommen. Beer gelang es, General Gehlen davon zu überzeugen, dass er als persönlicher Vertreter David Ben Gurions komme. Die Panne in der Überwachung Beers passierte deshalb, weil Mossad-Chef Harel, der bis Mai 1960 fieberhaft an der Entführung Eichmanns arbeitete, in der fraglichen Zeit selbst in Argentinien die letzten Vorbereitungen leitete. General Gehlen war seinerseits an den Kontakten mit einem israelischen Offizier dieses Ranges sehr interessiert, der sich zudem bereit erklärte, eine Informationsreise zu unternehmen, um die noch sehr zögernden Bundesbürger von der Notwendigkeit der Wiederbewaffnung Deutschlands zu überzeugen.

Israel Beer war etwas gelungen, was kein sowjetischer Spion bis dahin fertig gebracht hatte, er war bis in die Höhle des Löwen, den Sitz des BND in München-Pullach, vorgedrungen. Harel war nun vollends von der Doppelrolle Beers überzeugt und ließ ihn nach seiner Rückkehr aus Deutschland am 9. Juni 1960 vernehmen. Beer verwickelte sich in Widersprüche über die Finanzierung seiner Reise. Er nannte u. a. eine Evangelische Akademie als Geldgeber. Er musste auch zugeben, dass nicht Gehlen ihn eingeladen, sondern er sich selbst bei ihm vorgestellt hatte.

Beer reagierte auf die Vernehmung mit größter Arroganz und »Chuzpe« und schrieb einen mit harten Vorwürfen gespickten Beschwerdebrief an den »lieben Genossen Ben Gurion«, den er mit »kameradschaftlichen Grüßen« beschloss. Harel schickte seinerseits ein ausführliches Memorandum an Ben Gurion. Der Mossad-Chef bestand darauf, Beer wcitere Auslandsreisen zu verbieten. Auf diese Weise wollte er seine Agentenführer zwingen, den Kontakt mit ihm innerhalb des Landes, wo eine Observation möglich war, aufzunehmen.

Diese Spekulation ging Anfang 1961 auf. Agenten des Mossad observierten einen Wagen der sowjetischen Botschaft, in welchem sich u. a. auch Oberst Sokolow befand. Plötzlich erschien Beer, dessen hagere Gestalt und Gang unverwechselbar waren. Von nun an wurde die Wohnung Beers in der Brandeis-Straße in Tel Aviv rund um die Uhr überwacht. Am 22. März 1961 wurde Beer von Mossad-Agenten gesehen, als er in einer stillen Seitengasse mit Sokolow zusammenkam und offenbar ein weiteres Treffen vereinbarte. Beer traf anschließend Sokolow an einem anderen Ort und übergab ihm eine Aktentasche, die dieser mit seinem Wagen in die sowjetische Botschaft brachte. Beer wurde auch beobachtet, als er die Aktentasche zwei Stunden später wieder in Empfang nahm. Die Dokumente wurden inzwischen offenbar kopiert.

Am frühen Morgen des nächsten Tages, am 31. März 1961, erhielt der Ministerpräsident David Ben Gurion, in seiner zusätzlichen Eigenschaft als Verteidigungsminister, die Nachricht von der Verhaftung seines Protegés, des Oberst Dr. Israel Beer. Ben Gurion war von dieser Nachricht irritiert, hat sich aber weder in die Ermittlungen noch beim Prozess eingemischt.

Bei den Vernehmungen weigerte sich Beer, ein Geständnis abzulegen und an der Aufklärung mitzuarbeiten, um den Schaden für die Sicherheit Israels zu begrenzen. Beer informierte seine sowjetischen Auftraggeber umfassend und ausführlich über Israels Bewaffnung, Kontakte, Strategie und die politische Einstellung der hohen Offiziere. Sokolow zapfte über Beer Israels Informationen über die arabischen Armeen an und lieferte u. a. eine genaue Aufstellung der ägyptischen Armee und Luftwaffe. Als Beer General Gehlen in Deutschland besuchte, waren seine Kontakte mit Sokolow auf dem Höhepunkt. Beer traf seinen sowjetischen »Chef« über zwanzigmal, viermal alleine in den letzten drei Monaten vor seiner Verhaftung.

Erst Mitte April 1961 wurde die Verhaftung Beers der Presse bekannt gegeben. Die Verzögerung resultierte aus der Tatsache, dass zur gleichen Zeit der Eichmann-Prozess in Jerusalem eröffnet werden sollte, wo Isser Harel eine entscheidende Rolle spielte. Zeitungen, die jahrelang die Artikel des »Militärexperten« Dr. Beer gedruckt hatten, mussten ihren Lesern mitteilen, dass sie Opfer eines Schwindlers und Spions geworden waren.

Im Jahre 1962 fand der Prozess gegen Beer statt, in dessen Verlauf weitere »Leistungen« dieses Meisterspions bekannt wurden, z. B. der Verrat der Pläne und der Struktur der Bundeswehr und der NATO-Strategie, Struktur der skandinavischen Armeen, israelische Waffenkäufe in Deutschland, Frankreich und England. Beer begründete seinen Verrat mit der seiner Ansicht nach politisch falschen Bindung Israels an die Westmächte und der Feindseligkeit gegenüber der Sowjetunion. Die Wahrheit: Er war Opfer seiner Eitelkeit und seiner Geldgier.

Beer versuchte, dem Gericht noch andere Bären aufzubinden, z. B. dass er bei seinem Besuch in Ostberlin seine alten Waffenkameraden aus Spanien traf. Von dort telefonierte er mit dem ehemaligen Kommandeur der 129. Interbrigade General Waclaw Komar in Warschau, der ihm angeblich ein Militärflugzeug nach Berlin schickte, um ihn nach Warschau und nach wenigen Stunden zurück nach Berlin zu fliegen. Noch im Jahre 1975 prahlte die ägyptische halboffizielle Zeitung »Al Ahram«, dass Beer auch für den ägyptischen Geheimdienst spioniert hatte.

Beer musste beim Prozess auch einen Widerspruch in seiner erfundenen Biografie aufklären, denn während der ganzen fraglichen Zeit arbeitete im Büro der bereits zitierten Organisation in Wien wirklich ein gewisser Beer. Hier die von ihm gelieferte hanebüchene »Aufklärung«: Als er Wien verließ, übergab er seine legalen Dokumente einem konspirativen jüdischen Mitkämpfer des Schutzbundes, der ihm ähnlich sah und seine Stelle besetzte. Als der

»echte« Beer aus Spanien zurückkam, musste er sein Double beseitigen, um selbst nicht in Schwierigkeiten zu geraten. Er hat ihn einfach ermordet. Diese fantastische Behauptung, nämlich, dass sein spanisches Engagement das Leben eines braven Juden kosten musste – in Wirklichkeit nur auf Zeitungspapier – stellte Beer in seiner im Gefängnis neu verfassten »Biografie« auf. Dieses »Mordgeständnis« hatte aber im Prozess keine Folgen.

Beer wurde zu zehn Jahren Gefängnis verurteilt und ging in Berufung. Das Oberste Gericht Israels verurteilte ihn dann zu fünfzehn Jahren, von denen er nur zwei absaß, weil er im Jahre 1964 im Gefängnis starb, ohne Spaniens Himmel, Sterne und Schützengräben je gesehen zu haben.

1997

JUDEN IN POLEN

»The Black Book of Polish Jewry«
Was in New York 1943 über den Holocaust bekannt wurde

Vor mehreren Jahren fand ich in einem Buchantiquariat in London ein altes Buch mit einem ziemlich zerschlissenen Umschlag. Dies ließ darauf schließen, dass der Vorbesitzer es intensiv gelesen hatte. Erst dachte ich, dass es sich dabei um einen Nachkriegsbericht über die Schoa in Polen handelte. Im Ortsverzeichnis fand ich sogar meine Heimatstadt Bedzin. Erst ein Blick auf das Erscheinungsjahr im Impressum elektrisierte mich. War es möglich, dass bereits 1943 derart ausführliche und präzise Informationen über das in Polen stattgefundene tragische Geschehen erschienen waren?

Diese Publikation stellt die erste Zusammenfassung von Berichten über den Völkermord an den polnischen Juden dar, die die ersten Opfer der nazistischen Massenmörder während des Zweiten Weltkrieges waren. Das Buch wurde von der noch heute existierenden »American Federation for Polish Jews Inc.« herausgegeben. Das *Schwarzbuch* erschien im Herbst 1943 in New York. Wenn man das Inhaltsverzeichnis durchsieht, glaubt man kaum, dass es bereits vor über fünfzig Jahren verlegt wurde. Es ist fast unglaublich, wie viele Dokumente, Zeugnisse und Materialien über den Massenmord an den polnischen Juden bereits damals, zeitlich gesehen mitten im Geschehen, im fernen New York gesammelt werden konnten. Ungeheuer viele Berichte aus dem besetzten Polen erreichten die Herausgeber des Buches auf lebensgefährlichen und abenteuerlichen Wegen. Es wurden sowohl jüdische wie auch deutsche und alliierte Quellen, Presseartikel und Augenzeugenberichte von Journalisten neutraler Länder ausgewertet.

Das Buch wurde von fünfzehn prominenten Sponsoren gefördert, mit der Gattin des amerikanischen Präsidenten Eleanor Roosevelt an der Spitze. Zu den Sponsoren zählten ein Regierungsmitglied, führende Parlamentarier, der polnische Botschafter in den USA, der Bürgermeister von New York, mehrere jüdische Wissenschaftler, unter ihnen Albert Einstein, und andere bedeutende Persönlichkeiten. Den vier Herausgebern standen vierzehn Mitglieder des Publikationskomitees zur Seite.

Jacob Apenszlak gründete bereits 1917 die polnisch-sprachige jüdische Zeitung »Nasz Kurier«, die später bis 1939 als »Nasz Przeglad« (Unsere Revue) zu den führenden jüdischen Tageszeitungen Polens gehörte. Dr. Janusz Korczak hat die Kinder- und Jugend-Beilage der Zeitung, Paulina Apenszlak die Frauenbeilage »Ewa«, redigiert. Arje Tartakower war mit Arthur Ruppin und Jakob Leschtschinski Begründer der Demografie und der Soziologie der Juden sowie Autor vieler wissenschaftlicher Werke in mehreren Sprachen. Er war auch Direktor der Hilfsorganisation des Jüdischen Weltkongresses und des »Institute of Jewish Affairs«.

Als das *Schwarzbuch* herauskam, waren die meisten Juden Polens nicht mehr am Leben. Diese Tatsache war den führenden jüdischen Persönlichkeiten und amerikanischen Regierungsmitgliedern einschließlich des Präsidenten Roosevelt bekannt.

Im Frühjahr und Sommer 1942 erhielt Dr. Gerhard Riegner, Vertreter des Jüdischen Weltkongresses in der Schweiz, dokumentarische Beweise, u. a. von dem deutschen Industriellen Gerhard Schulte aus Breslau, über die Pläne der Nazis zur Ermordung *aller* Juden Europas. Über das amerikanische Konsulat in Genf kabelte er am 8. August 1942 die Nachricht an den Führer der amerikanischen Juden, Rabbiner Stephen S. Wise, der ein enger Vertrauter des Präsidenten Roosevelt war, sowie an den englischen Parlamentsabgeordneten Sidney Silverman. Das Telegramm an Wise wurde jedoch vom State Department abgefangen. Silverman hat schließlich das Telegramm am selben Tage an Wise nach New York weitergekabelt, so dass es den Adressaten doch noch erreichte. Das Telegramm hatte folgenden Inhalt:

ERHIELT ALARMIERENDEN BERICHT IM FUEHRERHAUPTQUARTIER SEI PLAN DISKUTIERT UND ERWOGEN DASS IN DEUTSCHBESETZTEN UND KONTROLLIERTEN LAENDERN ALLE JUDEN ANZAHL 3 1/2 BIS 4 MILLIONEN NACH DEPORTATION UND ZUSAMMENFASSUNG IM OSTEN MIT EINEM SCHLAG AUSGEROTTET UND DAMIT DIE JUEDISCHE FRAGE EIN FUER ALLEMAL GELOEST WERDEN SOLL STOP AKTION FUER HERBST GEPLANT STOP METHODEN EINSCHLIESSLICH BLAUSAEURE DISKUTIERT STOP INFORMATION UNTER VORBEHALT UEBERMITTELT DA RICHTIGKEIT NICHT BESTAETIGT STOP INFORMANT BEHAUPTET ENGE VERBINDUNG ZU HOECHSTEN DEUTSCHEN STELLEN STOP SEINE BERICHTE ALLGEMEIN ZUVERLAESSIG=

Der Originaltext in Englisch:

RECEIVED ALARMING REPORT THAT IN FUEHRERS HEADQUARTERS PLAN DISCUSSED AND UNDER CONSIDERATION ALL JEWS IN COUNTRIES OCCUPIED OR CONTROLLED GERMANY NUMBER 3–1/2 TO 4 MILLION SHOULD AFTER DEPORTATION AND CONCENTRATION IN EAST AT ONE BLOW EXTERMINATED TO RESOLVE ONCE FOR ALL JEWISH QUESTION IN EUROPE STOP ACTION REPORTED PLANNED FOR AUTOMN METHODS UNDER DISCUSSION INCLUDING PRUSSIC ACID STOP WE TRANSMIT INFORMATION WITH ALL NECESSARY RESERVATION AS EXACTITUDE CANNOT BE CONFIRMED STOP INFORMANT STATED TO HAVE CLOSE CONNEXIONS WITH HIGHEST GERMAN AUTHORITIES AND HIS REPORTS GENERALLY RELIABLE=

Wise behielt die Nachricht lange Monate für sich, weil er sich gegenüber dem stellvertretenden Außenminister Sumner Welles verpflichtet hatte, vorerst über den industriellen Massenmord an Juden zu schweigen. Statt Himmel und Erde in Bewegung zu setzen und die Alliierten zu angemessenen Maßnahmen aufzufordern, zogen er und weitere Mitwisser es vor, die anderen Führer der amerikanischen Juden zu beschwichtigen, um ihre Verbindungen und »Freundschaften« zum Präsidenten und anderen Prominenten nicht zu gefährden. In der Ausgabe der »Jiddischen Stimme« in New York vom November 1942 beklagte Rabbiner Isaac Lewin angesichts dieser Tragödie globalen Ausmaßes das Fehlen eines Proteststurms des jüdischen Establishments Amerikas und dessen Führern Stephen S. Wise und Nahum Goldmann.

Die »New York Times« druckte am 2. Dezember 1942 einen Leitartikel unter dem Titel *The First to Suffer* ab, in welchem über den Mord an zwei Millionen Juden in Polen die Rede war und über die Todesgefahr für weitere Millionen Juden Europas. Am 8. Dezember 1942 überreichten die Vertreter des amerikanischen Judentums im Weißen Haus ein an den Präsidenten Roosevelt gerichtetes Memorandum, das im Buch abgedruckt ist. Es war aber eine Außenseitergruppe unter Führung des Rechtszionisten Peter Bergson (Hillel Kook), die massive Proteste in Amerika organisierte. Das jüdische Establishment hat die Aktivitäten dieser Gruppe behindert und öffentlich verurteilt.

Die gesamte jüdische Presse tat das, was die jüdische Führung versäumte; sie ließ die Sturmglocken läuten. Mit einer ganzseitigen Anzeige in der »New York Times« wurden die Juden zu einer Protestversammlung in der riesigen Halle Madison Square Garden am 1. März 1943 in New York aufgerufen, wo 20000 Menschen Platz fanden. 50000 Menschen hörten draußen und in den umliegenden Straßen über Lautsprecher den Reden zu. Es sprachen dreizehn prominente Redner, und es wurde ein elf Punkte umfassendes Aktionsprogramm verabschiedet. Bergsons Organisation wollte alle Rabbiner Amerikas zu einem unbefristeten Hungerstreik aufrufen, aber diese Idee wurde vom Establishment abgelehnt. Erst am 22. Januar 1944 wurde durch die *Executive Order 9417* des Präsidenten Roosevelt das »War Refugee Board« gegründet, das die Juden retten sollte, aber das war für die polnischen Juden zu spät.

In dieser schrecklichsten Periode der jüdischen Geschichte waren die Tore Amerikas, Englands, Palästinas und vieler anderer Länder dicht verriegelt. Das Unglück wollte es, dass der stellvertretende, für die Einwanderung zuständige amerikanische Außenminister ein gewisser Breckingridge Long war, der in den meisten zeitgeschichtlichen Werken, auch bei Hilberg, nicht erwähnt wird. Long war von 1933 bis 1936 amerikanischer Botschafter in Italien. Dort »verliebte« er sich in den italienischen Faschismus und tat später alles, um keine Flüchtlinge ins Land zu lassen. Er ließ selbst die nicht ausgenutzten und deshalb offenen offiziellen Einwanderungsquoten – nur 9 Prozent der Quoten wurden ausgenutzt – verfallen. Long unterdrückte die Nachrichten über den Massenmord an den Juden Europas und gab viele unter Lebensgefahr beschaffte und verfasste Nachrichten über den industriell betriebenen Genozid nicht weiter.

Der junge polnische Diplomat und Kurier des polnischen Untergrundes Jan Karski (Kozielewski) besuchte zweimal das Warschauer Ghetto und kam dort mit den Führern des Untergrundes Menachem Kirschenbaum und Leon Feiner zusammen. Als baltischer SS-Mann verkleidet, besuchte er auch das Vernichtungslager Belzec und prägte sich die Einzelheiten des Vernichtungsprozesses ein. Als Abgesandter der polnischen Heimatarmee AK erreichte er im November 1942 London und berichtete der polnischen Exilregierung, dem Nationalrat, u.a. auch dessen Mitglied, dem Bund-Führer Schmuel Zygielbojm (der ein halbes Jahr später Selbstmord beging, um die Welt angesichts der Massenmorde an den polnischen Juden aufzurütteln). Karski informierte auch Churchill, Eden und weitere britische Minister und Parlamentarier über den Massenmord an polnischen Juden. Wenige Wochen später wurde er von Roosevelt empfangen, der sich viel Zeit für Fragen über marginale Angelegenheiten nahm, aber für das Schicksal der Juden Polens wenig Interesse zeigte.

Die polnische Exilregierung in London hat seit 1940 wiederholt die alliierten Regierungen über die Massenmorde an Juden informiert und sie zu entschlossenen Maßnahmen aufgefordert. Jedoch vergeblich. Am 10. De-

zember 1942 hat sich die polnische Regierung mit einem
äußerst ausführlichen Memorandum an die amerikanische Regierung mit der Aufforderung gewandt, sofort etwas zur Rettung der polnischen Juden zu unternehmen.

In Polen selbst formierte sich im Dezember 1942 der
konspirative Hilfsrat für die Juden Polens »Zegota«, dessen Mitglieder Tausenden von Juden das Leben retteten.
Es wird geschätzt, dass zwischen 160000 und 360000
christliche Polen Tausenden von Juden halfen. In meiner
Familie alleine konnten drei Kinder und mehrere Verwandte dank dieser Hilfe überleben. Tausende Polen wurden für ihre Taten exekutiert. Die Polen stellen folgerichtig die zahlenmäßig stärkste Gruppe der *Gerechten der
Völker* der Gedenkstätte Yad Vashem in Jerusalem.

Der überwiegende Teil der polnischen Bevölkerung war
jedoch gleichgültig. Tausende betätigten sich als Denunzianten und Erpresser. Die Juden Polens waren damals das
verlorenste Volk auf Gottes Erde. Dies zeigte sich besonders in der Weigerung des polnischen Untergrundes, dem
jüdischen Widerstand Waffenhilfe zu leisten. Der Kommandeur der der Exilregierung in London unterstehenden
konspirativen Heimatarmee AK General Rowecki lieferte
den Aufständischen im Ghetto Warschau ganze zehn teilweise defekte Pistolen. Am 2. Januar 1943 funkte er von
Warschau an seine Regierung in London:

»Da es nun zu spät ist, wenden sich die Juden verschiedener kleiner kommunistischer Gruppen um Waffen an
uns, als hätten wir volle Lagerhäuser davon. Zur Probe
übergab ich ihnen einige Pistolen. Ich bin nicht sicher, ob
sie sie gebrauchen werden.«

Die Wahrheit ist, dass die Polen große geheime Waffen-
arsenale besaßen, die ihnen ein Jahr später einen mehrmo-
natigen Aufstand ermöglichten. Auch der Nachfolger von
Rowecki, General Bor-Komorowski, nahm es mit der
Wahrheit nicht so genau, als er nach dem Kriege in seinem
Buch *The Secret Army* behauptete, dass er Waffenhilfe an-
bot, die Juden sie aber nicht annehmen wollten.

Seitdem die Nachrichten über die Massenmorde in

Auschwitz bekannt wurden, haben die jüdischen Führer die Vernichtung der Gaskammern und der Bahngleise nach Auschwitz gefordert. Erst 1944 bestand die Möglichkeit, Auschwitz zu bombardieren. Es wurden unzählige Gesuche und Gespräche mit dem für die Luftwaffe zuständigen stellvertretenden amerikanischen Kriegsminister John McCloy geführt. Wider besseres Wissen lehnte er mit technischen Argumenten, die eigentlich Ausreden waren, Einsätze der amerikanischen Bomberflotte gegen die Gaskammern und Krematorien von Auschwitz ab. Im Schreiben vom 14. August 1944 an einen Vertreter des Jüdischen Weltkongresses in New York, es gab mehrere solcher Ablehnungsschreiben ähnlichen Inhalts, heißt es u. a.:

»Eine genaue Untersuchung der Lage ergab, dass eine solche Operation (die Bombardierung Auschwitz') den Einsatz von Flugzeugen erfordert, die derzeit für den Erfolg unserer Truppen in entscheidenden Schlachten an anderer Stelle unabdingbar sind. Außerdem ist eine erfolgreiche Durchführung der Aktion zweifelhaft und der Abzug derartiger Ressourcen deshalb nicht gerechtfertigt.«

Zur gleichen Zeit wurden zahlreiche Bombenangriffe gegen die Gummi- und Benzinfabriken von Auschwitz und Blechhammer geflogen. Bomberflotten von zwischen 102 und 357 Flugzeugen griffen zehnmal die Benzinwerke von Blechhammer an. Als Häftling des KZ Auschwitz-Blechhammer habe ich unter freiem Himmel mit Freude und Genugtuung den Bombenregen niedergehen sehen. Am 20. August 1944 alleine haben 127 *Fliegende Festungen*, beschützt von hundert Mustang-Jagdflugzeugen, 2336 Bomben á 5 Zentner auf die Fabriken um Auschwitz abgeworfen. Nur ein Bomber wurde beim Angriff abgeschossen. Mit Leichtigkeit hätten die Bomber die ganze Massenmord-Zentrale Auschwitz zerstören können. Dass sie es nicht taten, wird eine ewige Schande der Alliierten bleiben. Wenig später wurden die polnischen Aufständischen von Warschau, das weiter entfernt war als

Auschwitz, aus der Luft mit Waffen, Munition etc. versorgt.

John McCloy hat als amerikanischer Hochkommissar für Deutschland mit Hilfe der unzähligen Juristen und Zeugen die rechtskräftig beendeten Kriegsverbrecher-Prozesse zu einer Farce verkommen lassen, als er im Januar 1951 die meisten Nazis amnestierte und sie in die Freiheit entließ, wobei ihnen ihre Vermögen rückerstattet wurden. Die Rekrutierung von Massenmördern wie Klaus Barbie durch den amerikanischen Geheimdienst und ihr Einsatz bei der Jagd auf aus dem KZ entkommene deutsche Kommunisten ist eine Schande für die Geschichte Amerikas.

Relativ wenige Seiten des Buches sind dem jüdischen Untergrund und dem Widerstand gewidmet. Im Kapitel über den Aufstand im Warschauer Ghetto wird die Zahl der Gefallenen und der Toten mit 15 000 stark untertrieben. Dies war offenbar der Kenntnisstand bei Drucklegung des Buches. Doch schon ein Jahr später, also bereits 1944 und ebenfalls in New York, gab Moshe Polakiewicz zusammen mit Jacob Apenszlak das Buch *Armed Resistance of the Jews of Poland* heraus, das erste und seitdem vergessene Werk über den bewaffneten Widerstand der Juden Polens.

Jacob Apenszlak hat im Oktober 1943 mit Recht festgestellt, dass das Ausmaß des Martyriums der polnischen Juden erst nach dem Sieg der Demokratien über das satanische Werk des Hitlerismus bekannt werden wird. Er konnte nicht ahnen, dass in den verbleibenden sechzehn Monaten bis zum Sieg der Alliierten von den 3,1 Millionen polnischen Juden nur knapp ein Zehntel am Leben bleiben würde. Dr. Ignacy Schwarzbart, Vertreter der Juden im Nationalrat bei der polnischen Exilregierung in London, äußerte im Vorwort zum Buch die Hoffnung, dass das *Black Book of Polish Jewry* die Herzen und das Gewissen der Welt erwecken möge. Seine Hoffnung hat sich nicht erfüllt. Die Longs, McCloys und ihre Helfer, aber auch die jüdischen Honoratioren, haben in der schicksalhaften Periode des jüdischen Volkes als Politiker und Menschen versagt. Die Opfer der zahlreichen Kuriere, KZ-Flüchtigen und Helfer, die die schrecklichen Nachrichten aus Polen in die freie Welt brachten, waren vergebens. Die Juden waren von allen verlassen und ihrem Schicksal preisgegeben. Zu Recht nannte der evangelische Historiker David S. Wyman sein Buch *The Abandonment of the Jews – America and the Holocaust 1941–1945*.

1995

»Wir werden nicht untergehen, wir werden leben!«
Das »Schwarzbuch« und die sowjetischen Juden unter Stalin

Als die Februarrevolution 1917 in Russland ausbrach und die Provisorische Regierung unter Kerenski alle diskriminierenden Gesetze im April des gleichen Jahres aufhob, schien es, als nahe das Ende der jahrhundertelangen Verfolgungen und Pogrome der russischen Juden. Sie konnten endlich die für sie bestimmten Ansiedlungsrayons verlassen und sich überall niederlassen. Trotz des noch immer andauernden Krieges waren sie voller Zuversicht auf eine glückliche Zukunft als gleichberechtigte Bürger eines demokratischen Staates. Viele von ihnen waren an den revolutionären Bewegungen beteiligt, als Sozialrevolutionäre, Anarchisten, Menschewiki, Bolschewiki, Bundisten und Zionisten. Sie hatten keinen Grund, dem Zarenreich eine Träne nachzuweinen, denn ihre Geschichte war mit Blut geschrieben. Nach Lenins siegreichem Militärputsch, der zur Großen Oktoberrevolution hochstilisiert wurde, schlossen sich viele Juden der nun regierenden Partei an. Andere wurden verfolgt und verschwanden für immer in den Kellern der grausamen Geheimpolizei Tscheka oder in der sibirischen Verbannung. Dieses Schicksal erlitten auch die meisten Zionisten, egal, ob sie marxistisch oder bürgerlich eingestellt waren. Nur die kommunistisch gewordene Partei »Poale Zion« fristete als geduldete Blockpartei bis 1928 ein legales, verschämtes Dasein.

Der Kampf der Kommunisten gegen Zionisten und sozialdemokratische Bundisten war eine der wenigen Konstanten in der kurvenreichen Entwicklung der bolschewistischen Ideologie. Ungeachtet dessen schlossen sich viele jüdische Freiwillige dem Kampf der Bolschewiki an, denn die Alternative waren die chauvinistischen, weißgardistischen Verbände, die in den von ihnen eroberten Gebieten Massaker an den Juden, besonders in der Ukraine, verübten. Die jüdischen Freiwilligen bildeten sogar eigene Einheiten mit jiddischen Frontzeitungen. Doch auch nach der Revolution herrschte bei der Roten Armee Antisemitismus, was Maxim Gorki dazu veranlasste, ein Flugblatt zu verfassen; es sollte bei der Truppe verteilt werden. Lenin verbot zwar das Flugblatt aus nichtigen Gründen, hielt aber kurz darauf selbst eine Ansprache an die Truppe *Über die Pogromhetze gegen die Juden* auf Schallplatten fest, die den Soldaten an der Front vorgespielt wurden. Dort heißt es am Ende: »Schande über den verfluchten Zarismus, der die Juden gequält und verfolgt hat! Schmach und Schande über den, der Feindschaft gegen die Juden, Hass gegen alle anderen Nationen sät! Es lebe das brüderliche Vertrauen und das Kampfbündnis der Arbeiter aller Nationen für den Sturz des Kapitals!«

Nach dem Bürgerkrieg und der Konsolidierung der Staatsmacht durch Terror gegen echte und vermeintliche politische Gegner wurden Tausende jüdischer Handwerker und Händler entwurzelt. Es folgte die Vernichtung der nationalen jüdischen und hebräischen Kultur und Unterdrückung der Religion. Alle jüdischen Gemeinden, Synagogen, Schulen, Zeitungen, Verlage, Druckereien wurden geschlossen. Diese Arbeit wurde von den verhassten Jewseki besorgt, den Funktionären der Jewsekzja, der jüdischen Sektion der Partei. Ende der zwanziger Jahre wurde im Fernen Osten an der chinesischen Grenze das Jüdische Autonome Gebiet Birobidschan gegründet, das Pendant zum zionistischen Palästina. Auf den Trümmern der jüdischen nationalen Kultur und Literatur erblühte die neue jiddische proletarische Literatur mit bedeutenden Verlagen, Zeitungen, Hochschulen, Arbeiterklubs usw. Zwischen 1917 und 1948 erschienen über 7000 Bücher und Publikationen in Millionenauflage in jiddischer Sprache, die bisher von keinem Staat der Welt gefördert oder unterstützt wurde. In dieser Zeit gab es 400 Periodika in jiddischer und 150 jüdische Zeitungen in anderen Sprachen. Hunderte von Schriftstellern und Journalisten wirkten für die Tageszeitungen wie »Emes«, »Oktjabr«,

»Stern«, »Birobidschaner Stern« (die es noch heute gibt) und andere Presseorgane und für den Rundfunk. Viele jiddische Dichter kamen aufgrund dieser Entwicklung aus dem Westen in die Sowjetunion. Diese Reise brachte den meisten von ihnen den Tod.

Die stalinistischen »Säuberungen« der 1930er Jahre hätten den jüdischen Bürgern der Sowjetunion eigentlich als Warnsignale dienen müssen, denn sehr viele der Angeklagten waren Juden, die in den Schauprozessen vom Chefankläger wüste Tiraden über sich ergehen lassen mussten. Die gesamte Führung des Jüdischen Autonomen Gebietes mit Prof. Liberman an der Spitze wurde umgebracht. Die Zensoren des Geheimdienstes verbrannten bis auf wenige Klassiker die gesamte jiddische Staatsbibliothek von Birobidschan. Die Nachricht vom Abschluss des Hitler-Stalin-Paktes traf die sowjetischen Juden wie ein Schlag. Teil des ersten Geschenks Stalins an seinen Bundesgenossen Hitler, den er beim Trinkspruch mit Ribbentrop »Molodjetz« – toller Bursche –, nannte, war die Auslieferung deutscher Kommunisten, unter ihnen auch Juden, an die Gestapo.

Als die Rote Armee im Herbst 1939 Ostpolen und die baltischen Staaten besetzte, wurden Tausende von Juden, meistens Zionisten, Bundisten und bürgerliche »Elemente« als Klassenfeinde verhaftet und nach Sibirien deportiert, was ihnen, wenn auch von den Geheimdienstschergen vollkommen unbeabsichtigt, das Leben gerettet hat. Nach dem Überfall der deutschen Truppen auf die Sowjetunion im Juni 1941 waren die Juden die ersten Opfer der der Wehrmacht folgenden Einsatzgruppen. Abertausende Juden, aber auch Kommissare und Funktionäre wurden ermordet. Stalin war durch Leopold Trepper, den Chef der »Roten Kapelle«, vor dem Angriff der Deutschen gewarnt worden. Viele Agenten der »Roten Kapelle« waren ehemalige Kibbuzniks aus Palästina. Aber auch das Netz des jüdischen Agenten Rado in der Schweiz warnte ihn, wie auch Richard Sorge aus Tokio. Die Sowjetregierung flüchtete nach Kujbyschew, nur Stalin blieb in Moskau. Die Sowjetunion stand nach den gewaltigen Niederlagen an der Front vor dem Ende. Es war zweifelhaft, ob sie das Jahr 1942 überleben würde. Am zeitweiligen Regierungssitz Kujbyschew überreichten die kurz zuvor aus sowjetischer Haft entlassenen prominenten Führer der Sozialistischen Internationale und der jüdischen Arbeiterpartei »Bund« in Polen Wiktor Alter und Henryk Ehrlich dem Geheimdienst-Chef Berija ein Memorandum zur Vorlage bei Stalin. Sie schlugen vor, ein Internationales Jüdisches Antifaschistisches Komitee zu gründen, dessen Aufgabe es wäre, der Sowjetunion bei ihrem Kampf beizustehen und die öffentliche Meinung im Westen, wo Millionen von Juden noch in Sicherheit lebten, für die Sowjetunion zu mobilisieren. Stalin ließ die beiden ermorden (er schrieb eigenhändig auf der Akte »rastrelat oboich« – beide erschießen), was in Kreisen der Sozialistischen Internationale, der polnischen Exil-Regierung in London und bei den Juden der ganzen freien Welt einen Sturm der Empörung und des Entsetzens entfachte.

Stalin kümmerte sich nicht darum und übernahm den Plan selbst, jedoch mit der Maßgabe, dass es kein internationales, sondern ein sowjetisches Komitee sein sollte. Mitglieder wurden die bedeutendsten jüdischen Persönlichkeiten aus Partei, Regierung, Wirtschaft, Kultur, Wissenschaft und Armee.

Am 24. August 1941, also wenige Wochen nach dem Überfall auf die Sowjetunion, versammelten sich führende jüdische und auch einige nichtjüdische Persönlichkeiten im Sendestudio von Radio Moskau, um die Gründung des Jüdischen Antifaschistischen Komitees der Sowjetunion (JAFK) öffentlich zu proklamieren. In flammenden Aufrufen in jiddischer Sprache an die Juden der Welt riefen sie zum Widerstand gegen die Deutschen auf und zum Beistand für die Sowjetunion in ihrem schicksalhaften Ringen um das Überleben. Die ersten Worte der Botschaften an die Juden der Welt waren: »Brider un schwestern, jidn vun der ganzer welt«. Anwesend waren die Schriftsteller und Dichter Ilja Ehrenburg, David Bergelson, Peretz Markisch, der Direktor des Staatlichen Jüdischen Theaters in Moskau Salomon Michoels, die Generäle Kreiser und Katz, der Geigenvirtuose David Oistrach, der Atomphysiker Pjotr Kapiza, der Filmregisseur Sergej Eisenstein und viele andere prominente Persönlichkeiten. Der zum Vorsitzenden gewählte Salomon Michoels richtete einen leidenschaftlichen Appell an die Juden der Welt. Er sagte u. a.: »Brüder, Juden Englands! Euer großes demokratisches Land kämpft zusammen mit der Sowjetunion für die Vernichtung des Faschismus. Ich glaube, dass ihr euch in den ersten Reihen dieser Kampffront finden werdet. Brüder, Juden der USA und ganz Amerikas! Ich bin überzeugt, dass ihr unter den Ersten sein werdet, die zur schnelleren Verwirklichung der amerikanischen Hilfe beitragen werden. Jüdische Mutter! Gib deinem Sohn den Segen und schick ihn in den Kampf gegen den Faschismus, und sollte es nur dein einziger Sohn sein.« Der große jiddische Dichter Peretz Markisch sagte: »Jüdische Brüder! Ihr seid berufen, in allen Teilen der Welt, hier mit dem Gewehr, dort mit Wort und Tat in diesem heiligen Krieg gegen den Faschismus Soldaten zu sein. Tut alles, was irgend in eurer Macht steht, um den Feind des jüdischen Volkes verbluten zu lassen. Tut dies auch wie wir hier im Feuer der Frontlinie! Wir sind ein einiges Volk und gegenwärtig auch eine Armee!« Sergej Eisenstein führte aus: »Auf der Erdoberfläche darf es keinen einzigen Juden geben, der nicht den Schwur leistete, mit allen ihm zur Verfügung stehenden Mitteln und Kräften an diesem heiligen Kampf teilzunehmen.«

Der jiddische Dichter David Bergelson, der nach 1933 aus Berlin in die Sowjetunion einwanderte, hielt eine großartige Ansprache, deren Text in der Untergrundzeitung des jüdischen Widerstandes in Paris »Unser Wort« drei Tage nach der Funksendung im jiddischen Original abgedruckt wurde. Der Titel: *Für die nationale Existenz des jüdischen Volkes. Einheit aller Juden im Kampf gegen den Hitlerismus. Historisches Treffen der angesehensten Persönlichkeiten und Helden der Roten Armee im Radio*

Moskau. Hier ein Auszug aus dem Aufruf: »Der blutrünstige Hitler will alle Völker, die sich seinem Sklavenregime nicht unterwerfen wollen, ausrotten. In erster Reihe will er unser Volk vernichten. Für alle Völker der besetzten Länder bedeutet der Hitlerismus Versklavung, Verfolgung und Folter, für uns Juden aber bedeutet er die vollkommene Ausrottung und den Untergang. Die Frage des nackten Überlebens stellt sich jetzt in ihrer ganzen Schärfe. Es handelt sich um Leben oder Tod unseres Volkes ... Noch wütet der vandalische Faschismus. Er vernichtet alles, und ins erste Feuer gehen wir Juden. Aber unser Volk wird nicht untergehen, das Volk von Maimonides, Spinoza, Mendelssohn, Heine, Einstein, das Volk, das schon vor Tausenden von Jahren seinen Peinigern stolz verkündet hat: ›Lo amut, ki echje‹ (ein hebräisches Zitat, bisher unerhört in der proletarischen jiddischen Dichtung) – ›Ich werde nicht sterben, sondern leben‹ ... Teuere Brüder und Schwestern, Juden der ganzen Welt! Keiner von euch darf selbst für eine Minute vergessen, dass die Lage der Juden noch nie so tragisch war ... Die Pflicht eines jeden Juden ist es, sich schnellstens in die internationale antifaschistische Front einzureihen. Der Platz eines jeden Juden ist bei den Armeen der demokratischen Koalition, bei den Partisanen, bei Sabotage-Aktionen ... Helft, die Welt für die Hilfe für die Sowjetunion in ihrem heiligen Krieg gegen die faschistische Bestie zu mobilisieren ... Im Laufe unserer Geschichte haben wir schon viele schwere Angriffe überstanden. Auch diesen Angriff werden wir überstehen. Wir werden nicht untergehen. Wir werden leben.«
Ilja Ehrenburg sagte:
»Ich bin ein russischer Schriftsteller, aber die Nazis haben mich an etwas anderes erinnert, an den Namen meiner Mutter Hanna. Ich bin Jude und sage das mit Stolz. Stärker als alle hasst uns der Faschismus, und das ehrt uns.«
Das Treffen im Radio Moskau wurde in den offiziellen Presseorganen der Sowjetunion als »Versammlung von Vertretern des jüdischen Volkes« bezeichnet. Es bedeu-

tete eine radikale Umkehrung der bisherigen Politik, die den Juden eine Anerkennung als Volk verweigerte. Zum ersten Male seit der Revolution wurde den Juden der Kontakt mit ihren Brüdern im Westen erlaubt. Bis zur organisatorischen Konstituierung des JAFK vergingen jedoch über sieben Monate. Warum diese Verzögerung? Bis zur vollständigen Aufarbeitung der Archive können wir nur mit Hypothesen dienen. Hitlers Feldzug gegen die Sowjetunion endete zum ersten Male nicht mit einem Blitzsieg. Die Front um Moskau stabilisierte sich im Winter 1941. Als die USA nach dem japanischen Überfall auf Pearl Harbor am 7. Dezember 1941 in den Krieg eintraten, erhoffte sich Stalin eine schnelle militärische Intervention der Amerikaner in Europa und glaubte deshalb auf die Hilfe der Juden zunächst verzichten zu können. Erst in der Pressekonferenz des Sovinformbüros, des staatlichen Propagandaamtes der Regierung, am 23. April 1942, wurde durch dessen stellvertretenden Leiter Salomon Losowski die Konstituierung des JAFK bekannt gegeben. Dem Komitee gehörten siebzig Mitglieder an, dem Präsidium neunzehn Personen. Vorsitzender wurde der Leninpreisträger, Schauspieler und Direktor des Staatlichen Jüdischen Theaters Salomon Michoels, Generalsekretär wurde Schachne Epstein, Mitglieder waren u.a. Dr. Boris Schimelowitsch, General-Chefarzt der Roten Armee, General Katz, Lina Stern, einziges weibliches Mitglied der Akademie der Wissenschaften und prominente Biologin. Es war die jüdische Elite der Sowjetunion.

Am 24. Mai 1942 wandte sich Präsident Michoels über Radio Moskau wiederum an die Juden in England, den USA, in Palästina, Südamerika, Südafrika und Australien mit dem Ruf um Hilfe für die Sowjetunion. Er rief die Juden auf, zu den Waffen zu greifen und sich als Freiwillige bei der Fallschirm- und Panzertruppe, als Flieger und Partisanen zu melden, um die Verbrechen an den Juden zu rächen:

»Uns trennen zwar mächtige Ozeane, aber wir sind vereinigt durch Ozeane von Blut unserer Mütter und Schwestern, unserer Söhne und Brüder, das durch die Faschisten vergossen wurde.« Die Juden sollten helfen, die kolossalen Verluste an der Front durch Spenden und Einflussnahme auf die westlichen Regierungen auszugleichen. Die Behörden gaben sich Mühe, der Welt mitzuteilen, dass die offiziellen antireligiösen Maßnahmen der Vergangenheit angehören. Zum ersten Male seit Jahrzehnten wurden die Synagogen wieder eröffnet und die Juden begingen die hohen Feiertage im Herbst 1941 ohne jegliche Störungen. Das Organ der kämpferischen Atheisten »Besboschnik« – der Gottlose – wurde sogar liquidiert.

Bereits im Juni 1942 wurde das Organ des JAFK in jiddischer Sprache, die Wochenzeitung »Ejnikeit« – Eintracht – gegründet. In der ersten Ausgabe rief Michoels im Leitartikel zur Geldsammlung für 1000 Panzer und 500 Bombenflugzeuge auf. Dem Komitee wurde von den Machthabern lediglich die Rolle einer Propaganda-Agentur zugedacht, die man nach Bedarf ein- und ausschalten konnte. Aber die Führung des Komitees wollte nicht nur als Sprachrohr der Regierungspropaganda dienen. Sie verstand sich vielmehr als die bisher nicht bestehende Vertretung der sowjetischen Juden.

Die Zeitung »Ejnikeit« wurde zur Schaltstelle für den Kontakt zwischen den Juden im Hinterland und an der Front. Täglich kamen unzählige Briefe, Berichte von der Front, Suchanzeigen über vermisste Angehörige, auch aus dem Ausland. Die Autoren des Komitees bezogen sich in ihren Beiträgen oft auf biblische und talmudische Quellen und stellten auch jüdisch-historische Bezüge her. Lina Stern erwähnte die heroische Kontinuität zwischen den jüdischen Frontsoldaten und den Kämpfern der Aufstände im antiken Palästina, den Makkabäern und Bar Kochba.

Der General Jakob Kreiser sagte auf einer Versammlung:

»Ich bin stolz auf die Hunderttausende von Juden, die an der Front kämpfen. Als General der Roten Armee und Sohn des jüdischen Volkes schwöre ich, nicht eher die

Waffe aus der Hand zu legen, bis der letzte Faschist von der Erdoberfläche verschwunden ist.«

Neben Kreiser wurden 146 jüdische Soldaten mit der höchsten Tapferkeitsauszeichnung »Held der Sowjetunion« geehrt. Über 500 000 sowjetische Juden kämpften als Soldaten oder Partisanen für den Sieg über Hitler-Deutschland. Sie erhielten 160 000 Auszeichnungen. In den Publikationen des JAFK wurde oft über den Widerstand der Juden im ganzen besetzten Europa berichtet, über die Aufstände in den Ghettos von Warschau und Białystok, in den Lagern von Auschwitz, Treblinka und Sobibor. Sie wurden als glorreiche Kapitel von Selbstaufopferung in der Geschichte des jüdischen Volkes bezeichnet.

Das JAFK wurde zum Zentrum der jiddischen Kultur und Literatur. Es erschienen 65 Bücher, viele Essays, Dokumentationen und Broschüren. Zur Verstärkung der Tätigkeit des JAFK im Ausland wurden Michoels und Präsidiumsmitglied Itzik Feffer, jiddischer Dichter, Leninpreis-Träger und Oberst der Roten Armee, im Juli 1943 zu einer siebenmonatigen Reise in die USA, nach Mexiko, Kanada und England entsandt. Die Reise wurde zu einem Triumph des Komitees, aber vor allem der Kriegspropaganda der Sowjets. Michoels und Feffer wurden als die »Abgesandten der verlorenen Stämme Israels« gefeiert. Eine halbe Million Menschen besuchten die Massenveranstaltungen in 46 Städten, darunter auch viele Nichtjuden. Ein Empfang des Bürgermeisters von New York Fiorello LaGuardia vereinte die Spitzen der Gesellschaft, Kultur und Literatur. Selbst die konservativen Führer der Juden wie Rabbiner Stephen Wise stürzten sich in den enthusiastischen Freudentaumel. Nahum Goldmann, einer der Führer des Jüdischen Weltkongresses in Amerika, sorgte für den Erfolg der Mission, indem er Proteste seitens der jüdischen Arbeiterführer Amerikas gegen die Ermordung von Alter und Ehrlich unterbunden hat.

Am 12. August 1992 fand in Moskau eine Gedenkfeier zu Ehren der am 12. August 1952 im Moskauer Lubjanka-Gefängnis hingerichteten jüdischen Dichter, Schriftsteller, Wissenschaftler und anderer führenden Persönlichkeiten statt. Sie alle waren Mitglieder des Jüdischen Antifaschistischen Komitees der Sowjetunion. Zu dieser ersten Gedenkveranstaltung lud nicht die russische Regierung oder etwa der Schriftstellerverband ein, sondern das Russische Bildungs- und Wissenschaftszentrum »Holocaust« und die Moskauer Jüdische Kulturgesellschaft MEKPO. Die Einladung trägt die Unterschrift des Vorsitzenden beider Gesellschaften, des Obersten i. R. Jurij Sokol, der in seiner Wohnung ein kleines Jüdisches Museum errichtet hat.

Erst die vor kurzem geöffneten geheimen Aktenbestände des JAFK im »Zentralen Staatsarchiv der Oktoberrevolution« erlauben einen Überblick über das Ausmaß der Tätigkeit des Komitees. Nicht weniger als 45 Millionen Dollar wurden im Westen für die Rote Armee gesammelt, eine ungeheure Summe für private Spenden. Es erschienen über 700 Artikel in der Presse der besuchten Länder. In Amerika, England und Palästina sind als Folge der erwähnten Reise viele Hilfskomitees mit Albert Einstein und Schalom Asch an der Spitze der Zentralorganisation für die Hilfe für die Sowjetunion gegründet worden. Die Presseagentur des Komitees ISPA versandte über 23 000 Artikel, mehrere Buchmanuskripte und über 3000 Fotos an die ausländische Presse, die durch acht Presseagenturen in 264 Periodika in zwölf Ländern veröffentlicht wurden. In Kenntnis der relativ kleinen personellen Besetzung des Komitees im bescheidenen Gebäude in der Kropotkinstr. Nr. 10 in Moskau fragt man sich, wie diese Ergebnisse erzielt werden konnten. Die Antwort: Die meiste Arbeit wurde von den unzähligen ehrenamtlichen Mitarbeitern, Kriegskorrespondenten, Übersetzern, Schriftstellern und Journalisten geleistet. In den 1273 Aktenbeständen des erst jetzt zugänglichen Archivs des JAFK befinden sich auch Karteien der Mitarbeiter der Zeitung »Ejnikeit«, der Presseagentur ISPA, der Kriegskorrespondenten und der

Außenstellen in der Provinz. Neben den 64 hauptamtlichen Funktionären enthalten die Akten noch 349 Namen von ehrenamtlichen Mitarbeitern. Und darüber hinaus dreißig Spezialkarteien mit Daten von Personen, die wegen ihrer Tätigkeit für das JAFK mit dem Ausland in Verbindung standen. Außerdem gibt es eine Kartei mit 4015 Namen von Autoren von Beiträgen in den Publikationen des Komitees.

Innerhalb des JAFK kam es im Laufe der Zeit zu schwerwiegenden Meinungsverschiedenheiten über Aufgaben, Ziele und Umfang der Tätigkeit des Komitees innerhalb des sowjetischen Judentums. Es kann zwischen den Verfechtern der absolut stalintreuen Linie wie Losowski und der z. B. von Michoels, der die Interessen der Juden auch nach dem Kriege vertreten wollte, unterschieden werden. Dem Letzteren wollte es nicht einleuchten, dass sie von Stalin lediglich als Propagandisten und nur während des Krieges missbraucht wurden. Viele der entwurzelten, ihrer Heime beraubten Überlebenden der Schoa in den von der Armee befreiten Gebieten wandten sich an das JAFK um Hilfe bei der Beschaffung von Unterkünften, Arbeit und bei der Suche nach Angehörigen, auch im Ausland. Sie mussten die Rache der Kollaborateure fürchten, die während des Krieges ihre Wohnungen besetzten. Diese Bemühungen wurden von den regierungstreuen Mitgliedern des JAFK stark kritisiert und behindert.

Eines der bedeutendsten Projekte des JAFK war die Dokumentation der Massenvernichtung der Juden in der Sowjetunion. Im Laufe des Kriegs, als das Ausmaß der Tragödie bekannt wurde, wurde diese Aufgabe zum wichtigsten Postulat des JAFK. Die Aktivitäten standen zunächst nicht im Gegensatz zur hauptsächlich vom Regime erwarteten Kriegspropaganda-Funktion des Komitees, denn die Kriegsgräuel der Deutschen waren gut dazu geeignet, die westlichen Alliierten zum verstärkten Einsatz zu motivieren. Bereits in der ersten Plenarsitzung des Komitees im Mai 1942 wurden zwei Ausschüsse gebildet, der erste zur Sammlung von Materialien über die Nazi-Gräuel und der zweite über die Beteiligung der Juden im Kampf gegen die Besatzer. In der zweiten Plenarsitzung vom Februar 1943 wurde beschlossen, Mitarbeiter des JAFK in die befreiten Gebiete zu entsenden, um Zeugenaussagen der Überlebenden aufzunehmen. Viele von ihnen schickten dem Komitee die Aussagen aus eigener Initiative. Jüdische Frontsoldaten sandten dem Komitee Materialien, Fotos etc.

Der Präsident des Komitees Michoels und der prominente jiddische Dichter Izik Feffer flogen in die USA und wurden dort mit dem Vorschlag konfrontiert, ein Sammelbuch über die tragischen Ereignisse zu kompilieren. Die Idee stammte von Albert Einstein. Schon am 27. Juli 1943 gab das »Amerikanische Komitee der jüdischen Schriftsteller, Künstler und Wissenschaftler« in der Zeitung »Einigkeit« bekannt, dass geplant sei, gemeinsam mit den sowjetischen Freunden ein Schwarzbuch über die Verbrechen an der jüdischen Bevölkerung in den besetzten Gebieten mit 1000 Seiten Umfang herauszugeben. Es wurde unverzüglich ein Redaktionskomitee gebildet, das sich an alle Leser mit der Bitte wandte, passende Materialien einzusenden. Das Buch sollte auf Jiddisch, Englisch und in weiteren Sprachen erscheinen.

Erst als Michoels und Feffer im Winter 1943 von ihren Reisen zurückkehrten, nahm das Unternehmen Gestalt an. Zu gleicher Zeit veröffentlichte der Schriftsteller Ilja Ehrenburg ein schmales Bändchen von 63 Seiten zum gleichen Thema. Der Titel: *Mörder der Völker*. Der russische Text wurde ins Jiddische übersetzt und gedruckt; eine russische Original-Fassung ist nie erschienen. Es muss angenommen werden, dass es bereits damals Kreise in der Führung der SU gegeben hat, die Berichte über die Schoa und möglicherweise über die Kollaboration sowjetischer Bürger unterdrücken wollte, was ein Jahr später ständige Praxis war. Ehrenburg plante eine Trilogie. Das erste Buch sollte den Massenmord an den sowjetischen Juden dokumentieren. Das zweite sollte den Titel tragen: *Anthologie über die jüdischen Helden des Großen Vaterländischen*

Krieges. Das dritte Buch sollte über die Kämpfe der jüdischen Partisanen in den besetzten Gebieten berichten. Ehrenburg »verliebte« sich in die jüdischen Partisanen und nutzte jede Gelegenheit, um mit ihnen noch während des Krieges zusammenzukommen.

Nur das erste, das *Schwarzbuch*-Projekt wurde vom JAFK zur Realisierung übernommen. Ehrenburg übernahm als Vorsitzender der Literarischen Kommission des Komitees die Leitung der sowjetischen Redaktion des *Schwarzbuches*. Zugleich aber lag die Zusammenarbeit mit dem 1944 gegründeten internationalen Herausgeberkollegium, dem neben den sowjetischen Juden auch Vertreter des Jüdischen Weltkongresses und des Jüdischen Nationalrates (Vaad Leumi) in Palästina angehörten, in den Händen des Komiteepräsidiums, also unter Umgehung der Literarischen Kommission.

Ehrenburg setzte seine Bemühungen fort, um das umfangreiche Schwarzbuch mit einem Redaktionskollegium zu kompilieren. Diesem gehörten an der bekannte jüdisch-sowjetische Schriftsteller Wassili Grossman, der jiddische Partisan Schmerke Katscherginski und der berühmte Dichter und Partisan Awrom Sutzkewer aus Wilna. Dieser erzählte mir, wie ihn Ehrenburg noch während des Krieges mit einem Kurierflugzeug aus dem Partisanenlager in Litauen nach Moskau holen ließ, wo beide in einem Hotel am *Schwarzbuch* arbeiteten. Sutzkewer schrieb das umfangreiche Kapitel über die Schoa und über den jüdischen Widerstand in Litauen. Eine erste kurze Fassung des Buches wurde Anfang 1944 fertig gestellt und in der Zeitschrift »Snamja« (Banner) veröffentlicht. Ehrenburg erhielt viele Briefe von Frontsoldaten. Aus ihnen stellte er den Sammelband *Hundert Briefe*, zusammen, der auf Russisch und Französisch 1944 in Moskau erschien.

Erschwert wurde die Arbeit durch die Tatsache, dass die Redaktion der »Ejnikeit« aus den zahllosen bei ihr eingegangenen Materialien, ebenfalls mit dem Ziel der Veröffentlichung, eine eigene Auswahl traf und sie unter anderen Gesichtspunkten bearbeitete als Ehrenburg, der großen Wert auf die originalen Zeugnisse, also auf *oral history*, legte. Die inhärenten Spannungen kamen schließlich zum Ausbruch, als Feffer und Epstein auf Drängen des sowjetischen Botschafters in den Vereinigten Staaten, Andrej Gromyko, am 19. Oktober 1944 ein Dossier von 552 Seiten Umfang in die USA sandten. Ehrenburg, der stets die Priorität einer sowjetischen Edition betont hatte, fühlte sich übergangen und protestierte scharf.

Die Kontroverse führte zu einer ersten komiteeinternen Untersuchung und Begutachtung der zur Edition ausgewählten Dokumente durch eine Kommission unter Leitung des Komiteemitglieds Salomon Bregman. Der Kommissionsbericht vom 26. Februar 1945 formuliert gegen beide Materialsammlungen schwer wiegende Einwände und empfiehlt eine »kompetente politische Bearbeitung«. Insbesondere die Auswahl der Literarischen Kommission wird erstmals deswegen kritisiert, weil in ihr die Rolle einheimischer Kollaborateure bei der Vernichtung der jüdischen Bevölkerung zu ausführlich betont würde. Ehrenburg zog aus dem für ihn enttäuschenden Verlauf der Untersuchung die Konsequenzen und gab den Vorsitz der Literarischen Kommission an Wassili Grossman ab, nahm aber weiterhin regen Anteil am Schicksal des *Schwarzbuchs*. Etwa zur gleichen Zeit, am 14. April 1945, der Krieg war noch nicht vorbei, ließ Grigori Alexandrow, Chef der Propaganda-Abteilung des ZK, in der »Prawda« einen Warnschuss los: Im Artikel *Der Genosse Ehrenburg vereinfacht* kritisierte er scharf Ehrenburgs antideutschen Kurs. Dem Kriegskorrespondenten Ehrenburg wurde verboten, nach Berlin zu reisen, um bei der Kapitulation der Wehrmacht dabei zu sein. Das »Sowinformbüro«, die Aufsichtsbehörde des Komitees, wurde aufgelöst wie auch die Kommission zur Untersuchung von Verbrechen der Nazis. Es sollte der Anfang einer Aussöhnung Stalins mit den Deutschen sein, welcher die Juden mit ihren Klagen über die deutschen Verbrechen im Wege standen.

Was wie ein unverständlicher Literatenstreit anmutet, ist tatsächlich Ausdruck der paradoxen Situation des Jüdischen Antifaschistischen Komitees in der Sowjetunion. Auf internationaler Ebene von der sowjetischen Führung als Aushängeschild und Propagandainstrument geschätzt, führte es auf nationaler Ebene eine stets gefährdete, mit dem Anruch jüdisch-nationalistischer Abweichung behaftete Existenz. Wie in jedem autoritären Regime besaß dabei die Vorzensur, die gleichsam als Schere im Kopf die antizipierten Wünsche des Regimes vorwegnahm, eine mindestens ebenso gewichtige Rolle wie die eigentliche staatliche Reglementierung des veröffentlichten Wortes.

Unter Leitung Grossmans und unter Maßgabe der Editionskritik, die die Bregman-Kommission und ein weiterer Gutachter vorgetragen hatten, wurde die Redigierung und Erweiterung des Textes, auch unter Einbeziehung der von Ilja Ehrenburg gesammelten Materialien, beschleunigt vorangetrieben. Ein Exemplar der kompilierten vorläufigen Fassung wurde von der sowjetischen Anklagebehörde bei den Nürnberger Prozessen angefordert, weitere Kopien gingen in das europäische Ausland, in die USA und nach Palästina.

Ende 1945 hat die amerikanische Redaktion des *Schwarzbuches* unter Verwendung der aus der UdSSR übermittelten Materialien eigenständig eine englische Fassung zusammengestellt. Albert Einstein wurde gebeten, das Vorwort zu verfassen, aber die sowjetische Seite erhob gegen Einsteins Vorwort Einwände, weil er, aus den Erfahrungen des Krieges ableitend, den Primat der Menschenrechte vor dem Prinzip der Nichteinmischung in innere Angelegenheiten proklamierte und die Anerkennung der jüdischen Nation einschließlich ihres Rechts auf einen eigenen Staat forderte. Verärgert zog Einstein seine Genehmigung zurück. Das *Black Book* erschien im März 1946 in New York ohne Einsteins Vorwort. In Bukarest erschien ebenfalls 1946 der erste Teil des Buches auf Rumänisch unter dem Titel *Cartea Negra*. Zwischen 1981 und 1991 gab das Institut Yad Vashem in Jerusalem eine unvollständige Version des *Schwarzbuches* in russischer, englischer, jiddischer und hebräischer Sprache heraus. Erst Ende 1994 erschien eine vollständige von mir herausgegebene deutsche Version beim Rowohlt Verlag in Hamburg. Die französische Ausgabe ist die neueste und achte Edition des *Schwarzbuches* außerhalb der Sowjetunion oder der GUS-Staaten, der 1999 eine italienische Edition folgte.

Der Kampf um die Drucklegung des Manuskripts in der Sowjetunion trat Ende 1946 in die entscheidende Phase. Alexandrow begutachtete auf Wunsch von ZK-Sekretär Shdanow das bereits zum großen Teil gesetzte Buch und fällte im Februar 1947 ein vernichtendes Urteil über den Text, in dem u. a. »die Gräuel der Faschisten gegen Angehörige anderer Nationalitäten geschichtsfälschend verschwiegen würden«. Auch die angeblich unrechtmäßigen Auslandskontakte des Komitees wurden kritisiert. Die Empfehlung der Hauptabteilung, von der »unzweckmäßigen« Veröffentlichung des *Schwarzbuches* abzusehen, mündete jedoch noch nicht in ein offizielles Verbot, so dass die Herausgeber unter Leitung von Wassili Grossman das Manuskript nochmals im Sinne der »Hinweise« Alexandrows bearbeiteten. Bereits das Vorwort des Herausgebers Wassili Grossman wurde um die Passage zensiert, in der er die Bedeutung des ideologischen und geistigen Widerstandes der Juden als Vorstufe zum bewaffneten Kampf darstellt. Der erste Beitrag des *Schwarzbuches*, in welchem über die bekanntesten Verbrechen an den sowjetischen Juden, das Massaker von Babi Jar, berichtet wird, wurde auf die Hälfte reduziert. Die Beschreibung des Zustandes der Hinrichtungsstätte *nach* der Befreiung wurde ebenfalls gestrichen. In vielen Berichten wurden Texte über die Mithilfe der sowjetischen Bevölkerung bei der Vernichtung der Juden zensiert. Im Bericht aus Chmelnik wurde die Schilderung des heroischen Kampfes der überlebenden Juden bei der Befreiung ihrer Stadt gestrichen. Der Leser der zensierten Fassung sollte auch nichts über den Mord an jüdischen Frauen und Kindern erfahren, die vor Odessa aus Barkassen ins Meer geworfen wurden. Ebenso gestrichen wurden die Verbrechen der deutschen und rumänischen Besatzer an den Juden von Czernowitz. Selbst eine kurze Notiz über die verzweifelten Versuche der Juden in Lemberg, sich zu verstecken und zu den Partisanen durchzuschlagen, fand keine Gnade vor den Zensoren.

Im Bericht über Białystok fiel die folgende Passage der Zensur zum Opfer:

»Jeder, der miterlebt hat, unter welch schrecklichen Bedingungen die jüdische Bevölkerung unter dem Hitlerjoch gelebt und wie heldenhaft sie gegen die deutschen Henker gekämpft hat, der begreift, welch bedeutenden Beitrag die Juden zur Zerschlagung des deutschen Faschismus geleistet haben.«

Auch an vielen anderen Stellen wurden die Berichte über den jüdischen Widerstand gestrichen.

Der jiddische Zeitungsverlag »Der Emes« sollte das Buch auf Russisch herausbringen. Die Druckgenehmigung wurde immer wieder verzögert, obwohl das Buch fertig gesetzt war. Das Komitee wandte sich an den mächtigen Shdanow. Am 20. August wies die Zensurbehörde Glawlit die Druckerei an, die Arbeit einzustellen; am 7. Oktober 1947 erfolgte das endgültige Verbot durch die Hauptabteilung Propaganda und Agitation aufgrund »schwer wiegender politischer Fehler«. Das war das Aus für die Publikation dieses wichtigen Buches in der Sowjetunion. Der fertige Satz wurde zerstört, angedruckte Bögen eingestampft. Das Korrekturexemplar galt als verschollen.

Das Schicksal des *Schwarzbuchs* nahm das Los seiner Schöpfer vorweg. Nach dem siegreichen Ende des Krieges begann die Zeit der existentiellen Probleme für das Komitee und dessen Mitglieder. Das Komitee wurde seit 1946 von führenden Mitgliedern des ZK und des Politbüros, wahrscheinlich auf persönliche Weisung Stalins, ständig beobachtet und kritisiert. Es musste sich dauernd verteidigen. Am 21. Juni 1946 erklärten Michoels und Feffer in einem ausführlichen Schreiben an den Chefideologen der Partei Suslow die Geschichte des Komitees, dessen Wirken und Verdienste während des Krieges. Das Komitee korrespondierte auch mit Berija, Molotow und mit Stalins Kron-

prinzen Malenkow und verteidigte seine weitere Existenz-
berechtigung.

Die während des Krieges willkommenen national-jüdi-
schen Tendenzen, die sowohl die sowjetischen als auch die
westlichen Juden zu größeren Leistungen für die Sowjetunion anspornen sollten, wurden nun als chauvinistische,
nationalistische jüdische Abweichung gebrandmarkt. Das
Komitee hat die ihm von Stalin während des Krieges zu-
gewiesene Funktion bestens erfüllt. Es maßte sich nun die
Führung und Vertretung der sowjetischen Juden an und
stand deshalb Stalin im Wege. Es war entbehrlich geworden und sollte verschwinden.

Zur gleichen Zeit begann die antisemitische Kampagne
gegen die »Kosmopoliten«.

Als erstes Opfer aus den Kreisen des »JAFK« hat Stalin
den Präsidenten Michoels ausersehen. Stalins Tochter
Swetlana berichtet in ihren Memoiren, dass sie ein Telefo-
nat ihres Vaters mit anhörte, in welchem er den Mördern
von Michoels genaue Instruktionen erteilte. Der Mord
wurde als Autounfall kaschiert. Dies geschah am 13. Januar 1948 in Minsk, wo Michoels Kandidaten für den –
ausgerechnet – Stalin-Preis begutachten sollte. Das pom-
pöse Staatsbegräbnis konnte die Kenner Stalins und des
Regimes nicht täuschen. Man wusste, dass es bald ein bit-
teres Ende mit dem Komitee nehmen würde. Kurz darauf
»verschwand« ein jüdischer Geheimpolizist, der die Umstände von Michoels' Tod aufklären wollte.

Dem Tode des Präsidenten folgte eine Welle von Repressionen und Verhören seiner Mitarbeiter und Freunde
im Komitee. Jeder, der etwas mit dem »JAFK« zu tun
hatte, war verdächtig, Staatsverbrechen begangen zu haben.

Im November 1948 wurden das »JAFK« liquidiert und
dessen umfangreiche Akten beschlagnahmt, aber es erfolgten nur noch wenige Verhaftungen. Man ließ die zukünftigen Opfer erst einmal zittern und schmoren. Molo-
tows jüdische Frau Paulina war Redaktionsmitglied der
jiddischen Zeitung »Der Emes« und aktives Mitglied des

JAFK. Ihr Mann, der mächtige stellvertretende Ministerpräsident, ließ sie fallen, als Stalin ihre Verhaftung und
Deportation nach Kasachstan anordnete.

Vielleicht war der triumphale Empfang der ersten Bot-
schafterin Israels in Moskau Golda Meir im Oktober
1948 durch Abertausende von Juden der Auslöser für
diese Maßnahmen gegen das Komitee. Im Winter 1948 bis
1949 wurde die gesamte Führung des Komitees verhaftet,
einschließlich des Altbolschewiken und treuen Stalindie-
ners Losowski. Malenkow beschuldigte ihn und seine Genossen, mit Unterstützung der amerikanisch-jüdischen
Hilfsorganisation »JOINT« – American Jewish Joint Relief Committee – die Halbinsel Krim von der Sowjetunion
abtrennen zu wollen, um dort eine jüdische Republik zu
gründen. Die erwähnte Krim-Affäre nahm ihren absurden
Gang. Viele Personen wurden verhaftet und von Geheim-
dienst-Schergen gefoltert, um Beweise für Hochverrat,
Spionage und andere unsinnige Beschuldigungen zu er-
pressen.

Den Anfang machten zwei jüdische Wissenschaftler, die
unter Folter viele andere beschuldigten. Stalin selbst forderte die Krim-Akte an.

Der Fall des Jüdischen Antifaschistischen Komitees
kam am 7. April 1952 vor das Militärkollegium des
Obersten Gerichts der Sowjetunion unter Vorsitz des Generals der Militärjustiz A. Tschepzow. Dieser intervenierte
vergeblich bei Malenkow, Ignatjew, Rjumin und anderen
hohen Persönlichkeiten, weil es außer den unter Folter
erpressten Selbstbezichtigungen keine Beweise für die Anklage gab. Nach Ende der geheimen Gerichtsverhandlun-
gen, die vom 8. Mai bis zum 18. Juli 1952 dauerten und
zu denen weder die Anklagebehörde noch irgendeine Verteidigung zugelassen wurde, wurden dreizehn Angeklagte
zum Tode verurteilt und am 12. August 1952 heimlich im
Lubjanka-Gefängnis in Moskau hingerichtet. Prof. Lina
Stern erhielt eine hohe Haftstrafe, wurde nach dem Tode
Stalins entlassen und rehabilitiert. Salomon Bregman,
stellvertretender Minister der RSFSR, starb im Gefängnis.

Jahrzehntelang waren die Beschuldigungen, das Datum des Prozesses, die Zahl der Angeklagten – man sprach jahrelang von 24 Hingerichteten – unbekannt. Keine Regierungs- oder Justizstelle war bereit, den Hinterbliebenen, die ebenfalls verhaftet oder Repressionen ausgesetzt worden waren, irgendeinen Hinweis oder Auskunft zu geben. Im Gegenteil, sie wurden Repressionen ausgesetzt oder ebenfalls verhaftet, was von der sowjetischen Führung jahrelang verleugnet wurde. Viele Anfragen von ausländischen Freunden der Verschwundenen wurden mit Lügen beantwortet. Die Angelegenheit blieb lange Jahre Staatsgeheimnis. Niemand wagte darüber zu sprechen, zu schreiben oder Fragen zu stellen.

Erst am 4. April 1956, fünf Wochen nach Chruschtschows Geheimreferat auf dem XX. Parteitag der KPdSU, wagte die jiddische Zeitung »Volksstimme« in Warschau einen Nachruf unter dem Titel *Unser Schmerz und unser Trost* abzudrucken. Die »New York Times« druckte den Artikel am 12. April 1956 nach. Hierzulande gibt es offenbar kein Interesse an dem tragischen Thema. Es ist mir bisher keine Intervention seitens der PEN-Clubs für die jiddisch schreibenden Kollegen bekannt.

Der »Kongress für jüdische Kultur« in New York recherchierte jahrelang die Angelegenheit der verschwundenen jüdischen Künstler und Intellektuellen. Die dort erstellte Liste enthält 450 Namen, davon 238 Schriftsteller, 106 Schauspieler, 19 Musiker, 87 Maler und Bildhauer. Es sind dort keine Namen von Staats- und Parteifunktionären enthalten, die mit Sicherheit ebenfalls zu den Opfern zählten.

Mehrere Verhaftete starben während der Haft, wie der bedeutende jiddische Schriftsteller Der Nister, d. i. Pinhas Kahanowitsch, dessen bedeutender Roman *Die Familie Maschber* auch auf Deutsch erschien. Die jiddischen Dichter Isi Charik und Mojsche Kulbak wurden schon früher hingerichtet. Neben diesen wurden über hundert jüdische Partei- und Regierungs-Funktionäre, Wissenschaftler, Schriftsteller, Dichter, Journalisten, Künstler, Staats- und Industrie-Angestellte verhaftet. Zehn von ihnen wurden hingerichtet, der Rest zu fünf bis 25 Jahren Lagerhaft und Verbannung verurteilt. Nur fünf Personen wurden entlassen. Alle wurden später rehabilitiert.

Viele Jahre nach den Hinrichtungen erzählte die einzige Überlebende des Geheimverfahrens Lina Stern den Witwen und Kindern der Ermordeten Einzelheiten über die Haft und über den Prozess. Erst 1988 hat das ZK der KPdSU unter Gorbatschow beschlossen, die unter Chruschtschow 1955 begonnene und von Breschnew gestoppte Untersuchung des Falles des Jüdischen Antifaschistischen Komitees wieder aufzunehmen. Eine Rehabilitationskommission mit hochrangigen Mitgliedern nahm ihre Arbeit auf und präsentierte mit dem Bericht Nr. 7 die Ergebnisse, die im Organ des ZK »Iswestija ZK« Nr. 12 vom Dezember 1989 auf sechs Seiten veröffentlicht wurden.

Einem historischen Glücksfall ist es zu verdanken, dass das *Schwarzbuch* jetzt, nach fünf Jahrzehnten, doch noch in einer Ausgabe erscheinen konnte, die nicht nur die ursprüngliche Textfassung beinhaltet, sondern auch noch die von der Zensur verbotenen Passagen *in Kursivschrift* dokumentiert – von einzelnen Wörtern bis hin zu mehrseitigen Abschnitten. Irina Ehrenburg, der Tochter von Ilja Ehrenburg, die heute noch in Moskau lebt, wurde die als verschollen geglaubte Korrekturkopie Wassili Grossmans vom 14. Dezember 1947 im Jahre 1992 zugespielt.

Ein weiterer Glücksfall war die Öffnung der Archive im Jahre 1989. Interessanterweise waren mehrere Kommissionsmitglieder spätere Putschisten vom August 1991, wie Tschebrikow und Krjuschkow. Aber auch Liberale wie Jakowlew und Medwedjew zählten zu den Mitgliedern der Kommission. Unter den Beständen des Jüdischen Antifaschistischen Komitees fand sich neben den 27 Ordnern mit 6300 Seiten Materialien, die für das *Schwarzbuch* vorbereitet worden waren, auch das mit Farbstift redigierte Manuskript aus dem Jahr 1945.

Der Vergleich des ursprünglichen, unter den geschilderten Bedingungen und Umständen kompilierten Manuskripts mit der zunächst zensierten, dann genehmigten, gesetzten und schließlich verbotenen und vernichteten Fassung ergibt ein spannendes Anschauungsbeispiel für die Entwicklung der Rezeption der Berichterstattung über die Schoa in der Sowjetunion. Die gestrichenen Texte erlauben uns einen Röntgenblick in die sich ändernde Gedankenwelt der sowjetischen Führung nach dem Sieg über Deutschland.

Wird man je verstehen, wie es möglich war, dass die gesamte Staatsführung einer Großmacht so viel Energie darauf verwandte, einige Intellektuelle, von denen keine Bedrohung der staatlichen Existenz ausging, zu ermorden und diesen feigen Mord jahrzehntelang zu vertuschen? Die jiddische Literatur, die durch die Schoa so viele kreative Menschen verlor, wird sich nie von dem Verlust erholen.

Es bleibt zu hoffen, dass sich so ein Fall des kulturellen Massenmordes nie wiederholen wird. David Bergelsons Aufschrei im Moskauer Radio im Jahre 1941, »*Wir werden nicht untergehen, wir werden leben*«, hat sich, was ihn und Hunderte seiner Genossen und Freunde betrifft, leider nicht bewahrheitet. Was bleibt, ist die ewige Schande für diejenigen, die die nationale Kultur eines Volkes durch Morde an deren Vertretern zerstören wollten und dies im Namen einer Ideologie, die vorgab, das »Menschenrecht zu erkämpfen«.

Fast alle Angehörigen der von Stalin Ermordeten sind nach Israel ausgewandert, wo sie noch heute leben, wie die Familien von Michoels, von Markisch und anderer Opfer der stalinistischen Verbrechen. Ihre Entscheidung für den zionistischen Staat ist das Resümee und das Ende der Wanderschaft idealistischer linker Juden sowohl in geografischer als auch in ideologischer Hinsicht. Israel ist das einzige Land der Welt, wo der Opfer des August 1952 gedacht wird; in einer würdigen Gedenkstätte bei Jerusalem.

Das *Schwarzbuch*, das selbst einem schändlichen Komplott zum Opfer fiel, berichtet aus der Perspektive unmittelbarer Zeugen über monströse Verbrechen, deren Dimension niemals wirklich fassbar sein wird und die dem Leser nach der Lektüre den Schlaf rauben. Es sind Verbrechen deutscher Soldaten und Polizisten, der SS und ihrer einheimischen Hilfstruppen, deutscher Beamter und Industrieller. Hinter den abstrakten Millionenzahlen verbergen sich Einzelschicksale, die uns das *Schwarzbuch* in unzähligen Passagen eindringlich vor Augen führt. Es ist ein Zeitdokument von unschätzbarem Wert, denn es gibt den in der ehemaligen Sowjetunion bis heute vorsätzlich vergessenen Opfern eine Stimme und, was am wichtigsten ist, es entreißt die jüdischen Gegner und Opfer Hitlers *und* Stalins dem Vergessen.

1998

Schoa und Judenretter

Die Flüchtlingskonferenz von Evian 1938

Die vorletzte Station auf dem Weg zur »Endlösung«

Am 6. Juli 1938 wurde im französischen Kurort Evian am Genfer See die auf Initiative Präsident Roosevelts einberufene internationale Flüchtlingskonferenz eröffnet. Ziel der Beratung war es, den deutschen und österreichischen Juden zur Auswanderung zu verhelfen. Das Ergebnis war ein totales Fiasko, weil es den Nazis bewies, dass sie mit ihrer Politik der Ausrottung der Juden ungehindert fortfahren konnten; hier bekamen sie dafür grünes Licht. Außerdem wurden hier potentielle Auswanderungsländer zur Schließung ihrer Grenzen vor den Flüchtlingen motiviert.

Die Ernennung Adolf Hitlers zum Reichskanzler im Januar 1933 bedeutete den Anfang vom Ende der tausend Jahre währenden Existenz der Juden in Deutschland. Es begann die Zeit der Leiden und Verfolgungen von einer halben Million deutscher und später österreichischer Juden und ihrer nichtjüdischen Verwandten. Der Judenboykott am 1. April 1933 signalisierte die kommende Entwicklung. Die »Jüdische Rundschau« in Berlin vom 4. April überschrieb ihren Leitartikel mit *Tragt ihn mit Stolz, den gelben Fleck* acht Jahre *vor* der Verordnung über das Tragen des Judensterns. Im Mitteilungsblatt der Israelitischen Gemeinde in Frankfurt, wo jüdische Mäzene, Philanthropen und Wissenschaftler wie der Nobelpreisträger Paul Ehrlich Großartiges für Frankfurt und Deutschland geleistet haben, hieß es beschwörend: »Wenn sich keine Stimme für uns erhebt, so mögen die Steine dieser Stadt für uns zeugen ... Verzagt nicht! Schließt die Reihen!«

Als sofort eine starke Flucht- und Auswanderungswelle, meistens in die Nachbarländer, einsetzte, beschloss
die Vollversammlung des Völkerbundes im September
1933, das Amt eines »Hochkommissars für Flüchtlinge
aus Deutschland« zu schaffen. Zum ersten Hochkommissar wurde der angesehene amerikanische Außenpolitiker
James G. McDonald gewählt.

Als Hitler nach Abschluss des Parteitages am 15. September 1935 in Nürnberg in einer Sondersitzung des
Reichstages das »Reichsbürgergesetz« und das »Gesetz
zum Schutz des deutschen Blutes und der deutschen Ehre«
verkündete, wurde vielen Juden klar, dass es in ihrem Va-
terland, das sie zwanzig Jahre zuvor als Soldaten im Ersten Weltkrieg verteidigt hatten, keine Zukunft mehr gab.
Dr. Leo Baeck, Präsident der »Reichsvertretung der deutschen Juden«, der Feldrabbiner im Ersten Weltkrieg war,
verfasste ein Gebet, das am Vorabend des Jom-Kippur-
Festes am 6. Oktober 1935 in allen Synagogen Deutschlands verlesen werden sollte. Die Gestapo erfuhr davon
und verbot den Rabbinern unter Androhung ihrer Verhaftung das Verlesen. Trotzdem ließ Dr. Otto Hirsch, ge-
schäftsführender Vorsitzender der »Reichsvertretung«,
den Text an alle Gemeinden Deutschlands versenden. Leo
Baeck und Otto Hirsch wurden von der Gestapo verhaftet, aber später freigelassen. In dem Gebet hieß es u.a.:
»Mit der Kraft der Umkehr zu Gott und mit dem Gefühl
des Abscheus sprechen wir es aus, dass wir die Lüge, die
sich gegen uns wendet, die Verleumdung, die sich gegen
unsere Religion und ihre Zeugnisse kehrt, tief unter unseren Füßen sehen.« Den Nürnberger Gesetzen folgte eine
Flut von Ausführungsverordnungen, Erlassen und Verboten; allein zwischen 1933 und 1937 sind 135 antijüdische
Gesetze erlassen worden, weitere folgten.

Der Hochkommissar McDonald schrieb an den bekannten amerikanischen Banker und Philanthropen Felix
M. Warburg am 1. November 1935 fast prophetisch:
»Wir müssen annehmen, dass das Schlimmste in Deutschland passieren wird, und sollten uns deshalb auf eine

Emigration größten Umfanges vorbereiten, für welche Gelder und Zielländer erschlossen werden müssen.« McDonald war von der Passivität der Regierungen, von der Blockade seiner Arbeit durch die Nazibehörden und die dadurch verursachte Nutzlosigkeit seiner Arbeit derart enttäuscht und verbittert, dass er durch seinen spektakulären Rücktritt am 27. Dezember 1935 die Welt vor der sich für die deutschen Juden anbahnenden Katastrophe warnen wollte. Im Rücktrittsgesuch schrieb er u. a.: »Die Ereignisse seit 1933, besonders jene, die den Nürnberger Gesetzen folgten, erfordern eine neue Kollektivaktion bezüglich des Problems, das die Verfolgungen in Deutschland geschaffen haben.« Kurz vorher appellierte die »Jüdische Rundschau« in Berlin am 26. November 1935 verzweifelt an die Regierungen der Welt: »Durch humanitäre Redensarten, wie sie die Vertreter der Völkerbundstaaten schon bei der Herbsttagung 1933 und dann wiederholt in den Komitees vorbrachten, ist uns nicht geholfen. Es muss an diese Staaten appelliert werden: Öffnet die Tore!«

Nach dem Einmarsch der deutschen Truppen in Österreich am 13. März 1938 begann der Leidensweg der 185000 österreichischen Juden, von denen 170000 in Wien lebten. In der Nacht nach der Annexion organisierte die Gestapo eine überfallartige Plünderungskampagne in den Wohnungen der Juden. Wertvolle Kunstsammlungen und andere Wertgegenstände wurden nach Berlin verfrachtet. Die Juden wurden terrorisiert, über 5000 Geschäfte arisiert, und Tausende von Juden verloren ihre Arbeitsplätze. Die Nazis raubten den Juden Vermögen im Wert von mehreren Milliarden Mark. Die brutalen Übergriffe gegen die Wiener Juden alarmierten die Weltöffentlichkeit, die bis dahin glaubte, sich nicht in die internen Angelegenheiten des Deutschen Reiches einmischen zu müssen.

In dieser schier ausweglosen Situation erschien ein Hoffnungsschimmer am Horizont, als nur zwölf Tage nach der Besetzung Österreichs US-Präsident Roosevelt am 25. März 1938 die Welt bei einer Pressekonferenz über seinen Plan zur Einberufung einer internationalen Flüchtlingskonferenz informierte. Roosevelt wollte den wachsenden Unmut engagierter und populärer Publizisten wie Dorothy Parker und einiger Senatoren und Kongressabgeordneten über die passive Haltung Amerikas beschwichtigen. Der Zorn der Kritiker war berechtigt, denn die US-Einwanderungsbehörde ließ in dieser Zeit nicht nur über 140000 jährlich nicht genutzte Visa der englischen und irischen Quote, sondern zwischen 1933 und 1938 auch 100000 Visa der deutschen Quote verfallen. In diesen fünf Jahren erhielten nur 27000 jüdische Antragsteller Visa. Mit anderen Worten: Die USA hätten lediglich durch Umschichtung der Nationalitätenquoten, ohne Änderung der Einwanderungsgesetze und ohne Vergrößerung der gesetzlich vorgesehenen Zahl der Einwanderer *alle* jüdischen Flüchtlinge aus Deutschland aufnehmen können.

Die Vorbereitung der Konferenz wurde dem »President's Advisory Committee on Political Refugees«, PACPR, anvertraut. Vorsitzender wurde der frühere Völkerbund-Hochkommissar James McDonald, ein Mann mit den besten Absichten, der abermals enttäuscht und getäuscht werden sollte. Obwohl das Wort »jüdisch« im Namen des Komitees nicht vorkam, hat das regierungstreue jüdische Establishment der USA mit Stephen Wise an der Spitze auf die Initiative des Präsidenten mit Begeisterung reagiert. Die Mitgliedschaft des PACPR war derart strukturiert, dass keine »Gefahr« bestand, dass die Konferenz praktische Ergebnisse, d.h. Rettung der deutschen Juden vor dem Untergang, erzielen konnte.

Die Vertreter jüdischer Organisationen waren im Komitee in der Minderheit, obwohl die Juden das Gros der um Einwanderung ersuchenden Menschen darstellten. Stephen Wise, der Gründer des Jüdischen Weltkongresses im Jahre 1936 und prominenter Führer der amerikanischen Juden, war eng mit dem amerikanischen Establishment verbunden. Der Wallstreet-Banker Bernard Baruch war zwar Wirtschaftsberater aller Präsidenten seit Wilson, hat sich aber nie mit jüdischen Angelegenheiten befasst. Finanzminister Henry Morgenthau jr. war Initiator des 1944 gegründeten »War Refugee Board«, als die meisten Juden Europas schon ermordet waren.

Roosevelt ließ über seinen Außenminister Cordell Hull die Regierungen der potentiellen Konferenzteilnehmer wissen, dass von ihnen keine besonderen Anstrengungen erwartet würden. Sie bräuchten nicht mehr Flüchtlinge aufzunehmen als die durch ihre derzeitigen Gesetze vorgesehenen Quoten; im Übrigen müsste die Finanzierung der Auswanderung durch private, sprich jüdische Organisationen erfolgen. Damit war das Scheitern der Ziele der Konferenz vorprogrammiert.

Entsprechend wurden in einem geheimen Memorandum die Prinzipien der zukünftigen Einwanderungspolitik formuliert: Die USA würden ihre Einwanderungsgesetze und die Quoten *nicht* ändern, alle Hilfsmaßnahmen erfolgten nur mit Zustimmung der betreffenden Regierungen, nur die Pläne privater, meist jüdischer Hilfsorganisationen würden in Betracht gezogen, jedoch unter der Bedingung, dass sie selbst für die Finanzierung der Einwanderung und für die Bereitstellung von *Affidavits*, d. h. der Bürgschaften, sorgen. Schließlich würden die Flüchtlinge ein Langzeitproblem darstellen, das nach und nach gelöst werden könne. Diese Haltung der Großmacht Amerika machte Schule unter anderen Staaten und war in der Konsequenz das Todesurteil für die Juden Europas.

Zum Leiter der amerikanischen Delegation ernannte Roosevelt als Sonderbotschafter seinen Freund und Direktor des mächtigen Industriekonzerns US Steel Corporation Myron C. Taylor, der von 200 000 deutschen jüdischen und sechzig nichtjüdischen Einwanderern innerhalb von vier Jahren, d. h. 65 000 Flüchtligen pro Jahr, ausging. Musste man wegen dieser verschwindend geringen Zahl von Einwanderern überhaupt eine internationale Konferenz einberufen? Mitte Juni hatten die Amerikaner eine Tagesordnung für Evian formuliert, und Taylor besprach sie in einer Vorkonferenz in Paris von Ende Juni bis zum

4. Juli mit dem Leiter der französischen Delegation Senator Henri Bérenger und mit dem britischen Chefdelegierten, der die Teilnahme seiner Delegation an die Bedingung knüpfte, dass man in Evian nicht über Palästina als Einwanderungsland diskutieren würde.

Die Konferenz von Evian wurde am 6. Juli im Luxushotel Royal eröffnet. Die Chefdelegierten, der Franzose Bérenger als Gastgeber, der Amerikaner Taylor und der Brite Lord Winterton, ein treuer Gefolgsmann des »großen Beschwichtigers« Neville Chamberlain, eröffneten die Konferenz mit langatmigen Reden, in denen sie im gedrechselten Diplomatenjargon kunstvoll herausarbeiteten, was in Evian *nicht* beschlossen werden sollte, könnte und würde.

Senator Bérenger erzählte mit Stolz, dass Frankreich bereits Tausende von Flüchtlingen aufgenommen hätte und hierfür Millionen von Franc von französischen Bürgern gespendet worden waren. Vor einer weiteren Einwanderung müssten die finanziellen, sozialen, Transport- und andere wichtige Probleme gelöst werden. Lord Wintertons zählte unendlich viele Gründe für die Unmöglichkeit der Einwanderung nach Großbritannien auf. Für die Kolonien nannte er politische, rassische, wirtschaftliche und klimatische Gründe, die einer Einwanderung im Wege stünden. Vereinbarungsgemäß war Palästina kein Thema, weder in seiner Rede noch auf der Konferenz überhaupt. Die größte Enttäuschung war die Rede des amerikanischen Delegationschefs Taylor. Die Zahl der auszustellenden Visa für deutschsprachige Einwanderer (dazu zählten auch Juden aus Österreich) um 1414 Visa auf 27370 jährlich stellte er als große Errungenschaft dar. Das war das Todesurteil für den Gedanken einer humanitär motivierten Hilfe für die unglücklichen Juden Europas, denn kein Staat sah sich mehr genötigt, Hilfe zu leisten.

Neben den USA, Frankreich und Großbritannien waren die sechs Länder Europas Belgien, Dänemark, Holland, Norwegen, Schweden und die Schweiz vertreten, in denen bereits Tausende von Flüchtlingen ohne Daueraufenthaltsgenehmigung lebten. Die Regierungen dieser Länder hatten ein großes Interesse, die Flüchtlinge ziehen zu lassen. Die zweite Gruppe waren Länder des britischen Imperiums: Australien, Kanada, Irland und Neuseeland mit ihren Kolonien auf allen Kontinenten der Welt, wo die Sonne nie unterging. Schließlich nahmen an der Konferenz neunzehn mittel- und südamerikanische Staaten teil. Den Polen und Rumänen, die auf der Konferenz die Zwangsauswanderung ihrer starken jüdischen Minderheiten behandeln wollten, wurde die Teilnahme bereits im Vorfeld versagt; sie waren nur als Beobachter anwesend. Auch viele Nazifunktionäre und Journalisten mit dem Chefreporter des »Völkischen Beobachters« an der Spitze waren dabei. Die meisten Delegierten kamen nicht nach Evian, um für die Flüchtlinge eine Erleichterung der Einwanderungspolitik zu diskutieren, sondern aus Respekt vor den Großmächten, insbesondere den USA. Während der zehn Tage dauernden Konferenz fanden sechs Plenarsitzungen statt, auf denen 25 Vertreter der teilnehmenden Staaten lange Texte verlasen. Fast alle beschrieben die Situation in ihren Ländern, die eine Einwanderung nicht zulassen würde. Nur die kleine Dominikanische Republik machte Zusagen über mögliche landwirtschaftliche Ansiedlungsprojekte. Der Delegierte Kolumbiens Prof. M. J. Yepes bezeichnete Evian als eine moderne Klagemauer der Flüchtlinge Europas und vielleicht bald der Welt.

Die größte Schmach trifft wohl die Untertanen des britischen Imperiums. Mackenzie King, Ministerpräsident Kanadas, des mit zehn Millionen Quadratkilometern zweitgrößten Landes der Welt mit einer Bevölkerung von knapp fünfzehn Millionen, weigerte sich prinzipiell, jüdische Flüchtlinge aufzunehmen. Zwischen 1933 und 1945 konnten lediglich 5000 Juden dorthin auswandern. Auf die Frage, wie viele Flüchtlinge Kanada aufnehmen könnte, machte er den Ausspruch, der zugleich Titel eines 1982 erschienenen Buches ist: *None Is Too Many* – schon keiner ist zu viel.

Der australische Delegationschef Oberst White erklärte, dass die nichtbritischen Einwanderer keine Privile-

gierung erwarten könnten. Er sagte ferner: »Da wir keine
Rassenprobleme haben (er »vergaß« dabei die Aborigines,
die Ureinwohner), wollen wir diese nicht durch eine
starke Einwanderung importieren.« Obwohl das erfor-
derliche Vorzeigegeld, »Landing money«, von 500 auf
200 Pfund reduziert wurde, durften bis 1939 nur 7000 Juden nach Australien auswandern. Südafrika und Rhode-
sien hatten eine weiße Bevölkerung von etwa zwei Millionen, und trotzdem haben diese Länder hohe juristische
Barrieren gegen die Einwanderung errichtet. Alle diese
britisch dominierten Länder, besonders Kanada und Australien, haben *nach* dem Kriege intensive Werbeaktionen
für europäische Einwanderer betrieben.

Die schweizerische Delegation, die zwei hohen Polizei-
offiziere Henri Werner und Dr. Heinrich Rothmund, Chef
der eidgenössischen Fremdenpolizei, kam nach Evian
nicht, um die Auswanderung zu fördern, sondern um sie
zu verhindern. Rothmund schlug vor, in die Pässe der
deutschen und österreichischen Juden ein »J« einzustem-
peln. Mit einer entsprechenden Verordnung der Reichsbehörden vom 5. Oktober 1938 für alle Juden wurde die
Einreise in viele europäische Länder verhindert oder erschwert. Auch das war ein katastrophales Ergebnis von
Evian.

Neben den 32 Staaten waren 39 zum größten Teil jüdische Hilfsorganisationen in Evian präsent, wie auch
die Sozialistische Internationale. Anwesend waren auch
Golda Myerson, Führungsmitglied des Gewerkschafts-
bundes »Histadrut« und spätere israelische Ministerpräsi-
dentin Israels, und Salman Schasar, der spätere Staatspräsident Israels. Die Teilnahme so vieler Organisationen aus
vielen Ländern war nicht minder hinderlich. Das Subko-
mitee für Organisationen konnte den Anhörungen jeder
Delegation nur wenige Minuten widmen. Die angesehensten Persönlichkeiten Europas, Priester aller Konfessionen,
Professoren u. a. mussten, in einer Schlange stehend, auf
ihren Aufruf warten, um ihre Memoranden in wenigen
Minuten vorzutragen. Dies war ein Skandal, denn nach

Roosevelts Auffassung sollten gerade diese privaten, nichtstaatlichen Organisationen die finanzielle und organisatorische Basis der Auswanderung sein.

Besonders bewegend und dramatisch war das Erscheinen der Delegation der Juden aus Deutschland und Österreich unter Führung des bereits erwähnten geschäftsführenden Vorsitzenden der »Reichsvertretung der deutschen Juden« Dr. Otto Hirsch. Zur Delegation, deren Reise von den Reichsbehörden genehmigt werden musste, gehörten sieben Personen. Die Familienangehörigen blieben als Geiseln im Reich und sollten die Rückkehr der Abgesandten nach Deutschland garantieren, wie überhaupt alle deutschen Juden Geiseln der Nazis waren. Das mehrseitige Memorandum der deutschen Juden listete alle relevanten Fakten auf, demografische Zahlen, wie die berufliche Struktur und die finanziellen und andere Probleme, die der Auswanderung im Wege standen. Eines der Hauptanliegen war die Auswanderung von Kindern und Jugendlichen. Spitzel der Gestapo und des Reichssicherheits-Hauptamtes beobachteten die deutschen Juden, erkundeten alle Einzelheiten des Konferenzgeschehens und berichteten darüber nach Berlin.

In der Schlusssitzung wurde die Gründung eines permanenten »Zwischenstaatlichen Komitees« – »Intergovernmental Committee« (IGC), mit Sitz in London beschlossen, das die in Evian begonnene Arbeit fortsetzen sollte. Zu den Aufgaben des IGC gehörte es, mit dem Deutschen Reich über die Auswanderung der Juden und den Transfer wenigstens eines Teils ihres Vermögens zu verhandeln, wie auch mit den potentiellen Ansiedlungsländern Vereinbarungen zu treffen, die die dauerhafte Niederlassung der Flüchtlinge sichern würde. Die Gründung des IGC war das einzige positive Ergebnis der Konferenz von Evian.

Im Berliner »Jüdischen Gemeindeblatt« vom 24. Juli 1938 erschien ein erstaunlich ausführlicher Bericht über die Konferenz, in welchem auf die Dringlichkeit der schnellen Auswanderung der 200 000 Juden aus Deutschland und 100 000 aus Österreich hingewiesen wurde.

Der Misserfolg von Evian wurde in Deutschland mit Schadenfreude und Genugtuung registriert. In vielen, selbst kleinsten Blättchen wurde der Ausgang der Konferenz hämisch beschrieben. Der »Reichswart Grenzbote« vom 13. Juli fragte: »Die Juden sind relativ sehr billig. Wer will sie haben? Niemand!« Im »Danziger Vorposten« hieß es: »Wir sehen, dass man die Juden bedauert, solange man sie für eine boshafte Agitation gegen Deutschland benutzen kann, aber niemand ist bereit, diese Kulturschande Europas durch Aufnahme von einigen Tausend Juden zu beseitigen.«

Die ersten Sitzungen des »IGC« fanden am 3. und 4. August 1938 in den Räumen des Außenministeriums in London statt. Dem Komitee gehörten Vertreter von dreißig in Evian anwesenden Staaten, meistens in London akkreditierte Diplomaten, an. Sie wählten einen sechsköpfigen Rat, einen Direktor, dessen Stellvertreter und einen Assistenten. Im Rat waren neben den USA, Großbritannien, Frankreich und den Niederlanden mit Kolonien in der ganzen Welt Kanada, Australien, Afrika, Indien, Indochina, Indonesien sowie Brasilien und Argentinien vertreten. Argentinien nahm bis 1938 ganze 5000 jüdische Flüchtlinge auf und reduzierte später die Zahl auf null, während viele Nazis dort Zuflucht fanden. Nach Brasilien, mit 8,5 Millionen Quadratkilometern das größte Land Südamerikas, durften 1937 2000 jüdische Emigranten einreisen, 1938 nur 500. Die Arbeit des »IGC« sollte in aller Stille erfolgen, ohne Beteiligung der privaten, meist jüdischen Hilfsorganisationen, um die Verhandlungspartner in Berlin nicht zu verstimmen. Das Ziel des »IGC« war, zunächst Zufluchtsländer für die zeitweilige und später Ansiedlungsländer für die permanente Emigration von 500000 Menschen in einem Zeitraum von fünf Jahren zu finden, d.h. 100000 jährlich. Obwohl die Kriegsgefahr eminent und der Kriegsausbruch eine Frage von Monaten war, plante man bis in das Jahr 1943 hinein.

Der international erfahrene amerikanische Jurist, Diplomat und Freund Roosevelts George Rublee wurde zum ersten Direktor des IGC bestimmt. Er musste mit einem lächerlich kleinen Budget und wenigen Mitarbeitern auskommen. Rublee fing seine Arbeit mit Entschlossenheit und Energie an. Doch bald merkte er, dass die Großmächte wenig Interesse für die Rettung der Juden zeigten und dass die Zeit, um die Juden Deutschlands zu retten, sehr knapp bemessen war. Hauptbedingung für einen Erfolg des »IGC« war die Bereitschaft der deutschen Regierung, mit dem Komitee zu verhandeln und der Wille der Regierungen der Emigrationsländer, die Flüchtlinge aufzunehmen. Um die erste Bedingung zu erfüllen, wurden die Botschafter der drei Großmächte in Berlin angewiesen, eine Zustimmung der deutschen Regierung zum Empfang Rublees zu bewirken. »Ein Besuch Rublees kommt nicht in Frage« war die Antwort, die der Staatssekretär im Auswärtigen Amt von Weizsäcker den Botschaftern zukommen ließ.

Wegen der Sudetenkrise im Herbst 1938 wurde die Arbeit des »IGC« vorläufig unterbrochen. Obwohl Präsident Roosevelt Ministerpräsident Chamberlain dringend bat, die Frage der Flüchtlinge in den Text des Münchener Abkommens vom 29. September 1938, das zur Teilannexion der Tschechoslowakei führte, aufzunehmen, ist dies von den Engländern strikt abgelehnt worden. Stattdessen bekam das »IGC« neue »Klienten«, die tschechischen Juden. Sollten die Westmächte in München Zeit für die Aufrüstung ihrer Armeen gekauft haben – wenn man dies zu ihren Gunsten annehmen sollte –, so haben die deutschen Juden die Rechnung dafür bezahlt.

Der Historiker des IGC Ralph Weingarten beschrieb die ausweglose Situation wie folgt: »Das Ganze war ein *circulus vitiosus*: Deutschland wollte zuerst die Zusicherung erhalten, dass die Länder zur Aufnahme von Juden bereit seien, während die Länder zuerst von Deutschland die Zusicherung haben wollten, dass Deutschland die Juden mit einem angemessenen Teil ihres Vermögens ziehen lassen würden.«

Dann kam am 9. November 1938 die »Kristallnacht«.

Die Nazis brauchten sich, im Wissen um das in Evian ma-
nifestierte Desinteresse und die Passivität der Welt in Bezug auf das Schicksal der Juden, um die Reaktion der
westlichen Öffentlichkeit nicht zu kümmern. Sie konnten
davon ausgehen, dass die Sache mit verbalen Protesten
und ohne Androhung von schärferen Maßnahmen sein
Bewenden haben würde. Das erklärt die ungeheure Bruta-
lität des Vorgehens gegen die Juden. Fast hundert Juden
wurden ermordet und 26 000 nach Dachau, Buchenwald
und Sachsenhausen verschleppt. Den Juden wurde darüber hinaus noch eine Kontribution von einer Milliarde
Mark als »Sühneleistung« auferlegt. Mit den Verordnungen vom 12. November 1938 und 21. Februar 1939 wurden die Juden aus dem Wirtschaftsleben ausgeschaltet und
mussten ihr gesamtes Vermögen registrieren lassen, damit
es später konfisziert werden konnte. Am 7. Dezember
1938 konferierte Außenminister Ribbentrop in Paris mit
seinem Kollegen Bonnet u.a. über die Juden. Auf Evian
anspielend, sagte er ihm, dass Deutschland interessiert sei,
die Juden loszuwerden, aber kein Land wolle sie aufnehmen, und außerdem gäbe es keine Devisen für deren Auswanderung.

Trotz der Auswanderung von 170 000 Menschen lebten
Ende 1938 immer noch 436 000 Juden im großdeutschen
Reich. Der Naziterror zwang die Juden, fieberhaft nach
Auswanderungsmöglichkeiten in der ganzen Welt zu su-
chen. Ende November 1938 erschien in Berlin der *Philo-
Atlas* – Handbuch für die jüdische Auswanderung. Käuf-
liche oder humanitär eingestellte Konsularbeamte einiger
Staaten erteilten manchen Juden unter der Hand Einreisevisa. Eine der Nebenwirkungen von Evian war, dass viele
Regierungen auf das Problem der Einwanderung aufmerksam wurden und ihren Botschaften und Konsulaten
verboten, Visa für Juden auszustellen. Trotzdem blühte
der illegale Handel mit Visa, den die Gestapo nicht behinderte. Für die Papiere wurden 500 bis 600 Dollar bezahlt,
was viele Konsuln reich machte. Arme oder verarmte Juden konnten dieses Geld nicht aufbringen, aber dennoch

war diese Möglichkeit mehr als das, was das IGC, dem Vertreter der halben Welt angehörten, geleistet hat.

Mit diesen halblegalen Visa versehen, versuchten Tausende deutscher Juden ihr Glück, per Schiff nach Übersee zu kommen. Nach dem Bericht der Exilzeitschrift »Das Neue Tagebuch« vom Juli 1939 versuchten im Frühling 1939 5627 jüdische Flüchtlinge auf achtzehn Ozeandampfern Europa zu verlassen. Der griechische Dampfer »Astir« mit 641 Flüchtlingen an Bord wurde in Palästina abgewiesen und ankerte mit seinen unglücklichen Passagieren in Griechenland. Auf Kreta vegetierten Hunderte von halb verhungerten, dort ausgesetzten Flüchtlingen.

Die Odyssee des Hapag-Lloyd-Dampfers »St. Louis« gehört zu den bekanntesten Auswanderungsversuchen. Das Schiff lief am 13. Mai 1939 in Hamburg mit 930 jüdischen Auswanderern an Bord nach Kuba aus. Sie hatten Landeberechtigungen des Direktors der kubanischen Einwanderungsbehörde Oberst Benitez, für die sie pro Kopf 150 Dollar, außer der Passage natürlich, bezahlt hatten. Die Eifersucht auf die plötzliche Bereicherung Benitez' war einer der Gründe für die Verweigerung der Landung, als das Schiff am 27. Mai Havanna erreichte. Noch kurz zuvor, am 5. Mai, konnten Flüchtlinge mit identischen Papieren in Havanna von Bord gehen. Der kubanische Diktator Federico Raredo verbot die Landung, obwohl die jüdisch-amerikanische Hilfsorganisation »JOINT« eine Garantie von 500 Dollar für jeden Passagier stellte. Vielleicht war eine halbe Million Dollar nicht genug für den korrupten Diktator. Das Schiff kreuzte zwischen Havanna und Miami, scharf bewacht von Schiffen und sogar Flugzeugen der US-Küstenwache, denn auch die Amerikaner weigerten sich trotz der Appelle vieler führender Persönlichkeiten, die Flüchtlinge aufzunehmen. Die »New York Times«, die mehrmals über das Geschehen berichtete, bezeichnete die »St. Louis« als »das traurigste Schiff der Welt«. Im Juni 1939 mussten die Passagiere nach Europa zurückkehren und wurden zwischen England, Frankreich, Holland und Belgien aufgeteilt, wo die meisten ein Jahr später der »Endlösung« zum Opfer fielen. Die gleichen Erfahrungen machten die Passagiere der Dampfer »Ordina«, »Quanza« und »Flanders«.

Der Kapitän der »St. Louis« Gustav Schröder und die meisten seiner Offiziere und Matrosen haben sich vorbildlich und menschlich gegenüber den jüdischen Passagieren verhalten. Das Schiff war eine exterritoriale Insel des guten Deutschland auf hoher See. Kapitän Schröder hat in seinem 1949 erschienenen Buch »Heimatlos auf hoher See«, über seine Passagiere geschrieben: »Der Gedanke, dass es Menschen gegeben hat, die erst im KZ waren, dann die Passionsfahrt der ›St. Louis‹ mitmachten, später wieder verschleppt wurden, um schließlich im KZ elendig zu verenden, ist mehr als bedrückend. Nur von wenigen auf dem Festland untergebrachten Emigranten der »St. Louis« weiß ich, dass sie noch am Leben sind.« Die Odyssee der ›St. Louis‹ wurde 1976 im angloamerikanischen Spielfilm von Stuart Rosenberg »Reise der Verdammten« eindrucksvoll geschildert. Faye Dunnaway und Oskar Werner spielten das jüdische Ehepaar Dr. Kreisler, Orson Welles den kubanischen Industriellen Estedes, Fernando Rey den kubanischen Präsidenten Raredo und Max von Sydow den Kapitän Schröder.

Die Nazis waren an einer forcierten Auswanderung der Juden nur deshalb interessiert, weil sie ihr Vermögen von schätzungsweise fünf Milliarden Mark, nach heutigem Wert etwa 75 Milliarden DM, dringend und sofort für die Rüstung benötigten. Wer Deutschland verließ, durfte nur zehn RM mitnehmen. Deshalb traf es sich gut, dass der Reichsbankpräsident Dr. Hjalmar Schacht den Plan entwickelt hatte, die Finanzierung der Emigration der deutschen Juden durch den Transfer von 25 Prozent ihres Vermögens mittels Erlösen aus dem Export deutscher Waren zu ermöglichen. Jüdische Organisationen sollten zur Bildung des Auswanderungs-Fonds 1,5 Millionen RM beitragen. Es gab berechtigte Hoffnungen für ein Gelingen dieses Plans, denn zwischen 1933 und 1939 konnten 55000 deutsche Juden aufgrund des ähnlich strukturier-

ten Haawar-Transfer-Abkommens zwischen den Reichsbehörden und der »Jewish Agency for Palestine« mit je
1000 Pfund Vorzeigegeld außerhalb des Quotensystems
nach Palästina einwandern.

Schacht reiste im Dezember 1938 nach London, um zu
erfahren, ob das IGC an seinen Plan interessiert war. Trotz
Bedenken von allen möglichen Seiten erklärten Rublee
und Lord Winterton im Namen des IGC die Bereitschaft
zu Verhandlungen. In Berlin hatte Staatsekretär von Weizsäcker, dessen Chef Ribbentropp zu den schärfsten Antisemiten in der Reichsführung gehörte, Dr. Schacht vorgeworfen, sich in außenpolitische Belange eingemischt zu
haben. Am 2. Januar 1939 erhielt Schacht die persönliche
Zustimmung Hitlers, worauf Rublee für den 11. Januar
nach Berlin eingeladen wurde. Schacht wurde am 20. Januar 1939 überraschend als Reichsbankpräsident entlassen. Die Verhandlungen wurden vom Ministerialrat im
Amt für den Vierjahresplan Helmur Wohltat fortgesetzt,
der als Schachts Mitarbeiter viel Erfahrung in Auswande-
rungs- und Devisentransferfragen hatte. Doch am 24. Januar 1939 beauftragte Göring Heydrich mit der verstärkten Auswanderung oder Evakuierung der Juden aus
Deutschland.

Die Besprechungen zwischen Wohltat und Rublee blieben am Ende ergebnislos, weil es zur Gründung eines
Fonds zur Finanzierung der Auswanderung nie gekommen ist, obwohl der englische Mandatsträger Herbert
Emerson den Vorschlag machte, innerhalb von fünf Jahren einen Fonds von 100 Millionen Dollar bereitzustellen,
zu welchem private Organisationen und Regierungen je
die Hälfte beitragen sollten. Die USA haben den Emerson-
Plan sofort abgelehnt. Der Fonds wurde am 1. August
1939 zwar formell gegründet, aber noch immer gab es
kein Land, das die Juden aufnehmen wollte. Mit dem Ausbruch des Zweiten Weltkrieges am 1. September 1939
sind alle Rettungsmaßnahmen hinfällig geworden, die Ak-
tenberge des IGC wurden Makulatur. Die den deutschen
Armeen im Polenfeldzug zugeteilten sechs »Einsatzgrup-

pen« konnten ihr mörderisches Handwerk beginnen und
bis zur »Endlösung« fortsetzen. Die ersten deutschen Opfer des Holocaust waren über 1000 Juden aus Stettin,
die am 12. Februar 1940 nach Polen deportiert wurden.
Im Oktober 1941 wurde jegliche Auswanderung aus
Deutschland und aus deutsch besetzten Gebieten verboten.

Was wurde aus den Akteuren des Geschehens? Dr. Baeck
und Dr. Hirsch haben Deutschland nicht verlassen, obwohl sie vielfältige Möglichkeiten zur Auswanderung hatten. Noch im August 1939 begleiteten sie einen Kinder-
transport nach London und kehrten nach Deutschland
zurück. Sie blieben, um das Los der deutschen Juden zu
mildern. Beide standen durch Vermittlung von Theodor
Heuss und Robert Bosch in Verbindung mit dem deutschen Widerstand um Carl Goerdeler. Leo Baeck überlebte im KZ Theresienstadt. Nach ihm wurden die 1955
gegründeten LB-Institute zur Erforschung der Geschichte
der deutschen Juden in London, New York und Jerusalem
benannt. Otto Hirsch wurde im Februar 1941 verhaftet
und im Mai 1941 in Mauthausen ermordet. Der frühere
Völkerbund-Kommissar James McDonald wurde 1948
erster amerikanischer Botschafter in Israel.

Wie Evian war die von den Alliierten einberufene Ber-
muda-Konferenz vom 19. bis 30. April 1943 zur Rettung
der europäischen Juden eine Alibi-Veranstaltung. Auch sie
hat keine Ergebnisse gezeigt, und die Juden Europas
wurden weiter in den Todesfabriken ermordet. Das alar-
mierende Telegramm Gerhard Riegners aus Genf nach
London und New York vom 8. August 1942, in dem zum
ersten Mal über die Massentötungen von 3,5 bis 4 Millionen Juden Europas durch Gas berichtet wurde, ist von den
Alliierten monatelang geheim gehalten worden. Trotz
zahlreicher Appelle jüdischer Organisationen, zuletzt am
8. August 1944, ist die Bombardierung von Auschwitz
von John McCloy, dem späteren amerikanischen Hochkommissar für Deutschland, als technisch unmöglich abgelehnt worden.

Fast vierzig Jahre später evozierte der US-Vizepräsident Walter Mondale den Ungeist von Evian, als er 1977 die Welt zur Aufnahme der vietnamesischen »boat people« aufrief, an deren Unglück Amerika nicht unschuldig war. Er sagte: »Evian begann mit vielen Hoffnungen, aber dort hat unsere Zivilisation die Prüfung nicht bestanden.« Die erste Amtshandlung des 1977 neu gewählten israelischen Ministerpräsidenten Begin war eine einfache, ohne Konsultation oder Beschluss des Parlaments getroffene Anweisung an die Passkontrolle im Flughafen Lod: Alle »boat people« sind sofort und bedingungslos aufzunehmen.

1998

»Auf einem Friedhof spielt man kein Theater«
Über das Ghetto Wilna

Joschua Sobols Stück »Ghetto« und das Leben der Juden in Wilna

Die Juden im Ghetto Wilna versuchten, wie die in allen anderen europäischen Ghettos eingepferchten Menschen, ihre menschliche Würde trotz der Demütigungen, Verfolgungen und der Massenmorde zu bewahren. Der Chronist des Ghettos Herman Kruk machte am 27. April 1942 die folgende Eintragung in seinem *Togbuch vun Wilner geto:*
»In der letzten Nacht fand im so genannten kleinen Ratssaal die Premiere des Ghetto-Theaters statt. Nach den Eröffnungsworten des Direktors Ing. Guchman gab es ein Konzert des Sinfonischen Orchesters unter Durmaschkin als Dirigent, ein Klavierkonzert und eine Lesung von dramatischen Texten. Die Aufführung verlief harmonisch, aber die Programmauswahl war chaotisch, was auf das Fehlen einer Planung hinweist. In den ersten Reihen saß die Elite, der Judenrat, die (jüdischen) Polizei-Offiziere, die Ingenieure, die Mechaniker und dann ... die Schriftsteller, Künstler und andere.«

Der junge Regisseur Wiskind begründete die Bedeutung des Theaters mit den Worten: »Wir sind verpflichtet, unsere Arbeit weiterzuführen und den Feind mit diesen, unseren Waffen zu bekämpfen. Schaffen wir uns unser Theater, erfreuen und ermutigen wir das Ghetto.« Die Bundisten, jüdische Sozialisten, waren zunächst anderer Meinung. Vor der ersten Vorstellung klebten sie auf die Theaterplakate die folgende Losung in jiddischer Sprache: »Ojf a bejssojlom spielt men nit kejn teater – Auf einem Friedhof spielt man kein Theater.« Trotzdem beschrieb der jiddische Dichter und Partisan Sutzkewer die Stimmung im Ghetto Wilna in seinem neunzigseitigen Beitrag im *Schwarzbuch* wie folgt: »Die Klänge des Sinfonieorchesters waren für die Ghettobewohner ein ebensolches

Lebenselixier wie für einen Lungenkranken die reine Bergluft. Dafür lohnte sich zu kämpfen. Es gab im Ghetto auch zwei Chöre, sie veranstalteten ebenfalls einige Konzerte, in denen das von den Deutschen zum Schweigen gebrachte jüdische Liedgut erklang.«

42 Jahre später, also Anfang 1984, erhielt der Dramatiker Joschua Sobol vom Kulturkanal des israelischen Fernsehens den Auftrag, einen Dokumentarfilm über die Jugendbewegungen in den europäischen Ghettos während des Krieges zu drehen. Bei den Recherchen erfuhr er von der Existenz des Theaters im Ghetto Wilna. Er fand den Dramaturgen dieses Theaters Israel Segal, der das Ghetto überlebt hatte und in der Nachbarschaft Sobols in Tel Aviv wohnte. Segal litt wie wir alle, die die Ghettos und KZ überlebten, an einer unheilbaren Krankheit, der Überlebensschuld. Besonders in Israel hatten es jene Überlebenden, die keine Möglichkeit hatten, Partisanen zu werden, sehr schwer. Nur die Helden des Widerstandes und natürlich die Veteranen der Kriege Israels genossen die Verehrung der Nation.

Mit dem sicheren Gespür eines Filmdokumentaristen und Theatermachers wusste Sobol beim ersten Gespräch mit Segal sofort, dass er auf eine Goldader gestoßen war. Sobol suchte sich aus den Hunderten von tragischen Geschichten und Begebenheiten diese Marginalie aus: das Ghettotheater. Segal verwies ihn auf die Quellen. Obwohl es seit 1945 in Israel und den USA viele Publikationen und Bücher über Wilna und den dortigen Widerstand gab, stützte sich Sobol hauptsächlich auf zwei Bücher: Zum einen auf Herman Kruks bereits erwähntes *Togbuch vun Wilner geto* von über 600 Seiten, das 1961 im jiddischen Original in New York erschien. Sobol benutzte eine siebzigseitige englische Zusammenfassung des Buches. Die meisten Informationen, Zitate, sogar die Witze im Stück, stammen aus diesem Werk. Das zweite Buch ist Schmerke Katscherginskis Anthologie *Dos gesang vun Wilner geto,* die 1947 in Paris erschien. In New York wurde 1948 die zweite Auflage unter dem Titel *Lieder vun getos un lagern* publiziert. Alle jiddischen Lieder des Stückes »Ghetto«, die in den Textbüchern sogar in Faksimile abgedruckt sind, stammen aus diesem Buch, ohne dass ihre Herkunft deklariert wurde.

Sobol beabsichtigt mit dem Stück »Ghetto«, den Ressentiments gegenüber den Opfern der Schoa neue Nahrung zu geben. Für uns in Deutschland stellt sich zusätzlich die Frage: Darf man in diesem Lande »Schoa business« betreiben, den Holocaust trivialisieren *und* darüber Theaterstücke inszenieren? Sobol schöpfte das Lebenswerk der erwähnten Autoren ab. Beide können sich gegen den Missbrauch ihrer Texte nicht wehren. Kruk ließ seine Tagebücher in einem Metallbehälter im Ghetto begraben. Nach dem Kriege wurden sie gefunden, ergänzt und veröffentlicht. Kruk selbst wurde am 19. September 1944 mit 47 Jahren im KZ Klooga in Estland ermordet. Katscherginski kam bei einem Flugzeugabsturz 1954 in Argentinien ums Leben. Beide sind Sobols unfreiwillige, unbekannte und geheim gehaltene Ko-Autoren.

Das Stück *Ghetto* wurde in Israel im Mai 1984 uraufgeführt. Simultan inszenierte Peter Zadek das Stück als europäische Uraufführung in Berlin. Wenige Wochen später, im Juli 1984 war die Premiere. Das Stück wurde also vom Anfang an für den Export konzipiert. Es ist ein gutes Mittel, um das schlechte Gewissen der Israelis zu beruhigen, weil die Juden Palästinas während des Krieges ebenso wenig für die Rettung der Brüder und Schwestern in Europa taten wie die Alliierten. Vor allem ist das Stück geeignet, Schuldgefühle der Deutschen wegen der Massenmorde an den Juden zu relativieren – mit der Behauptung, die Opfer seien passiv gewesen, trügen also Mitschuld.

Die meisten der Figuren Sobols tragen die richtigen Namen, Kittel, Gens, Kruk, Weisskopf usw. Stimmt die Behauptung Sobols, dass er, wenn auch künstlerisch dekoriert, die Wahrheit schildert? Ein jiddisches Sprichwort lautet: »A halber emes is a ganzer lign« – Eine halbe Wahrheit ist eine ganze Lüge. Im Stück *Ghetto* wird der Widerstand fast gänzlich ausgeblendet. Es gibt aber sonst *keine einzige* dokumentarische oder andere Darstellung des Geschehens im Ghetto Wilna *ohne* die Beschreibung des Widerstandes, der tapferen Partisanen um Itzik Wittenberg und Abba Kovner.

Was fehlt im Stück *Ghetto*? Nach dem Einmarsch der Wehrmacht am 24. Juni 1941 nahmen die Einsatzkommandos ihre blutige Tätigkeit auf. Bis Ende 1941 hatten die Massenmörder über 33000 von den 57000 Juden umgebracht. 12000 »legale« Juden mit gelben Scheinen, Ausweis einer produktiven Tätigkeit, sollten zunächst am Leben bleiben. Verstecke und Bunker, so genannte Malines wurden gebaut. Ungefähr 8000 »Illegale« versuchten so, ihrem schrecklichen Schicksal zu entgehen. Manche fühlten sich durch eine produktive Arbeit für die deutsche Rüstung geschützt.

In der Silvesternacht von 1941 auf 1942 versammelten sich 150 Aktivisten der zionistischen Organisationen in einer Suppenküche zu einer Gedenkveranstaltung für die Ermordeten von Ponary und zu einer Konferenz, die als Silvesterfeier getarnt wurde. Abba Kovner legte den Entwurf eines Aufrufs zur Gründung einer Widerstandsorganisation vor. Am 21. Januar 1943 wurde die »Fareinikte Partisaner Organisazje« (FPO) gegründet, die fünf ideologisch verschiedene Gruppierungen umfasste. Kommandant wurde der Kommunist Itzik Wittenberg. Die Mitglieder wurden in Gruppen zusammengefasst. 300 Kämpfer bildeten zwei Bataillone, mit vielen Frauen als vollberechtigte Kämpferinnen, weitere FPO-Mitglieder besorgten die Logistik, Nachrichten und die Infrastruktur. Die Waffen wurden auf dem Schwarzmarkt außerhalb des Ghettos gekauft oder aus deutschen Dienststellen entwendet. Es war ein Aufstand im Ghetto mit anschließender Flucht in die Wälder geplant. Die FPO organisierte mehrere Sabotage-Akte an Wehrmachtseinrichtungen. Witka Kempner und andere Kämpfer ließen einen Zug entgleisen.

Als zwei litauische Kommunisten im Nazigefängnis Itzik Wittenberg als Kommandanten des Widerstandes angaben, wurde er am 15. Juli 1943 verhaftet und in Ketten gelegt, anschließend jedoch von bewaffneten FPO-Männern befreit. Es war klar, dass die Deutschen dies als strafwürdige Provokation auffassen würden. Die FPO wurde in Alarmzustand versetzt. Die Gestapo stellte ein Ultimatum: Entweder stellte sich Wittenberg bis zum nächsten Morgen, oder das gesamte Ghetto würde ausradiert. Wittenberg stellte sich und beging kurz vor der Verhaftung am 16. Juli 1943 mit 36 Jahren Selbstmord. Das war der tragische »Wittenberg-Tag«, der die Geschichte des jüdischen Widerstandes überschatten sollte. Nach dem Tod Wittenbergs wurde Aba Kovner Kommandant der FPO. Er führte die Partisanen von Wilna in die Wälder von Rudniki, gründete dort jüdische Partisaneneinheiten und nahm an der Befreiung von Wilna teil. Das Gruppenfoto, das ihn und seine Mitkämpfer am Tag der Befreiung zeigt, zählt zu den bekanntesten Bilddokumenten des jüdischen Widerstandes.

Wie wurde das Stück, in dem das alles fehlt, in Deutschland aufgenommen? Sobol und Zadek injizierten dem deutschen Publikum Immunisierungsspritzen gegen die Kritik an den Aufführungen in Berlin, später in Wien und vielen anderen deutschen Bühnen, indem sie jüdische Darsteller, Regisseure, Sänger und Choreografen einsetzten. In Berlin und später in Hamburg waren das unter anderem Michael Degen, der in seiner Admiralsuniform jiddelte, Otto Tausig, Esther Ofarim, Giora Feidman. Zadek vertheaterte das Leiden der Wilnaer Juden mit frivolen Musicalgags, Varietészenen mit Akrobaten, Messerwerfern, Feuerkünstlern, Bodenturnern, Stepptänzern und Sexorgien mit drei jüdischen Huren. Die meisten Szenen waren grell und ordinär, ein skandalöser Verschnitt von Massenmord und Tingeltangel, ein Hohn auf die bescheidene, aber würdige wirkliche Aufführung im Ghetto Wilna. Die Wiener Immunisierung war noch wirkungsvoller als die in Berlin. Aus Israel wurden eingeflogen: der Regisseur Joseph Millo, Gadi Jagil als die Puppe, Miki Kam als Chaja, Ernst Cohen und weitere israelische Schauspieler. Die Musik war von Rafi Kadischsohn, die Tänze von Ruth Ayal.

Am Schluss mäht der SS-Mann Kittel alle Schauspieler auf der Bühne mit einer MG-Salve nieder. Entsetzen, Beifall unmöglich. Da erschien Giora Feidman mit seiner Klarinette auf der Bühne, spielte jiddische Lieder und alles ist wieder im Lot. Ekstatischer Beifall. Georg Hensel schrieb in der »FAZ« über die Schlussszene: »Es ist ein zerschmetternder, zerfetzender und erstickendes Schluss. Mit ihm ermordet wird auch alles, was man unter Theater versteht.«

Das Stück wurde von der Kritik stark gelobt, aber nur wenige Kritiker kamen auf die Idee, dass hier die schrecklichsten Verbrechen der Menschheitsgeschichte veralbert und verharmlost und die Opfer beleidigt und verleumdet wurden. Zu diesen wenigen Kritikern im deutschsprachigen Raum zählt Sigrid Löffler, die die abgemilderte Wiener Vorstellung im »Profil« rezensierte. Sie schrieb:

»Das Stück stellt die moralische Überlegenheit der Opfer in Frage. Es fragt nach der Mitschuld der Juden an dem, was ihnen angetan wurde. Es bricht das Tabu von der Unschuld der Opfer – mit der ganzen rigorosen Entschlossenheit, mit der gerade Trivialautoren gerne die heikelsten moralischen Probleme anpacken ... Sobol hat ähnlich wie vor ihm die amerikanischen Soap-Opera-Verfertiger den Holocaust seiner trivialen Kunstfertigkeit unterworfen. Mit der gleichen banalen Gekonntheit verarbeitet er den Völkermord als Unterhaltungsstück, präpariert ihn noch dazu als musikalische Klamotte – mit den Asbesthandschuhen des unerschrockenen Provokateurs ... Für deutsche und österreichische Erkenntnisarbeit am untilgbaren Makel der Nazibarbarei ist *Ghetto* ziemlich untauglich. Es hat im Gegenteil vielleicht die fatale Wirkung einer Schuldrelativierung. *Ghetto* als heimlicher Agent der Gewissensentlastung. Wie sollte es den Täter auch nicht erleichtern, wenn er die moralische Überlegenheit des Opfers zerbröseln sieht. Für das deutschsprachige Theater ist jede Aufführung von *Ghetto* nichts als ein spekulatives Stückchen Gratismut. Was riskiert man schon? Allenfalls den unerwünschten Beifall von alten und neuen Nazis ... Zadeks *Ghetto* ist einfach unverfroren, denn selbstverständlich ist der Versuch, den Holocaust auf die Bühne zu bringen, kitschig, Gräuelkitsch eben. Zadek hat den Blick in die Tiefenschichten des plattesten Kitsches. Ohne die ausweglose Tragik des verblendeten, unseligen, besudelten, unschuldigen Jakob Gens ist das ganze ruchlose *Ghetto*-Spektakel für die Katz.«

So urteilte eine Zuschauerin, die damals vermutlich noch nichts von Wittenberg, Kruk, Katscherginski, von den Wilnaer Partisanen wusste. Ich teile Sigrid Löfflers Meinung und habe natürlich noch weitere Gründe, die mit meiner Biografie und der Bibliografie meiner Arbeiten zum Thema Schoa und Widerstand zu tun haben.

Bei der Aufführung des Stückes in New York kam es zu einer Kontroverse zwischen Sobol und den anwesenden überlebenden Partisanen von Wilna, über die Josh Waletzky einen wunderbaren Dokumentarfilm machte: *The Partisans of Wilna*. Sobol schwieg sich zu den Vorwürfen aus, aber als Eli Wiesel das Stück in der »New York Times« gründlich verriss, hat er einen umfangreichen Leserbrief verfasst.

Das tragische Geschehen, das in der Ermordung Wittenbergs durch die Gestapo gipfelte, »schreit« geradezu nach einer dramatischen Bearbeitung. Man muss kein großer Theaterkünstler sein, um die wahren Begebenheiten aufzuarbeiten. Aber Sobol schweigt im Stück eisern darüber. Erst 1989, fünf Jahre später, zeigt er uns im Stück *Adam* einen gewissen Herrn Rolenik, der Wittenberg sein soll. Das Thema »Wilnaer Ghetto« hat Sobol mit einem dritten Stück *Untergrund* noch einmal behandelt.

Wittenberg ist die einzige Person, die Sobol im ersten *überhaupt nicht* und in den weiteren drei Stücken *nicht* bei ihrem richtigen Namen nennt, und das hat einen guten Grund. Wittenberg symbolisiert den Widerstand, dessen Darstellung die Grundlage der Stücke zerstören würde.

In Sobols Stück kommen nur zwei Deutsche vor. Der eine ist der SS-Mörder Kittel, der andere Dr. Paul vom Institut zur Erforschung der Judenfrage in Frankfurt. Beide Figuren werden von einem Schauspieler gespielt. Es gab in Wilna aber auch andere Deutsche, einer von ihnen war der Feldwebel Anton Schmid. Er war Leiter der Versprengten-Sammelstelle der Wehrmacht mit Amtssitz im Wilnaer Bahnhof. Er befreite viele Juden, brachte heimlich Essen ins Ghetto, versteckte Juden vor den SS-Schergen und arbeitete eng mit der Führung des jüdischen Widerstandes in Wilna und Białystok zusammen. In seiner Wohnung wurden die Pläne des Widerstandes beraten und koordiniert. Er wurde im Januar 1942 verhaftet und im April 1942 hingerichtet. 1964 wurde er in Jerusalem als »Gerechter unter den Völkern« geehrt. Er ist ein vergessener Held des deutschen *und* des jüdischen Widerstandes. Vielleicht schreibt Herr Sobol gelegentlich ein Stück über Anton Schmid. Warum eigentlich nicht?

1998

Judenretter in Wehrmachtsuniform.
Feldwebel Anton Schmid

Über Anton Schmid zu berichten, zählt aufgrund der schwierigen Quellenlage zu den eher problematischen Aufgaben der historischen Forschung. Wer gegen Gesetze und Anordnungen des NS-Staates oder Befehle der Wehrmacht verstieß, musste mit einer schweren Bestrafung und sehr oft mit dem Tode rechnen. Soldaten mit Zivilcourage mussten über ihre humanitären Taten schweigen und möglichst vermeiden, schriftliche Beweisstücke zu hinterlassen. Aus diesem Grunde gibt es kaum Quellen über den Mann, dessen Ruhmestaten bis heute so wenigen Menschen bekannt sind.

Die Juden in Wilna

Wilna, das »Jerusalem Litauens«, zählte seit Jahrhunderten zu den bedeutendsten geistigen Zentren der Juden. Hier blühten jüdische Wissenschaften, jiddische Kultur und Literatur. Neben den hoch geachteten rabbinischen Hochschulen wirkten hier auch Verfechter der »Haskala«, der Aufklärung. In Wilna wurde 1897 die bedeutendste jüdische sozialistische Partei der Welt, »Bund« genannt, gegründet. Das 1925 in Berlin gegründete YIVO-Institut zur Erforschung der jiddischen Sprache und Kultur hatte seinen Hauptsitz in Wilna, mit einer akademischen Lehranstalt und einer umfangreichen Bibliothek, deren kostbare Bestände später nach Deutschland verbracht wurden. Wilna war Hochburg sowohl der Zionisten aller Schattierungen wie auch der Bundisten. 1939 zählte die Stadt über 57 000 Juden. In Übereinstimmung mit dem Hitler-Stalin-Pakt besetzte die Rote Armee Wilna am 19. September 1939, aber schon im Oktober des gleichen Jahres wurde Wilna an die neu geschaffene Litauische Sowjetrepublik angeschlossen. Viele Juden, religiöse, zionistische und bürgerliche Persönlichkeiten, wurden nach der Sowjetunion deportiert, manche von ihnen starben dort oder wurden ermordet.

Bis zum Juni 1941 war das sowjetisch beherrschte Wilna der einzige Ort in Polen, von dem aus Juden legal nach Palästina auswandern konnten, denn nur dort wurden so genannte Zertifikate, Einreisegenehmigungen der britischen Mandatsregierung in Palästina, wenn auch in geringer Zahl, ausgestellt. Infolgedessen hielten sich fast alle Führer der zionistischen Jugendorganisationen Polens bei Kriegsausbruch 1941 dort auf.

Krieg und Besatzung in Wilna

Die ersten Massenmorde an Juden während des Russland-Feldzuges wurden am 24. Juni 1941 verübt, als im litauischen Grenzort Garsden die ersten Menschen, 201 an der Zahl, erschossen wurden. Am gleichen Tage marschierten deutsche Truppen in Wilna ein, wo sie von der litauischen Bevölkerung mit Blumen empfangen wurden. Die Besatzungsbehörden fingen sofort an, die Juden zu verfolgen. Es wurden Geiseln genommen und erschossen, die jüdischen Häftlinge aus dem Lukiszki-Gefängnis wurden in den Wäldern ermordet. Im Juli hat das Einsatzkommando neun unter Mithilfe litauischer Kollaborateure, die sich »Ypatingas Burys«, also Spezielle Abteilungen, nannten, während einer Straßenrazzia 5000 Juden ergriffen, in das zwölf Kilometer entfernte Ponary gebracht und sie dort ermordet. Die Gestapo streute Gerüchte, dass sich die Männer in einem Arbeitslager befinden würden. Im August wurde eine zivile Verwaltung eingesetzt. Litauen wurde Teil des Reichskommissariats Ostland. Vom 31. August bis zum 3. September 1941 wurden weitere 8000 Juden nach Ponary geführt und erschossen als Vergeltung für angebliche Überfälle auf deutsche Soldaten. Anschließend wurden zwei Ghettos errichtet, getrennt durch die Deutsche Straße. 30 000 Menschen wurden ins Ghetto

Nr. 1 umgesiedelt und etwa 10000 ins Ghetto Nr. 2. Es fanden weitere »Aktionen« statt, in deren Verlauf die Alten, Kranken und Kinder abgesondert und später in Ponary ermordet wurden. Bis Ende 1941 haben die Massenmörder über 33000 von den 57000 Juden Wilnas umgebracht. 12000 »legale« Juden mit gelben Scheinen, Ausweis einer produktiven Tätigkeit, sollten zunächst am Leben bleiben. Es wurden Verstecke und Bunker, so genannte Malines gebaut. Circa 8000 »Illegale« versuchten so, ihrem schrecklichen Schicksal zu entgehen. Manche glaubten sich durch die Arbeit für die deutsche Rüstung geschützt.

Warum wurden gerade die Juden von Wilna schon so früh umgebracht, und zwar mehrere Monate *vor* dem Mord an den 33771 Juden von Kiew am 29. und 30. September 1941? Christoph Dieckmann ist der Meinung, dass die sofortige Ermordung eines großen Teils der litauischen Juden ein Mittel war, um die bedrohlichen und unerwarteten Engpässe der Kriegswirtschaft zu mildern und gleichzeitig die sicherheitspolitischen Sorgen der Besatzungsbehörden zu verringern. Diese Betrachtungsweise lässt den Anteil der litauischen Kollaborateure an den Verfolgungen und Massenmorden, deren Bestialität ihresgleichen in allen besetzten Gebieten suchte, außer Acht. Die Mordlust der litauischen »Ypatingas« entwickelte eine Eigendynamik, die gut zum Konzept ihrer deutschen Herren passte. Die NS-Verfolger konnten ihre mörderischen Ziele mit relativ geringem personellem Einsatz erreichen.

Anton Schmid – die Stimme des Gewissens

Anton Schmid wurde am 9. Januar 1900 als Sohn eines Postbeamten in Wien geboren. Er war seit 1928 Inhaber eines Radiogeschäftes in Wien. Schmid gehörte keiner politischen Organisation an. Als gläubiger Christ und guter, tapferer Mensch hat er 1938 einigen jüdischen Bekannten zur Flucht ins Ausland verholfen. Nach Ausbruch des Krieges wurde er eingezogen und diente in Nachschubeinheiten des Heeres. Ab Februar 1940 war er Soldat eines Landesschützen-Bataillons in Stalowa Wola in Polen. Nach der Eroberung Litauens wurde seine Einheit, das Landesschützen-Bataillon 898, vermutlich im Spätsommer 1941 nach Wilna verlegt. Feldwebel Schmid wurde als Leiter der Versprengten-Sammelstelle der Wehrmacht in Wilna eingesetzt. Er hatte die Aufgabe, Soldaten, die, aus welchen Gründen auch immer, die Verbindung zu ihrem Truppenteil verloren hatten, an die Front zurückzuschicken. Seine Dienststelle befand sich im Wilnaer Bahnhof und in einigen dazugehörigen Gebäuden in der Kolejowastraße. Simon Wiesenthal, der Gelegenheit hatte, mit mehreren Wilnaer Juden zu sprechen, die Schmid kannten und dank ihm überlebten, schildert ihn so: »Schmid war von ruhigem Wesen, dachte viel nach und sprach wenig; unter seinen Kameraden hatte er wenig Freunde.«

Sein Freund Hermann Adler beschrieb ihn so:

»Er war ein schlichter, treuherziger, im Denken und Reden einförmiger und gesellschaftlich ungeschickter Mann, nicht religiös, er war kein Philosoph, las keine Zeitung, Bücher schon gar nicht, er war kein geistiger Mensch, seine alles überragende Eigenschaft war die Menschlichkeit.«

Wenn man Erzählungen und Berichte über seine für ihn lebensgefährlichen Hilfsaktionen liest, muss man sich wundern, wie er all das neben seinem regulären Dienst als Leiter der Versprengten-Sammelstelle bewältigen konnte. Im Zeitraum von wenigen Monaten, vom Spätsommer 1941 bis Januar 1942, hat er unglaubliche Heldentaten vollbracht. Er stellte Marschbefehle aus und transportierte mit seinem Wehrmachts-Lastwagen über 300 Juden aus Wilna nach Woronowo, Grodno, Białystok und Lida. Schmid hat ihnen damit zunächst das Leben gerettet. Je zwanzig bis 25 seiner Schützlinge mussten sich nach einem ausgeklügelten System in Schmids Werkstätten verstecken und auch oft übernachten, bis der Abfahrtstermin kam. Schmid beschäftigte in den seiner Sammelstelle angeschlossenen Werkstätten 140 Handwerker, die er mit gelben Scheinen ausstattete, was sie und ihre Familien vor Razzien schützte. Er versorgte sie auch mit Lebensmitteln. Mehrmals holte er »seine« Arbeiter aus dem Lukiszki-Gefängnis heraus. Außerdem beschäftigte Schmid in der Schreibstube seiner Dienststelle ein jüdisches Mädchen namens Luisa Emaitisaite. Schmid war es gelungen, den Abt des Klosters von Ostra Brama Andrzej Gdowski zu überzeugen, einen Taufschein auszustellen, mit welchem er für seinen Schützling »arische« Papiere organisieren konnte. Schmids enger Mitarbeiter in der Versprengtenstelle war Gefreiter Hupert, der den Krieg überlebte. Erst 1945 kam heraus, dass Hupert ein polnischer Jude aus Bielsko Biala war und eigentlich Salinger hieß. Die Zahl der von Schmid zeitweilig oder endgültig Geretteten festzustellen ist nicht möglich, denn er stellte neben den lebensrettenden gelben Scheinen, die im Ghetto »Todesurlaubsscheine« genannt wurden, auch viele »Durchlassscheine« aus, mit denen nichtjüdisch aussehende Ghettobewohner flüchten und mit der Bahn reisen konnten.

Schmid wollte auf Bitten seiner jüdischen Freunde nach Riga fahren, um den greisen Historiker Simon Dubnow, Autor der 1925–1929 in Berlin erschienenen zehnbändigen *Weltgeschichte des jüdischen Volkes,* zu finden und ihn in einem Versteck unterzubringen. Dubnow wurde aber kurz zuvor, Anfang Dezember 1941, erschossen.

Feldwebel Schmid war über das Geschehen in Wilna bestens informiert. Dieses Wissen musste der Grund dafür sein, dass er keinen Befehl, keine Anweisung oder kein Verbot seitens der Wehrmacht, SS, Gestapo oder Zivilverwaltung bezüglich der Juden beachtete. Seine eigenen Beobachtungen und Gefühle konnte er keinem seiner Kameraden oder Vorgesetzten mitteilen. Als Angehöriger der Besatzungsmacht hätte auch er, wie die meisten seiner Kameraden in Wilna, fern von der Front, ein sorgenloses, angenehmes Leben führen können. Er entschied sich aber, der Stimme seines Gewissens zu folgen, und bezahlte dafür mit seinem Leben.

Berichte über Anton Schmid

Bereits in den 1945 in Zürich und New York veröffentlichten Gedichten *Gesänge aus der Stadt des Todes* ge-
dachte Hermann Adler seines Freundes und Retters Anton
Schmid: »Mit diesen Balladen gedenke ich auch eines unbekannten Feldwebels aus Wien, Anton Schmid, der
durch ein deutsches Kriegsgericht zum Tode verurteilt
wurde, weil er Verfolgte rettete«. In seinem Werk *Ostra
Brama* legt er Schmid die folgenden Worte in den Mund:
»Krepieren muss jeder. Wenn ich aber wählen kann, ob
ich als Mörder oder als Helfender krepieren soll, dann
wähle ich den Tod als Helfer.«

Im Jahre 1951 wurde vom Jüdischen Historischen Institut in Warschau ein undatiertes, umfangreiches Dokument eines unbekannten Autors in jiddischer Original-
sprache veröffentlicht. Der Text des anonymen Autors
fängt mit folgenden Worten an: »Hier sei von einem Deutschen die Rede, einem Freund der Juden, der sich aufop-
ferte, um die Juden von Wilna den Händen ihrer Mörder
zu entreißen. Er soll für immer in unserem dankbaren Gedächtnis verbleiben.«

Derselbe Text wurde im jiddischen Original im Jahr-
buch des YIVO-Instituts in New York von Dr. Filip Friedman mit Anmerkungen versehen vorgestellt. Eine deutsche Fassung des Textes wurde 1956 von Léon Poliakov
und Josef Wulf veröffentlicht. Hermann Adler hat sich
in mehreren unveröffentlichten Briefen und Stellungnah-
men äußerst kritisch mit vielen Details des Berichtes auseinander gesetzt. Er war der Meinung, dass der Bericht
erst nach dem Kriege von einer Person verfasst wurde,
die nicht selbst Zeitzeuge war. Der Wilnaer Arzt und Widerstandskämpfer Dr. Meir Dworzecki veröffentlichte
1958 das Ergebnis seiner Recherchen über Anton Schmid
im Bulletin von Yad Vashem. Chaika Grossman, Partisanin in Wilna und Białystok, hat in ihren Memoiren
auch Anton Schmid erwähnt. Im neunzigseitigen Kapitel »Wilna« des von mir herausgegebenen *Schwarzbuchs*

über den Genozid an den sowjetischen Juden wird ebenfalls über Anton Schmid berichtet. Weitere Autoren sind Simon Wiesenthal, Kurt R. Grossman und die Partisanen Abba Kovner und Yitzhak Arad. Isaac Kowalski, der eine konspirative Druckerei des Widerstandes in Wilna betrieb, erzählt in seinem Buch über die Begegnung mit Schmid. Er stellte sich ihm mit folgenden Worten vor: »Ich bin Anton Schmid von der Versprengten-Sammelstelle und Soldat der verdammten Wehrmacht.« Seiner Bitte, ihm Papier und Farbe für seine Druckerei zu beschaffen, konnte Schmid zu seinem Bedauern jedoch nicht nachkommen. Alexander Bronowski gehörte zu den Juden, die von Schmid gerettet wurden. Er beschrieb die Fahrten mit Schmids Lastwagen von Wilna nach Woronowo, 62 km von Wilna entfernt, an der Grenze zwischen Litauen und Weißrussland. Laut Bronowski transportierte Schmid mehrmals wöchentlich zur Tarnung Baumstämme von Wilna nach Lida, hinter welchen er die Juden versteckte. Dort gab es noch kein Ghetto und keine Massenmorde.

Der Beschluss, die Juden Europas zu vernichten

Im Dezember 1941 häuften sich Ereignisse, die sowohl das Schicksal der Juden Europas bestimmen sollten wie auch mit der Gründung des jüdischen Widerstandes koinzidierten. Im kalten Winter 1941 kam der als Blitzkrieg geplante Feldzug »Barbarossa« vor Moskau und Leningrad zum Stillstand. Die sowjetische Gegenoffensive, die am 5. Dezember begonnen hatte und sich über 1000 Kilometer erstreckte, signalisierte ein Ende der deutschen Siege. Am 12. Dezember traf Hitler mit Reichs- und Gauleitern, sowie mit Bouhler und Brack zusammen. Am gleichen Tage schrieb Goebbels in seinem Tagebuch:

»Bezüglich der Judenfrage ist der Führer entschlossen, reinen Tisch zu machen. Er hat den Juden prophezeit, dass, wenn sie noch einmal einen Weltkrieg herbeiführen würden, sie dabei ihre Vernichtung erleben würden. Der Weltkrieg ist da, die Vernichtung des Judentums muss die notwendige Folge sein.«

Sechs Tage später, am 18. Dezember 1941, notierte Himmler nach einem Gespräch mit Hitler im Führerhauptquartier Wolfsschanze in seinem Diensttagebuch Folgendes:

»Führer Judenfrage. Als Partisanen auszurotten.«

Mit diesen fünf Worten war das Schicksal der Juden Europas besiegelt.

Am gleichen Tage, dem 18. Dezember, gab der Reichsminister für die besetzten Ostgebiete Alfred Rosenberg die folgende Weisung an den Reichskommissar für das Ostland Hinrich Lohse:

»In der Judenfrage dürfte inzwischen durch mündliche Besprechungen Klarheit geschaffen sein. Wirtschaftliche Belange sollen bei der Regelung des Problems grundsätzlich unberücksichtigt bleiben. Im Übrigen wird gebeten, auftauchende Fragen unmittelbar mit dem höheren SS- und Polizeiführer zu regeln.«

Der Beschluss der Juden, Widerstand zu leisten

Weitere zwölf Tage später, am 31. Dezember 1941, versammelten sich 150 Aktivisten der zionistischen Organisationen in der Suppenküche in der Straszuniastraße 2 zu einer Gedenkveranstaltung für die Ermordeten von Ponary und zu einer Konferenz, die als Silvesterfeier getarnt wurde. Anwesend war auch Tema Katz, der die Flucht aus Ponary gelungen war und die über die schrecklichen Morde berichtete. Abba Kovner, der bekannte jiddische Dichter und spätere Kommandant des Widerstands, legte den Entwurf eines Aufrufs vor, der in jiddischer und hebräischer Sprache vorgelesen und verabschiedet wurde.

*Jüdische Jugend! Glaubt nicht den Verführern. Von den
80000 Juden im »Jerusalem von Litauen« blieben nur
20000. Vor unseren Augen haben sie uns unsere Eltern,
Brüder und Schwestern entrissen. Wo sind die Hunderte
von Menschen, die von den litauischen Häschern zur Arbeit entführt wurden? ... Alle Wege der Gestapo führen
nach Ponary. Und Ponary ist der Tod! ...
Hitler beabsichtigt, alle Juden Europas zu vernichten. Es
ist das Schicksal der Juden Litauens, als erste an der Reihe
zu sein.
Lassen wir uns nicht wie Schafe zur Schlachtbank führen!
Es ist wahr, wir sind schwach und hilflos, aber die einzige
Antwort an den Feind lautet:
W i d e r s t a n d ! Brüder! Lieber als freie Kämpfer fallen,
als von der Gnade der Mörder leben. Widerstand leisten!
Widerstand bis zum letzten Atemzug!
1. Januar 1942. Wilna, im Ghetto.*

Im Aufruf wird zum ersten Male im besetzten Europa,
und zwar intuitiv und ohne dokumentarische Beweise, die
richtige Vermutung geäußert, dass Hitler die Vernichtung
des gesamten jüdischen Volkes beabsichtigt. Der Aufruf
wurde neunzehn Tage vor der Wannseekonferenz vom
20. Januar 1942 verfasst und verbreitet. Der Text gilt als
Gründungsdokument des jüdischen Widerstandes in Europa.

Drei Wochen später, am 21. Januar 1943, wurde von
Zionisten und Kommunisten die »Vareinikte Partisaner
Organisazje« (FPO) gegründet. Mit dem Beitritt des
»Bundes« umfasste die FPO fünf ideologisch verschiedene
Gruppierungen. Kommandant wurde der Kommunist It-
zik Wittenberg, der Verbindungen zu den sowjetischen
Partisanen herstellen sollte. Seine Vertreter waren der
Linkszionist Abba Kovner und der Rechtszionist Josef
Glasman. Die FPO-Mitglieder wurden zuerst in Dreier-
gruppen, später in »Quintette« zusammengefasst. 300
Kämpfer bildeten zwei Bataillone, darunter viele Frauen
als vollberechtigte Kämpferinnen. Weitere Hunderte be-

sorgten die Logistik und Infrastruktur. Es war ein Aufstand im Ghetto mit anschließender Flucht in die Wälder geplant. Waffen wurden durch Kauf und Entwendung aus deutschen Fabriken und Dienststellen besorgt.

Anton Schmid und der jüdische Widerstand

Ein wichtiger Aspekt des Wirkens von Anton Schmid hat in der Forschung bisher kaum Beachtung gefunden. Er hat nicht nur Leben gerettet, sondern auch einen wesentlichen Beitrag zum Aufbau der jüdischen Widerstandsbewegung in Polen geleistet. Seine Verdienste auf diesem Gebiet können nicht hoch genug eingeschätzt werden. Bald nach seinem Eintreffen in Wilna hatte Schmid Kontakte mit dem jüdischen Widerstand geknüpft. Reuben Ainsztein ist der Meinung, dass die bedeutendste Leistung der jüdischen Partisanen von Wilna war, die Idee vom bewaffneten Widerstand in die anderen jüdischen Zentren wie Warschau, Białystok und Bedzin zu tragen. Ohne Schmids Hilfe wäre das kaum möglich gewesen, denn er transportierte Dutzende von Widerstandskämpfern in andere Ghettos.

Die Verbindung zwischen den einzelnen Ghettos aufrechtzuerhalten war äußerst riskant. Nur wer »arisch« aussah, akzentfrei Polnisch sprach, entsprechende Papiere und einen so genannten Durchlassschein besaß, mutig und kaltblütig zugleich war, konnte eine Reise mit der Bahn wagen, trotz der häufigen Kontrollen durch die SS, den SD, die Gestapo, die Feldgendarmerie, die litauischen Milizen und andere Organe. Große Gefahr, sowohl für die Retter als auch für die Geretteten, ging auch von polnischen und litauischen Denunzianten aus.

Im Dezember 1941 erklärte sich Schmid bereit, eine Delegation des jüdischen Widerstandes in seinem Lastwagen nach Warschau zu bringen. Zur Delegation gehörte Edek Boraks, ein ehemaliger Soldat der polnischen Armee, der wegen seines jüdischen Aussehens nicht mit der Bahn reisen konnte. Er nahm später an den Kämpfen im Ghetto von

Białystok teil und wurde nach seiner Gefangennahme in Treblinka ermordet. Schlomo Entin, der ebenfalls mitfuhr, gehörte vor dem Kriege der Leitung der bürgerlich-zionistischen Jugendorganisation »Hanoar Hazioni« an. Er sah zwar sehr »arisch« aus, sprach aber Polnisch mit starkem jiddischem Akzent. Er wurde 1942 auf einer seiner vielen Kurierfahrten verhaftet und erschossen. Auch Israel Kempner und Jehuda Pinczewski fuhren mit nach Warschau. Die Widerstandskämpfer nahmen sofort Kontakt mit ihren Genossen im Ghetto auf. Niemand von ihnen überlebte. Doch dank Anton Schmids Hilfe sprang die Rebellion auf die anderen Ghettos in Polen über.

Anton Schmids Mitkämpfer und Mitkämpferinnen

Aus Gründen der Konspiration konnte Schmid nur mit wenigen Juden Kontakt haben. Zu diesen zählte Mordechai Tenenbaum, der geistige und militärische Urheber des bewaffneten Widerstands in ganz Polen. Er wurde Schmids Freund und Vertrauter.

Tenenbaum wurde 1916 in Warschau geboren. Auch er war vor dem Krieg einer der Leiter der zionistischen Jugendorganisation »Hechaluz« in Polen, war Autor vieler Artikel in der zionistischen Presse und studierte Orientalistik an der Warschauer Universität mit dem Schwerpunkt Türk-Sprachen. Dank dieser Sprachkenntnisse konnte sich Tenenbaum im Falle einer Kontrolle mit gefälschten Dokumenten als moslemischer Tatare namens Jussuf Tamarow ausweisen, was auch seine Beschneidung erklären würde. Mit Schmids Hilfe konnten 28 Hechaluz-Mitglieder von Wilna nach Białystok gelangen, wo sie am Aufstand teilnahmen. Tenenbaum reiste zu den großen jüdischen Zentren wie Warschau, Krakau und Tschenstochau, um den Widerstand zu organisieren. Er beschaffte Waffen, schrieb ein Tagebuch und legte ein großes Archiv an, das nach dem Kriege gefunden wurde. Tenenbaum kommandierte den Aufstand in Białystok vom 16. bis 20. August 1943 und ist, wie fast alle Kämpfer, gefallen. Er erhielt postum die höchste militärische Auszeichnung Polens.

Zu den wichtigsten Kontaktpersonen Schmids in Wilna zählte der 1911 in Nürnberg geborene Lehrer, Schriftsteller und Dichter Hermann Adler. 1934 kam Adler über Prag nach Krakau. Nach der Kapitulation Polens flüchtete er über Lemberg nach Wilna. Dort heiratete er die Wiener Opernsängerin Anita Distler; beide wurden Mitglieder des jüdischen Widerstandes. Durch Zufall lernten sie Anton Schmid kennen. Sie besorgten sich »arische« Papiere und lebten nun auf Drängen Anton Schmids in seiner Wohnung, von wo aus sie die Rettungsaktionen in enger Zusammenarbeit mit dem Widerstand organisierten. Nach vielen Abenteuern kamen sie kurz vor Kriegsende 1945 über Bergen-Belsen nach Basel. Anita Adler starb dort 1998, Hermann Adler am 17. Februar 2000.

Schmids Wohnung war Treffpunkt des jüdischen Widerstandes. Dort konnten sich die Kuriere von den Strapazen und Gefahren ihrer Reisen erholen und neue Aufträge entgegennehmen. Drei Kämpferinnen und Kuriere des Widerstandes, die von Anton Schmid unterstützt wurden, seien hier vorgestellt.

Die in Warschau geborene Lebens- und Kampfgefährtin Tenenbaums Tema Sznajderman reiste mit ihm nach Wilna. Als Kurier hat sie als Erste die Nachricht von den Massenmorden an den Juden Wilnas in Ponary in Warschau verbreitet. Als angebliche Polin Wanda Majewska fuhr sie in alle jüdischen Zentren Polens. In Tenenbaums Auftrag reiste sie mit einer großen Geldsumme für die jüdische Kampforganisation von Białystok nach Warschau. Sie nahm an den ersten Kämpfen im Warschauer Ghetto im Januar 1943 teil, wo sie mit 25 Jahren fiel.

Auch Lonka Kozibrodzka gehörte zum engsten Kreis der Vertrauten Schmids. Sie war eine der aktivsten Widerstandskämpferinnen Polens. Sie studierte Romanistik in Warschau und sprach akzentfrei Polnisch und Ukrainisch, aber auch gut Deutsch. Lonka begab sich in alle Ghettos

Polens, wohin sie Zeitungen, Berichte, Geld und Waffen transportierte. Auf ihrer letzten Kurierfahrt im April 1942 wurde sie bei einer Bahnkontrolle in Malkinia mit vier Pistolen im Gepäck verhaftet und ins berüchtigte Pawiak-Gefängnis in Warschau gebracht. Der Gestapo ist es trotz Folter nicht gelungen, ihre wahre jüdische Identität aufzudecken. Deshalb ist sie im November 1942 mit 56 polnischen Widerstandskämpfern als Polin nach Auschwitz deportiert worden, wo sie, im März 1943 an Typhus erkrankt, mit 26 Jahren starb.

Die 1919 geborene Chaika Grossman gehörte vor dem Kriege zur Führung der linkszionistischen Jugendorganisation »Haschomer Hazair«. Mit Abba Kovner und Mordechai Tenenbaum nahm sie an der Gründung des Widerstandes in Wilna und später in Białystok teil. Dort beteiligte sie sich am Aufstand im Ghetto und kämpfte später als Partisanin. In ihren Erinnerungen beschreibt sie auch die Begegnungen mit Anton Schmid. Ihre Kameradin Witka Kempner hatte ihr eines Tages von einem jüdischen Paar aus Deutschland und Österreich – die Frau sei früher Sängerin in Wien gewesen (es waren die Adlers) – erzählt, die in Wilna einen alten Bekannten aus Wien trafen, einen Offizier der Besatzungsarmee namens Schmid:

»Er ist ein anständiger Mensch, Wiener, er kommt mit Leuten gut zurecht und ist intelligent. Er leitet eine Sammelstelle für Soldaten, die ihre Einheiten verloren haben. Er verfügt über Autos, Papiere, alles, was du willst. Kurzum, dieser Offizier hat eine Rettungsaktion gestartet. Wir mussten mit ihm in Verbindung treten. Mordechai Tenenbaum hat jetzt Kontakt zu ihm, er wird dich mit ihm bekannt machen. Jedenfalls hieß es plötzlich, er könne mehrere Leute, das heißt (angebliche) Polen, nach Warschau mitnehmen. Auf welchem Weg, war noch nicht klar. Er meinte, wenn er sie sicher bis Grodno brächte, würde er sich das Weitere überlegen.

An einem Sabbat-Abend gingen Mordechai (Tenenbaum-Tamarow), Esther (Jaffe) von den Revisionisten (Rechtszionisten) und ich zu Schmidt. Wir meldeten uns mit dem vereinbarten Klopfzeichen, und schon standen wir in Schmids Wohnung. Sie bestand aus drei nicht allzu großen Räumen, einer davon war sein Schlafzimmer. Ein Bett, ein Schrank, ein Tisch. In den anderen Räumen herrschte ein heilloses Durcheinander. An den Wänden standen Betten, auf den bloßen Matratzen lagen dünne Decken. Der Boden war mit Essensresten beschmutzt. Hier hielten sich offensichtlich die Flüchtlinge auf. Schmid war hochgewachsen, hübsch und hatte ein nettes Gesicht. Er durchbohrte mich mit seinem Blick: ›Ihr seid von Haschomer Hazair (Linkszionisten), nicht wahr? Mordechai hat es mir erzählt. Ja, ich kann mich gut an die Zionisten in Wien erinnern.‹«

Anton Schmid und Abba Kovner

Am 27. Tag des Eichmann-Prozesses in Jerusalem, der am 10. April 1961 begann, schilderte Abba Kovner die Hilfsaktionen Anton Schmids für den Widerstand in Wilna. Kovner: »Die Taten von Anton Schmid zählen zu den verblüffendsten und seltensten Episoden in der Geschichte dieser Zeit.« Kovner sagte vor Gericht aus, wie er Anfang Januar 1942 in Schmids Wohnung auf die Ankunft eines Kuriers des Widerstandes wartete, die sich sehr verzögerte. Beide waren sehr nervös und tranken einige Schnäpse. Beim Gespräch fragte Kovner den deutschen Unteroffizier, wer für die massenhafte Ermordung der Juden von Wilna zuständig und verantwortlich sei. Es wurden dabei die Namen Schweinberger, Hingst, Murer, Weiß und Lohse erwähnt. Kovner wiederholte die Aussage von Schmid, wonach es einen »Hund« namens Eichmann gäbe, der alles organisiere. Kovner: »Da ich diesen Namen zum ersten Mal hörte und nicht wusste, wer er war, wollte ich weitere Einzelheiten erfahren.«

Der Staatsanwalt: »Erinnern Sie sich an seine Worte? Was hat er auf Deutsch gesagt?«

Kovner: »Die alle haben nichts zu sagen; es gibt einen

Hund, der Eichmann heißt, und der arrangiert alles.« Dieser Satz ist im deutschen Original des Gerichtsprotokolls verzeichnet.

So beschrieb Hannah Arendt in ihrem Buch *Eichmann in Jerusalem* die Zeugenvernehmung des Kommandanten der Partisanen von Wilna Abba Kovner:

»Im Zeugenstand befand sich Abba Kovner, ein Dichter und Schriftsteller ... In diese recht gespannte Atmosphäre fiel zufällig der Name Anton Schmids, der diesem Publikum nicht unbekannt war, da Yad Vashems hebräisches Bulletin die Geschichte dieses ehemaligen Feldwebels der deutschen Wehrmacht einige Jahre zuvor veröffentlicht und eine Anzahl jiddischer Zeitungen in Amerika sie aufgegriffen hatte ... Im Verlauf seiner Tätigkeit war er (Schmid) auf Mitglieder der jüdischen Untergrundbewegung gestoßen, darunter auf Herrn Kovner, ein prominentes Mitglied, und er hatte den jüdischen Partisanen mit gefälschten Papieren und Wehrmachtsfahrzeugen geholfen. ... In Kovners Aussage wurde zum ersten und letzten Male eine solche Geschichte über einen Deutschen erzählt, denn der einzige andere Fall, in dem es sich um einen Deutschen handelte, kam nur in einem Dokument vor; ein Wehrmachtsoffizier hatte indirekt geholfen, durch die Sabotage gewisser Polizeianordnungen; ihm war nichts geschehen, aber die Sache war doch für ernst genug gehalten worden, um in der Korrespondenz zwischen Himmler und Bormann vorzukommen.

Während der wenigen Minuten, die Kovner brauchte, um über die Hilfe eines deutschen Feldwebels zu erzählen, lag Stille über dem Gerichtssaal; es war, als habe die Menge spontan beschlossen, die üblichen zwei Minuten des Schweigens zu Ehren des Mannes Anton Schmid einzuhalten. Und in diesen zwei Minuten, die wie ein plötzlicher Lichtstrahl inmitten dichter, undurchdringlicher Finsternis waren, zeichnete ein einziger Gedanke sich ab, klar, unwiderlegbar, unbezweifelbar: wie vollkommen anders alles heute wäre, in diesem Gerichtssaal, in Israel, in Deutschland, in ganz Europa, vielleicht in allen Ländern der Welt, wenn es mehr solcher Geschichten zu erzählen gäbe.«

Aba Kovner war eine der bekanntesten Gestalten des jüdischen Widerstandes. Nach dem tragischen Tode von Itzik Wittenberg im Juli 1943 übernahm Kovner das Kommando der Partisanenorganisation in Wilna. Er leitete die Flucht der jüdischen Kämpfer in die Wälder von Rudniki, wo er die jüdische Partisaneneinheit »Nekome« – Rache, kommandierte, die auch im Juli 1944 an den Kämpfen zur Befreiung Wilnas teilnahm. Das Gruppenfoto von Kovner mit seinen Kameraden vom 14. Juli 1944 gehört zu den bekanntesten Bilddokumenten des jüdischen Widerstandes.

Andere nichtjüdische Retter in Wilna

Zeitgleich mit Anton Schmid setzten sich noch weitere deutsche und polnische Christen für die Rettung der Juden in Wilna ein. Der 1897 in Darmstadt geborene Karl Plagge war während des Krieges als Major Chef des Heereskraftparks HKP 562 in Wilna. In diesem Wehrmachtbetrieb beschäftigte er Hunderte von jüdischen Zwangsarbeitern, die er bis zum Schluss beschützte, so ähnlich wie Oskar Schindler. Sehr wahrscheinlich hat Major Plagge die Lastwagen Anton Schmids gewartet und repariert; ob sie miteinander über ihre jeweiligen Aktionen und jüdischen Schützlinge sprachen, ist nicht überliefert.

Der Abt Andrzej Gdowski hat etliche Juden aus Wilna in seinem Kloster Ostra Brama versteckt und ihnen so das Leben gerettet. Den frommen unter ihnen stellte er einen verborgenen Raum für den Gottesdienst zur Verfügung. Wie bereits erwähnt, hat er auch Taufurkunden ausgestellt, mit denen sich Juden reguläre »arische« Papiere besorgen konnten.

Irena Adamowicz gehörte vor 1939 zur nationalen Leitung des weiblichen Pfadfinderbundes in Polen. Sie stammte aus einer aristokratischen Familie. Während des Krie-

ges zählte die fromme Katholikin zu den mutigsten
Kurieren des jüdischen Widerstandes. Zusammen mit
gleich gesinnten christlichen Freundinnen stellte sie die
Verbindung zwischen den in den Ghettos von Warschau,
Kowno, Białystok und Wilna eingesperrten Juden her.

Anna Borkowska war während des Krieges Äbtissin des
Dominikanerinnen-Klosters in Kolonia Wilejska bei Wilna.
Mit Zustimmung und Hilfe des Erzbischofs Jalbrzy-
kowski, der den ihm unterstellten Klerus zur Rettung der
Juden aufforderte, versteckte sie in ihrem Kloster zeitweilig mehrere Führer des jüdischen Widerstandes, unter ihnen Abba Kovner, Arie Wilner, Edek Boraks. Die ersten
vier Granaten des jüdischen Widerstandes in Wilna waren
ein Geschenk von »Ima« (das hebräische Wort für Mutter); so wurde Anna Borkowska von den jüdischen Partisanen genannt. Die Nonnen haben für ihre Rettungsaktionen teuer bezahlt. Das Kloster wurde zerstört, einige
Schwestern verhaftet und zu Lagerhaft verurteilt.

Gefährliche Gegenspieler

Der kleine Wehrmachts-Feldwebel Schmid hatte mächtige
Gegenspieler. Der Gebietskommissar von Wilna und
Sturmbannführer der SA Hans Christian Hingst war Chef
der räuberischen Zivilverwaltung, die hohe Kontributio-
nen von den Juden Wilnas einforderte. Obersturmführer
Rolf Neugebauer leitete die Gestapo und die Sipo. SS-
Oberscharführer Horst Schweinberger war Vorgesetzter
der litauischen Mörder »Ypatingas Burys« und leitete bis
1942 die Erschießungen in Ponary. Der Mörder und
Schönling gab sich als zart besaiteter Kunstliebhaber aus.
SS-Hauptscharführer Martin Weiß war Chef der Gefängnisse von Wilna und ab 1942 Leiter des Sonderkommandos. Er wurde »Herr von Ponary« genannt. Bruno Kittel,
der vor dem Kriege Filmschauspieler und Saxofonspieler
war, leitete das Judenreferat der Gestapo. Sein Vertreter
war August Hering. Nach Kittel war SS-Hauptsturmfüh-

rer Meyer Leiter des Judenreferats. Der erst 24 Jahre alte Franz Murer war Referent für Judenfragen beim Gebietskommissar Hingst. Eines Tages fand Murer bei der Kontrolle von zwanzig Zwangsarbeitern ein Kilogramm Mehl. Er ließ alle zwanzig Juden nach Ponary bringen, wo er persönlich ihre Ermordung überwachte. Simon Wiesenthal spürte ihn nach dem Kriege auf. Er wurde in der Sowjetunion zu 25 Jahren Haft verurteilt, aber schon 1955 nach Wien entlassen, wo er zunächst untertauchen konnte. Ein zweiter Prozess, nachdem Wiesenthal ihn erneut ausfindig gemacht hatte, endete mit einem Freispruch.

Die mörderischen litauischen Kollaborateure »Ypatingas Burys« unterstanden der Einsatzgruppe A, später dem SD Wilna und wurden vom Offizier der litauischen Armee Jusas Sidlauskas befehligt, dem Balis Norvaisas folgte.

Die letzte Silvesterfeier
des Feldwebels Schmid

Als am 31. Dezember 1941 die Vereinigte Partisanenorganisation in Wilna gegründet wurde, waren einige Führer des Widerstandes wie der Linkszionist Mordechai Tenenbaum und die Vertreterin der Rechtszionisten in Wilna Esther Jaffe nicht anwesend, denn Anton Schmid hatte sie eingeladen, den Silvesterabend mit ihm zu verbringen. Die 1916 in Wilna geborene Jaffe war aktives Mitglied der Partisanengruppe von Jechiel Scheinbaum; sie fiel 1944 bei Kowno. An jenem letzten Abend des Jahres 1941 ernannte Tenenbaum Feldwebel Schmid zum Ehrenmitglied der zionistischen Organisation; er nahm die Auszeichnung mit Freuden an. Ahnte Schmid, dass es die letzte Silvesterfeier seines Lebens sein sollte?

Anton Schmid wurde in der zweiten Januarhälfte 1942 verhaftet und in das Militärgefängnis in der Stefanskastraße gebracht. Als das Ghetto in Lida Ende 1941 errichtet wurde, fiel den Gestapobeamten auf, dass dort viele Juden aus Wilna lebten. Mehrere von ihnen wurden ver-

haftet und sagten unter Folter aus, wie sie aus Wilna nach
Lida gekommen waren. Das Verfahren gegen Anton
Schmid fand am 25. Februar 1942 vor dem Kriegsgericht
der Feldkommandantur 814 der Wehrmacht in Wilna
statt. Der militärische Pflichtverteidiger wollte Schmids
Kopf retten, indem er behauptete, dass der Angeklagte die
Juden transportierte, weil er glaubte, dass sie von der
Wehrmacht als Arbeitskräfte gebraucht würden. Schmid
verwarf diese Argumentation und bekannte sich ausdrücklich dazu, dass er die Juden transportiert hätte, um
sie vor dem Tode zu retten. Das Gericht verurteilte Feldwebel Schmid nach § 90 des Militär-Strafgesetzbuches
und § 32 des Reichs-Strafgesetzbuches zum Tode. Das Urteil wurde am 13. April 1942 um fünfzehn Uhr durch Erschießen vollstreckt, nachdem ein Gnadengesuch abgelehnt worden war. Kurz vor der Hinrichtung wurde Anton
Schmid in der Todeszelle vom katholischen Militärpfarrer
Fritz Kropp besucht. Schmid empfing von ihm die Heiligen
Sakramente. Er wurde am Rande des Soldatenfriedhofs im
Stadtteil Antokol begraben. In einem Abschiedsbrief an
seine Frau Steffi und seine Tochter Gerta, den der Pfarrer
in Empfang nahm und weiterleitete, hieß es:

»Ich kann Dir heute schon alles über mein Schicksal,
das mich ereilte, mitteilen ... Es ist leider so, bin zum Tode
verurteilt vom Kriegsgericht in Wilna. Man kann nichts
dagegen machen als ein Gnadengesuch, glaube aber, dass
es abgewiesen wird, da bis jetzt alle abgewiesen wurden.
Aber meine Lieben, darum Kopf hoch. Ich habe mich damit abgefunden, und das Schicksal wollte es so. Es ist
oben von unserem lieben Gott bestimmt, daran lässt sich
nichts ändern. Ich bin heute ruhig, dass ich es selber nicht
glauben kann, aber unser lieber Gott hat es so gewollt und
mich stark gemacht. Hoffe, dass Er Euch ebenso stark
macht wie mich. Will Dir noch mitteilen, wie das Ganze
kam. Hier waren sehr viele Juden, die vom litauischen Militär zusammengetrieben und auf einer Wiese außerhalb
der Stadt erschossen wurden, immer so 2–3000 Menschen. Die Kinder haben sie auf dem Wege gleich an die

Bäume angeschlagen usw., kannst Dir ja denken. Ich musste, was ich nicht wollte, die Versprengtenstelle übernehmen, wo 140 Juden arbeiteten. Die baten mich, ich soll sie von hier wegbringen. Da ließ ich mich überreden. Du weißt ja, wie mir ist, mit meinem weichen Herzen. Ich konnte nicht denken und half ihnen, was schlecht war, von Gerichts wegen.

Denke Dir, meine liebe Steffi und Gerta, dass es ein harter Schlag ist für uns, aber bitte, bitte verzeiht mir. Ich habe nur als Mensch gehandelt und wollte ja niemandem wehtun.

Wenn Ihr, meine Lieben, das Schreiben in Euren Händen habt, dann bin ich nicht mehr auf Erden. Werde Euch auch nicht mehr schreiben können, aber seid sicher, dass wir uns wiedersehen in einer besseren Welt bei unserem lieben Gott.«

Schmid hat die Morde an den Juden dem »litauischen Militär« zugeschrieben, das es gar nicht gab. Er konnte die SS-Mörder und ihre litauischen Henker nicht beim Namen nennen, weil der Brief sonst der Zensur zum Opfer gefallen wäre, denn die »Endlösung« war Geheime Reichssache.

Der Pfarrer Fritz Kropp schrieb an Schmids Witwe:
»Ich erfülle hiermit die traurige Pflicht, Ihnen die letzten Zeilen Ihres lieben Mannes zu übermitteln. Am Montag, dem 13. IV., um 15 Uhr musste er Abschied von dieser Welt nehmen. Ich war in den letzten Stunden bei ihm, um ihm den seelsorgerischen Beistand zu leisten. Er hat noch einmal die Heiligen Sakramente empfangen und sich mit Gebet und dem Worte Gottes stark gemacht, und er blieb auch stark bis zum Letzten. Seine letzten Worte waren das Vaterunser, das ich noch mit ihm betete. Sein letztes Anliegen und sein letzter Wunsch war, dass auch Sie stark bleiben möchten und sich trösten möchten.«

Pfarrer Kropp wirkte nach dem Kriege als Religionslehrer in Ansbach in Bayern, wo er hochbetagt starb.

Frau Schmid erzählte nach dem Kriege, dass sie in Wien viel auszustehen hatte, als bekannt wurde, dass ihr Mann für die Rettung von Juden hingerichtet worden war. Mehrere Nachbarn beschimpften ihren Mann als Landesverräter und schlugen ihre Fenster ein. Simon Wiesenthal erwirkte beim sowjetischen Botschafter in Wien ein Besuchsvisum für Frau Schmid, Tochter und Schwiegersohn nach Wilna. Am 29. Oktober 1965 kam die Familie über Minsk nach Wilna.

Die Ehrungen

Am 22. Dezember 1964 hat Yad Vashem beschlossen, Anton Schmid mit der Ehrung »Gerechter der Völker« auszuzeichnen. Es hat über fünfundzwanzig lange Jahre seit seinem Tode gedauert, bis der Witwe Anton Schmids am 16. Mai 1967, dem 19. Unabhängigkeitstag Israels, die Plakette und Ehrenurkunde der »Gerechten der Völker« vom israelischen Botschafter in Wien Dr. Michael Simon überreicht wurde. Anwesend waren u.a. der Bundeskanzler Dr. Josef Klaus, Kardinal König und der Oberbürgermeister Wiens Bruno Marek. Erst am 27. Juli 1988 konnte Hermann Adler einen Baum in der »Allee der Gerechten« in Jerusalem pflanzen.
1968 wurde der von Hans Günter Imlau produzierte Dokumentarspielfilm *Feldwebel Schmid* mit Karl Michael Vogler in der Titelrolle vom ZDF gesendet. Imlau war während des Krieges ein Freund und Helfer Hermann Adlers in Warschau, nach dessen Drehbuch der Film gedreht wurde. Am 26. April 1972 fand in Schmids Heimatbezirk Wien-Brigittenau anlässlich des 30. Todestages eine Gedenkveranstaltung statt, bei welcher auch der Film über Schmid, erstmalig in Österreich, gezeigt wurde. Ebenfalls in Brigittenau wurde 1990 eine städtische Wohnanlage in der Pappenheimergasse nach Schmid benannt. Am 8. Mai 2000 wurde die Heeresflugabwehr-Schule der Bundeswehr in Rendsburg nach Feldwebel Anton Schmid benannt. Bundesverteidigungsminister Rudolf Scharping sagte bei der Feier, »Feldwebel Anton Schmid hat Tapfer-

keit, Mut und Zivilcourage bewiesen ... Erzählen Sie die Geschichte des Feldwebels Anton Schmid weiter, damit sich die Zeit, in der er leben musste und umkam, nie wiederholt.«

Außer Adler hat kein deutscher Schriftsteller oder Dichter etwas über Anton Schmid geschrieben. Der bedeutende englische Lyriker Thom Gunn hat ihm in einem Gedicht 1967 ein literarisches Denkmal gesetzt.

Epitaph für Anton Schmid

Die Schmids gehorchten, machten Kriege.
 Es zog auch Anton Schmid nach Polen,
 Doch ungewöhnlich war sein Tun,
 Er hat sich dort nicht reichgestohlen.
 War Ruhe, Wärme, Menschlichkeit
 Im Feldwebelantlitz zu lesen?
 Glich es nicht dem der andern Schmids,
 Dem Antlitz abgestumpfter Wesen?
 Ich weiß, sein Blick hob ihn heraus,
 Den konnten Befehle nicht verdrehen,
 Er wollte in den Menschen nicht
 Nur Götter und Knechte sehen.
 Ein halbes Jahr, bis zur Erschießung,
 Am nächsten war ihm nie sein Hemd,
 Verhalf den Juden er zur Flucht –
 nicht sein Volk und ihm fremd ...

2000

Jüdische Widerstandskämpfer und Soldaten

Jüdischer Widerstand in Europa

In jedem besetzten Land Europas mussten die Widerstandsbewegungen die Möglichkeiten und Risiken aller gegen die Besatzer geplanten Maßnahmen wegen der brutalen Repressalien der Nazis vorsichtig abwägen. Der europäische Widerstand hat im Allgemeinen keine Aktionen geplant, durch die das Leben aller oder eines Teils seiner Mitglieder aufs Spiel gesetzt worden wäre. Ausnahmen waren der kommunistische Widerstand und die sowjetische Partisanenbewegung. Nicht den Toten, sondern den Lebenden galt der Kampf zur Befreiung ihres Landes und für die Freiheit der Menschen.

Die Juden hatten mehr Gründe zum Widerstand als die nichtjüdischen Menschen im besetzten Europa, aber gleichzeitig die ungünstigsten Voraussetzungen zum bewaffneten Kampf. Nichtbefolgung der Anordnungen der Besatzungsbehörden war die erste Widerstandsform der jüdischen Bevölkerung, die sich in allen besetzten Ländern feststellen lässt. Die Juden betrieben eine bedeutende illegale Wirtschaft, die sie vor dem frühen Hungertode bewahrte, sie übten weiter ihre Religion aus und schufen in mehreren ost- und westeuropäischen Ländern konspirative Presse- und Bildungseinrichtungen sowie Jugendorganisationen.

Die unmittelbar nach der deutschen Okkupation erlassenen Verordnungen schränkten die Bewegungsfreiheit der Juden ein; die Errichtung von Ghettos sollte auch die Kommunikation und Kooperation zwischen den jüdischen Zentren verhindern. Es ist allgemein bekannt, dass die meisten Juden, die in die Lager gebracht wurden, bis zuletzt nicht glauben konnten, dass sie dem Tod geweiht waren. Aber selbst wenn die meisten von ihnen um ihr Schicksal gewusst hätten, wie hätten sie reagieren sollen und können?

Erst im weiteren Verlauf des Krieges wurde immer deutlicher, dass die Nationalsozialisten die Auslöschung des ganzen jüdischen Volkes planten. Aus diesem Grunde tickten die Uhren der Juden anders als die der Nichtjuden in den von den Deutschen besetzten Gebieten. Die meisten Führer der jüdischen Gemeinden versuchten, die Vernichtung mit Hilfe aller erdenklichen Manöver, durch Bestechung und List oder dadurch abzuwenden, dass sie viele Juden als arbeitsfähig und unentbehrlich hervorhoben. Selbst wenn es ihnen nicht gelang, das Leben aller Juden zu retten, so konnte die Verzögerungstaktik doch wenigstens einige vor dem Tod bewahren. Die Nichtjuden dagegen konnten den Krieg zunächst aussitzen, um erst gegen dessen Ende loszuschlagen. Diese Option hatten die von der vollständigen Auslöschung bedrohten Juden nicht. Sie mussten, soweit es überhaupt möglich war, sofort handeln.

Welche Möglichkeiten des Widerstandes blieben den Juden gegen eine Übermacht, die beschlossen hatte, sie zu vernichten? Mit welchen Mitteln konnte die unvorbereitete jüdische Bevölkerung der drohenden Vernichtung trotzen? Sie besaß keine Waffen, konnte sich nicht frei bewegen und war von Feinden umgeben. Unzählige Hemmnisse standen einem frühen, organisierten und bewaffneten Widerstand im Weg. Die Verfolger und ihre Kollaborateure wandten raffinierte Mittel der Täuschung, Lüge, Desinformation und Erpressung an, Sippenhaft und individuellen und kollektiven Terror, um Widerstand von vornherein zu unterbinden. Not und Hunger taten das ihre, um die Juden zu entmutigen. Die totale Macht der Deutschen und ihre frühen Erfolge an allen Fronten des Krieges ließen den Gegner als unbesiegbar erscheinen. Die jüdischen Kampforganisationen in den polnischen und baltischen Ghettos mussten sich mit den Judenräten auseinander setzen, die immer noch

an die »Rettung durch Arbeit« für die deutsche Kriegswirtschaft glaubten. Dieser Glaube war nicht unbegrün-
det, denn Deutschland führte einen totalen Krieg und
war auf die Millionen von Arbeitskräften, auch Juden,
angewiesen.

Die antisemitische Propaganda der Nazis fiel bei der
christlichen Bevölkerung auf fruchtbaren Boden und verstärkte, besonders in Osteuropa, alteingesessene Vorurteile. Die Ukrainer haben zum großen Teil die deutschen
Truppen als Befreier begeistert empfangen und dienten in
Freiwilligen-SS-Verbänden oder als brutale Wachen in KZ
und Vernichtungslagern. Auch viele Polen wurden vom
Antisemitismus der Besatzer angesteckt und denunzierten
Juden, die sich versteckt hielten. Mehrere Einheiten der
polnischen Untergrundarmee »Armia Krajowa« haben jüdische Partisanen verfolgt und getötet.

Es grenzt deshalb an ein Wunder, dass die Juden überhaupt Widerstand leisteten. Der jüdische Widerstand gegen die Nationalsozialisten zeichnete sich durch eine Fülle
von Formen aus. Sie waren Ergebnis zahlreicher Faktoren:
ideologische Motivation, Charakter der jüdischen und
nichtjüdischen Gesellschaft in den einzelnen Ländern, die
Einstellung der Letzteren gegenüber den Juden, topo-
grafische Bedingungen, Härte und Tempo des Vorgehens
der Besatzungsbehörden. Die allmählich durchsickernden
Nachrichten über die Massenmorde in den Vernichtungslagern motivierten die jüngeren Juden, meistens Mitglieder zionistischer und anderer Organisationen, den Widerstand als letzten Kampf um Ehre und menschliche
Würde zu wagen.

In vielen Ghettos entstanden konspirative Widerstandsorganisationen und Kampfgruppen. Wer zu den Partisanen ging, wusste, dass er seine Eltern und Familie nicht
nur schutzlos zurückließ, sondern sie auch wegen der Sip-
penhaftung dem Tode preisgab. Und trotz alledem: In
Zentral- und Ostpolen, in Weißrussland, Litauen und in
der Ukraine kämpften 30000 Juden als Partisanen. In
24 Ghettos in Polen wurde Widerstand geleistet. In über

hundert Ghettos in Weißrussland und im Baltikum gab es
bewaffnete Widerstandsgruppen. Bis zu 10000 Juden
flüchteten aus dem Minsker Ghetto und erreichten die
von Partisanen beherrschten Wälder. Die meisten haben
aber nicht überlebt; sie fielen im Kampf, verhungerten
oder wurden ermordet.

Die jüdische Beteiligung an den Widerstandsbewegungen war zweifellos von besonderer Bedeutung. In manchen Regionen zählten sie sogar zu den Begründern und
Organisatoren von Widerstandsgruppen, die sich dem
Kampf gegen die nationalsozialistischen Besatzer ver-
schrieben hatten. In einigen Ländern wurden Juden jedoch aus verschiedenen Gründen nicht in Untergrundbewegungen aufgenommen. Oft wurden sie diskriminiert
und angefeindet, oder man drohte, sie zu ermorden. Es
lassen sich kaum alle Hindernisse aufzählen, gegen die
Juden zu kämpfen hatten, wenn sie sich dem gemeinsamen Widerstand anschließen wollten. Daher ist es aus
politischen und menschlichen Gründen geradezu unsere
Pflicht, über den kühnen und mutigen Einsatz dieses Volkes zu berichten.

Die Beschaffung der Waffen war das wichtigste und zugleich schwierigste Problem aller jüdischen Widerstandskämpfer, sowohl in den Ghettos wie auch in den Partisanen-Einheiten, wo der Besitz einer Waffe Bedingung für
die Aufnahme war. Eine Besonderheit des jüdischen Widerstandes waren mehrere Familienlager, die von den Partisanen in den Wäldern Polens errichtet, unterhalten und
verteidigt wurden. Das größte war das Bielski-Lager, in
dem 1200 jüdische Partisanen, alte Männer, Frauen und
Kinder kämpften und überlebten.

Der bekannteste und stärkste Ausdruck des Willens zum
Widerstand war der Aufstand im Warschauer Ghetto. Über
die Aufstände in anderen Ghettos, wie Wilna und Białystok ist weit weniger, über die jüdischen Stadtguerillas
von Krakau z.B. ist fast nichts bekannt. Die Widerstandskämpfer in den Ghettos waren bereit, mit der gesamten
Bevölkerung zu sterben. Sie schlossen deshalb eine Flucht

aus dem Ghetto in ihren Planungen aus und waren bereit, für die Ehre des jüdischen Volkes den höchsten Preis zu bezahlen.

Fast nichts ist über die Aufstände in KZ und Vernichtungslagern Auschwitz, Treblinka, Sobibor, Kowno, Chelmno oder Trawniki bekannt. Sie wurden ausschließlich von jüdischen Häftlingen geplant und durchgeführt. Nur wenige Überlebende konnten über das Geschehen berichten. Die meisten Vernichtungslager wurden nach den Aufständen von der SS liquidiert.

In Westeuropa kämpften die Juden in nationalen und kommunistischen Widerstandsgruppen, in Frankreich und Belgien auch in eigenen jüdischen Kampforganisationen. Der Widerstand der Juden Frankreichs gehört zu den ruhmreichsten Kapiteln der jüdischen Geschichte. Die Mitglieder der jüdischen Sektion der Résistance-Formation FTP-MOI, die als Stadtpartisanen in Paris kämpften, sind der Stolz des französischen Widerstandes. Viele von ihnen sind gefallen oder im berüchtigten Schauprozess um das »Affiche Rouge« zum Tode verurteilt und hingerichtet worden.

Die 1988 von der Historikerin Anne Grynberg zusammengestellte Bibliografie über den jüdischen Widerstand in Frankreich zählt 61 Bücher und andere Publikationen in französischer Sprache. Hinzuzurechnen sind viele Bücher und Essays in Jiddisch. Über fünfzig Juden, Offiziere, Soldaten, Flieger und Partisanen erhielten den höchsten Orden Frankreichs »Compagnon de la Liberation«.

Kein Widerstandskämpfer wiegte sich je in der Illusion, dass er und seine Waffenbrüder das mächtige Dritte Reich besiegen könnten. Das konnten nur Millionen von alliierten Soldaten vollbringen. Das Kredo der meisten jüdischen Widerstandskämpfer war:

»Wir kämpfen und sterben für die Ehre des jüdischen Volkes, für einige Zeilen in den Geschichtsbüchern.«

Stimmen der Täter
über den Widerstand der Juden

Die deutsche Führung hatte in Bezug auf die jüdischen Widerstandskämpfer eine andere Meinung als die meist jüdischen Negierer des Widerstandes. Am 20. April 1943, am Tag von des »Führers Geburtstag« und einen Tag nach Ausbruch des Aufstandes im Warschauer Ghetto, schrieb der Generalgouverneur Dr. Hans Frank in einem Brief an Hitler:

»In der heutigen, aus Anlass des Führergeburtstages abgehaltenen Sitzung der Regierung des Generalgouvernements Polen beherrschte die Entwicklung der Sicherheitslage das Bild. In der Tat entwickelt sich diese unter Einfluss verschiedenster Umstände in geradezu gefährlichster Weise. Seit gestern haben wir in Warschau einen bereits von Geschützen zu bekämpfenden wohlorganisierten Aufstand im Ghetto. Die Morde an den Deutschen nehmen in furchtbarer Weise zu. Züge werden überfallen, Transportwege völlig unsicher gemacht. Die Bandenbildung entwickelt sich in grassierender Weise. Ich sehe zurzeit die Verantwortung für das Leben der Deutschen im Generalgouvernement Gott allein anvertraut.«

Ein weiteres Beispiel. In der Nacht vom 22. April 1943, dem dritten Tag des Aufstandes im Warschauer Ghetto, konnte Heinrich Himmler nicht schlafen. Er schickte um 00.42 Uhr das folgende Fernschreiben an seine Untergebenen, die Polizeigeneräle in Krakau und Warschau:

»Die Durchkämmung des Ghettos in Warschau ist mit größerer Härte und Unnachsichtgkeit zu vollziehen. Je härter zugepackt wird, desto besser ist es. Gerade die Vorfälle zeigen, wie gefährlich diese Juden sind. Gez. H. Himmler.«

SS-Gruppenführer und Generalleutnant der Polizei Fritz Katzmann, Chef der Polizei in Galizien, schreibt in seinem Bericht:

»Je geringer die Zahl der noch verbleibenden Juden wurde, umso größer wurde der Widerstand. Waffen aller Art, darunter insbesondere solche italienischer Herkunft, wurden zur Verteidigung benutzt. Diese italienischen Waffen kauften die Juden von den im Distrikt stationierten italienischen Soldaten gegen hohe Zlotybeträge auf. Unterirdische Bunker wurden festgestellt, deren Eingänge meisterhaft getarnt, z. T. in den Wohnungen, z. T. auch im Freien lagen.«

Briefe des Kommissars für Weißrussland Kube und viele Berichte der SS aus den besetzten Gebieten in Ost- und Westeuropa beweisen, dass es bedeutenden jüdischen Widerstand gab. Diese Berichte sind oft die einzigen Beweise für die Existenz von jüdischen Widerstandskämpfern, weil die meisten von ihnen im Kampf gefallen sind.

Die Geschichtsschreibung über den Massenmord an den europäischen Juden stützt sich zu einem überwältigenden Teil auf die Akten der Täter. Die Massenmörder waren gute Bürokraten; dieser Tatsache verdanken wir Abertausende von Belegen für ihre Verbrechen. Gerade weil diese Täterakten nicht für die Allgemeinheit bestimmt waren, sind sie glaubwürdig und damit unentbehrliche Quellen für die Holocaust-Forschung. Bereits eine zweite Generation von Forschern beschäftigt sich mit den Naziakten, diesen papierenen Pyramiden. Doch wo bleiben die Berichte über oder von den Opfern?

Jüdischer Widerstand in Deutschland

In Deutschland gab es bis zum 20. Juli 1944 praktisch keinen bewaffneten Widerstand. Aber auch der politische Widerstand in einem totalitären, gleichgeschalteten Polizeistaat war fast unmöglich. Trotzdem hat es viele Formen jüdischer Auflehnung gegen staatliche Maßnahmen gegeben, die man dem politischen Widerstand zurechnen kann. Dabei muss Folgendes bedacht werden: Die jüdische Gemeinschaft war isoliert und wehrlos. Jüdische Gemeinden waren Gesamtgeiseln und mussten später im Krieg für die Handlungen ihrer Jugendlichen büßen. Ein Beispiel: Als Vergeltung für den Anschlag auf die Nazi-

Propagandaausstellung »Das Sowjetparadies« im Berliner Lustgarten durch die jüdische Widerstandsgruppe von Herbert Baum im Mai 1942 wurden 500 Juden verhaftet, von denen die Hälfte sofort von der SS erschossen und die restlichen 250 später im KZ Sachsenhausen liquidiert wurden. Fast alle Mitglieder der Baum-Gruppe wurden in mehreren Prozessen vor dem Volksgerichtshof zum Tode verurteilt und hingerichtet. Jüdische Funktionäre hatten vergeblich versucht, die Aktion der Baum-Gruppe, die ihrer Ansicht nach niemandem nutzte, zu unterbinden. Da die verbliebenen jüdischen Führer 1942 nicht mit Sicherheit wissen konnten, dass das Todesurteil über alle Juden bereits ausgesprochen war, muss man ihre kritische Haltung verstehen. Hunderte von jüdischen Aktivisten wurden im Verlauf der Aufdeckung und Zerschlagung von Widerstandsgruppen inhaftiert, und viele setzten ihre Arbeit selbst in den Konzentrationslagern fort.

Aber deutsche Juden konnten sehr wohl – nach ihrer Emigration – den Kampf aufnehmen, und das haben sie auch getan. Hunderte Freiwillige kämpften im spanischen Bürgerkrieg, Tausende deutscher Juden dienten in den Armeen der Alliierten. Viele von ihnen dienten als Freiwillige in Kommandotruppen, die gefährliche, fast selbstmörderische Aktionen durchführten. Bei Gefangennahme waren sie als Deutsche besonders gefährdet. Später stießen Tausende von Juden aus Deutschland zu den Untergrundbewegungen der besetzten Länder. Sie kämpften in der Résistance, in Italien, in Jugoslawien und in anderen Widerstandsbewegungen. Der antifaschistische Aktivismus wurde überwiegend von jüdischen Jugendlichen getragen, die sich in erster Linie der deutschen Arbeiterbewegung und nicht der jüdischen Gemeinschaft verpflichtet fühlten.

Nach der Pogromnacht erklärte die verfolgte konspirative Leitung der KPD ihre Solidarität mit den verfolgten Juden. Die »Rote Fahne«, das illegale Organ der KPD, brachte im November 1938 eine Sonderausgabe unter dem Titel *Gegen die Schmach der Judenpogrome!* Später wurden die Juden allerdings aus den kommunistischen Organisationen ausgegrenzt, da sie ihre nichtjüdischen Genossen mehr gefährdeten als ihnen dienten. Die Kommunisten haben die größten Opfer gebracht und deshalb waren und bleiben sie die Helden des deutschen Widerstandes.

Relativ wenige Historiker haben die Geschichte des Widerstands deutscher Juden erforscht. Zu ihnen zählen Helmut Eschwege, Konrad Kwiet und Arnold Paucker, der folgende Zahlen über die Beteiligung der Juden am Widerstand innerhalb Deutschlands nennt. Ungefähr 2000 Juden waren zwischen 1933 und 1943 zu verschiedenen Zeitpunkten aktiv in der direkten Untergrundarbeit tätig gewesen. Wenn man dabei bedenkt, dass die jüdische Bevölkerung vom Januar 1933 bis zum Kriegsausbruch im September 1939 wegen der forcierten Auswanderung von 550 000 auf 200 000 zusammenschmolz, und dies prozentual zur deutschen Bevölkerung setzt, würde die jüdische Ziffer einer Massenbewegung von 600 000 bis 700 000 aktiven deutschen Antifaschisten entsprechen. Und davon konnte doch nicht die Rede sein! Es hat also in Deutschland durchaus einen höchst eindrucksvollen jüdischen Widerstand gegen den Nationalsozialismus gegeben.

Hechaluz, eine zionistische Rettungs-, Flucht- und Widerstandsorganisation in Ost- und Westeuropa

In allen jüdischen Zentren Europas existierten zahlreiche zionistische Jugendorganisationen, die während der deutschen Besatzung die meisten Kader und Kämpfer des jüdischen Widerstandes stellten. Sie erreichten selbst während der schwierigsten Periode der Verfolgung dank des Idealismus ihrer Mitglieder einen hohen und sehr effektiven Organisationsstand. Fast alle Widerstandsbewegungen in Osteuropa wurden von zionistischen Vorkriegs-Funktionären gegründet.

Besonders die linkszionistische Jugendorganisation Hechaluz konnte dank ihrer straffen Organisation in ganz Europa Hervorragendes bei der Rettung jüdischer Kinder und Jugendlicher und durch ihre Beteiligung am bewaffneten Kampf leisten.

Neben der Weltzentrale in Genf operierten Hechaluz-Zentralen in Pressburg und in Budapest. Es konnten Fluchtwege, Unterkünfte, falsche Papiere und Verpflegung für Tausende von aus Polen und anderen osteuropäischen Ländern geflüchtete Juden organisiert werden, weil die Slowakei, Ungarn und Rumänien als Verbündete Deutschlands zunächst noch nicht ins Programm der Ermordung ihrer jüdischen Bewohner einbezogen wurden. Der Hechaluz organisierte viele landwirtschaftliche Schulungszentren, die ihren Mitgliedern Schutz und Zuflucht boten. Der Hechaluz war auch in Deutschland und Österreich aktiv und sorgte für Geld, Pässe ausländischer Staaten und den Kontakt der Zentralen untereinander. Es wurden Fluchtwege aus Holland, Belgien und Frankreich nach der Schweiz und nach Spanien gesucht.

Von zionistischen Jugendorganisationen in Frankreich wurden Tausende von Kindern versteckt oder in die Schweiz geschmuggelt. Auch der bewaffnete Widerstand der Armee Juive wurde von zionistischen Jugend- und Pfadfinderorganisationen formiert.

Frankreich

Rettung der jüdischen Kinder

Die größte Errungenschaft des zivilen und militärischen jüdischen Widerstandes ist die Rettung von 73 Prozent der Juden Frankreichs und von 72000 jüdischen Kindern. Damit haben 86 Prozent aller jüdischen Kinder überlebt! Dies wäre ohne die großartige Hilfe der französischen Gesellschaft, der Kirchen und des allgemeinen Widerstandes nicht möglich gewesen.

Marianne Cohn aus Berlin – Heldin der Résistance
Marianne Cohn (konspirativer Name: Colin) aus Berlin
wurde 1921 geboren. Im Jahr 1935 musste die Familie
nach Frankreich flüchten. Ab 1941 widmete sich Marianne als Mitglied des jüdischen Widerstandes der Rettung
von Kindern. Das Städtchen Annemasse an der Schweizer
Grenze diente als letzte Etappe beim Schmuggeln der Kinder in die Schweiz. Emmanuel Racine, dessen Schwester
Mila kurz zuvor verhaftet und hingerichtet worden war,
organisierte einen Transport von 28 jüdischen Kindern im
Alter von vier bis fünfzehn Jahren. Emmanuel und Marianne sammelten die Kinder in Lyon und brachten sie, versteckt in einem Lastwagen, am 31. Mai 1944 an die
Schweizer Grenze. Kurz davor hielt eine Streife der SS sie
an. Alle Kinder und die Begleitung wurden verhaftet und
ins provisorische deutsche Gefängnis in Annemasse eingeliefert. Marianne wurde tagelang gefoltert, denn sie weigerte sich beharrlich, die Fluchtrouten und die Vertrau-
ensleute der Fluchtorganisation zu verraten.

Der Bürgermeister von Annemasse Jean Deffaugt stellte
die Deutschen unerschrocken zur Rede, indem er sie des
Verbrechens beschuldigte, kleine Kinder eingekerkert zu
haben. Daraufhin wurden siebzehn Kinder freigelassen.
Marianne, fünf Jungen und sechs Mädchen blieben jedoch
im Gefängnis. Bürgermeister Deffaugt plante einen kühnen Streich: Marianne sollte bei der Fahrt zur Arbeit mit
einem Wagen der Résistance flüchten. Als sie von dem
Plan hörte, bat sie um eine Nacht Bedenkzeit. Am nächsten Morgen lehnte sie das Angebot ab, weil sie vorhersah,
dass die Deutschen Rache an den kleinen Häftlingen üben
würden. Sie sagte: »Ich muss meine Pflicht den Kindern
gegenüber bis zum Ende erfüllen!«

Am 3. Juli 1944 holte die Gestapo drei Frauen, unter
ihnen Marianne Cohn, aus dem Gefängnis. Am 22. Juli
forderte der Kommandant von Annemasse, Mayer, den
Bürgermeister auf, die elf Kinder zu einem Transport
bereitzustellen. Deffaugt bettelte den Offizier an und
versprach ihm, sie anderweitig und unter eigener Verant-

wortungtungsdokument und versteckte die Kinder im Sommerlager der Pfarrei St. Joseph, wo sie die Befreiung erlebten. Annemasse wurde am 21. August 1944 befreit. Im Oktober 1968 wurde Jean Deffaugt mit dem Titel »Gerechter der Völker« in Jerusalem geehrt und in der Allee der Gerechten ein Baum auf seinen Namen gepflanzt.

Marianne Cohn wurde am 8. Juli 1944, im Alter von 23 Jahren, ermordet. Die Kinder wurden nach Annemasse zurückgebracht und übergaben ihren Betreuern ein Gedicht, das Marianne Cohn im Gefängnis verfasst hatte. Es wurde in Frankreich veröffentlicht; es gehört zur Lyrik der Résistance:

Ich werde morgen verraten, heute nicht

> Ich werde morgen verraten, heute nicht.
> Heute reißt mir die Nägel aus.
> Ich werde nichts verraten.
> Ihr kennt die Grenze meines Mutes nicht.
> Ich kenn' sie.
> Ihr seid fünf harte Pranken mit Ringen.
> Ihr habt Schuhe an den Füßen.
> Mit Nägeln beschlagen.
> Ich werde morgen verraten, heute nicht,
> Morgen.
> Ich brauch' die Nacht, um mich zu entschließen,
> Ich brauch' wenigstens eine Nacht
> um zu leugnen, abzuschwören, zu verraten.

Holland

Gerhard Badrian –
ein unerschrockener Stadtpartisan aus Beuthen

Gerhard Badrian wurde 1906 in Beuthen/Oberschlesien geboren und emigrierte 1934 in die Niederlande, wo er später führendes Mitglied des holländischen Widerstandes wurde. Seine Unerschrockenheit und Chuzpe waren legendär.

1943 erschien er in SS-Uniform im Amsterdamer Polizeipräsidium und verlangte mit gefälschten Übernahmescheinen die Übergabe von inhaftierten Widerstandskämpfern.

Als eine ihm bekannte kranke Jüdin zum Abtransport auserwählt wurde, erschien er in der Uniform eines deutschen Generals im Krankenhaus, um die Kranke abzuholen.

Badrian kündigte in der niederländischen Staatsdruckerei in Den Haag telefonisch seinen Kontrollbesuch als SD-Führer an, dann überwältigte er den Betriebsleiter und nahm 10000 Blanko-Personalausweise mit.

Um die Tausende von untergetauchten Juden und Nichtjuden mit Ausweisen zu versorgen, mussten sie in Mengen gefälscht werden. Die größte Fälscherzentrale des europäischen Widerstandes war die »Persoonsbewijscentrale« (PBC) in Amsterdam. Diese stellte etwa 70000 Personalausweise und Tausende von Dokumenten her. Hundert Helfer verteilten die gefälschten Dokumente an die richtigen Empfänger. Diese Organisation wurde von Badrian gegründet und geleitet.

Nach einer fieberhaften Treibjagd wurde er am 30. Juni 1944 von einem Kommando der Sicherheitspolizei gestellt. Badrian wehrte sich mit der Waffe und fiel im Feuergefecht.

Anschließend wurde die Fälscherzentrale entdeckt. Die requirierten Materialien, wie Wehrmachtsuniformen, Waffen, Munition, Hunderte von Ausweisen, Stempel und Tausende von Kontrollsiegeln, füllten eine dreiseitige Liste.

Belgien

Georges und Alexander Livschitz

Am 19. April 1943, am Tag des Aufstandes im Warschauer Ghetto, griffen die Brüder Dr. Georges und Alexander Livschitz und ein weiterer Kamerad eigenmächtig den Deportationszug Nr. 20 von Malines nach Auschwitz auf offener Strecke an, obwohl die zentrale Widerstandsorganisation Belgiens diese Operation verboten hatte, und zwar mit der Begründung, dass sie das Leben ihrer Kämpfer nicht für eine derart gefährliche Aktion riskieren möchte. Nur mit einer Pistole bewaffnet hielt Livschitz die Zugwachen in Schach. 231 Todgeweihte sprangen während der Schießerei ab, unter ihnen der Spanienkämpfer und Hauptmann der Internationalen Brigaden Sandor Weiß, der ein Jahr später im Kampf fiel. 23 Juden wurden erschossen. Beim Überfall auf den Zug gab es acht Verletzte, die ins Krankenhaus in Tirlemont gebracht wurden. Sie sollten mit dem nächsten Transport nach Auschwitz fahren. Der jüdische Widerstand beschloss, sie zu retten. Es wurde eine Ambulanz des Roten Kreuzes requiriert. Mit zwei weiteren Fahrzeugen fuhren die Kämpfer ins Hospital, überwältigten die Wachen, fesselten sie, kleideten die Verwundeten an und fuhren nach Brüssel. Im ersten Auto fuhren Partisanen mit Maschinenpistolen. In der Stadtmitte von Tirlemont sperrte die deutsche Feldgendarmerie die Straße ab. Die Partisanen eröffneten das Feuer und konnten mit den Verwundeten entkommen. Sie mussten jedoch ihr von Kugeln durchsiebtes Auto im Wald zurücklassen und kamen erst am nächsten Morgen nach Brüssel zurück. Unglücklicherweise war einer der Fahrer ein Gestapospitzel, so dass einige der Verwundeten festgenommen wurden.

Dies war der einzige in Europa bekannte Fall eines Angriffs auf einen Deportationszug nach Auschwitz. Auch beim Transport Nr. 16 am 31. Oktober 1942 flohen mehrere Juden. Insgesamt konnten sich 571 Juden durch Flucht aus Zügen retten. Livschitz wurde kurze Zeit später verhaftet, konnte aber fliehen. Er versuchte nach Holland zu entkommen, wurde gefasst und im Februar 1944, wie auch sein Bruder, hingerichtet. Viele jüdische Widerstandskämpfer wurden verhaftet oder nach Prozessen sofort hingerichtet oder nach Auschwitz deportiert. Eine von ihnen war auch Mala Zimetbaum aus Antwerpen, die Heldin des Widerstandes in Auschwitz.

Juden in den alliierten Armeen

Die Juden kämpften nicht nur im Widerstand, sondern auch als Soldaten und oft als Freiwillige in allen alliierten Armeen: Insgesamt waren es 1,5 Millionen jüdische Soldaten und Offiziere; je eine halbe Million in der amerikanischen und in der Roten Armee und weitere Hunderttausende in zehn Armeen der Verbündeten, einschließlich der 30 000 jüdischen Freiwilligen aus Palästina, die in der britischen Armee und in der Jüdischen Brigade dienten. Bereits seit 1936 kämpften über 6000 jüdische Freiwillige in den Internationalen Brigaden des spanischen Bürgerkrieges mit der Waffe in der Hand gegen die Faschistenkoalition, viele von ihnen in der jüdischen Einheit »Botwin«. 150 jüdische Generäle, Soldaten und Partisanen wurden mit der höchsten Tapferkeitsauszeichnung »Held der Sowjetunion« geehrt. Rita Rosani aus Triest war die einzige gefallene Partisanin Italiens; der dreizehnjährige jüdische Partisan Franco Cisano fiel als einziges italienisches Kind. Beide wurden postum mit der höchsten Tapferkeitsauszeichnung geehrt. Esther Ovadia erhielt postum den Orden »Nationalheldin Jugoslawiens«.

Jüdische Freiwillige aus Palästina in der britischen Armee

Sofort nach Ausbruch des Krieges 1939 meldeten sich Tausende Männer und Frauen in Palästina als Freiwillige zum Dienst in der britischen Armee. Sie wollten in eigenen jüdi-

schen Einheiten kämpfen. Die britischen Vorbehalte gegen
größere jüdische Truppenverbände schmolzen dahin, als sich
Rommels Truppen El-Alamein näherten. Nun wurden die
Juden dringend gebraucht, sowohl an der Front als auch für
die Territorialverteidigung Palästinas und des Nahen Ostens,
auch vor den mit den Achsenmächten sympathisierenden
Arabern. Es meldeten sich circa 30000 jüdische Palästinen-
ser zum Dienst in allen Truppenteilen, unter ihnen 4500
Frauen. Sie dienten in Infanterie, Artillerie, Pioniertruppe,
Nachrichten, Waffentechnik, Quartiermeisterei, Transport,
Sanitätswesen und Kommandotruppen. In der königlichen
Marine dienten 1200 Juden als Matrosen, Maschinisten,
Köche, Stewards, Funker, Schreiber, Sanitäter und Handwer-
ker. 3000 Juden dienten in der Royal Air Force, davon 1000
Frauen. Der ehemalige Staatspräsident Israels, Eser Weiz-
man, war bereits mit siebzehn Jahren Freiwilliger bei der
Luftwaffe und einer der ersten Jagdflieger aus Palästina.

Die Juden dienten außerdem als Hafenarbeiter in den
Fronthäfen des Nahen Ostens und Nordafrikas, bei der Kü-
stenartillerie Palästinas, als Transporttruppe und im Kampf
gegen die Vichy-Verbände in Syrien. Sogar mehrere hundert Veteranen des Ersten Weltkrieges meldeten sich noch
einmal zur Armee. Über 250 jüdische Ärzte sorgten für die
Kranken und Verwundeten an allen Fronten des Krieges.

Darüber hinaus meldeten sich 27000 Juden als Freiwillige zum Dienst als Polizisten und Hilfspolizisten der
britischen Mandatspolizei. Sie sorgten für die innere
Ordnung des Landes und sicherten die Grenzen zum Libanon und Syrien, Gebiete, die von Vichy-Frankreich
kontrolliert wurden. Im Lauf des Krieges wünschten viele jüdische Soldaten, aus ihren Einheiten in der britischen, südafrikanischen und kanadischen Armee zu pa-
lästinensischen Einheiten versetzt zu werden, was auch
geschah. Auch deutsch-jüdische Flüchtlinge aus England kamen als Freiwillige in diese Einheiten. Viele von
ihnen kämpften in Kommandotruppen hinter der Front.
Auch die Kämpfe dieser Freiwilligen sind ein nur wenig
bekanntes Kapitel des jüdischen Widerstandes.

Die Jüdische Brigade

Vier lange Jahre forderten die Juden Palästinas eine eigene Einheit innerhalb der britischen Armee, die der Truppenstärke der jüdischen Freiwilligen entsprechen sollte. Doch immer wieder wurden diese Vorschläge abgelehnt. War es Rücksichtnahme auf die Araber oder eher die Furcht der britischen Generäle und des Kolonialministers vor der Bildung eines Offizierkorps für den zukünftigen unabhängigen jüdischen Staat, was verhindert werden sollte? Erst das Bekanntwerden der Massenmorde an den Juden Europas ließ im Laufe des Jahres 1942 alle Argumente wider den Kampf der Juden gegen die Mörder ihres Volkes als die faulen Ausreden erscheinen, die sie von Anfang an gewesen waren.

Endlich beschloss das britische Verteidigungsministerium am 20. September 1944 die Aufstellung der Jewish Brigade Group, der Jüdischen Brigade, die aus drei Infanterieregimentern mit den entsprechenden Hilfstruppen wie Flugabwehr und Artillerie bestand und über eine Mannschaftsstärke von 5000 Soldaten, alles Freiwillige, verfügte. Bataillonskommandeure waren Briten, Kompaniechefs jüdische Offiziere. Kommandeur der Brigade wurde der 1900 in Toronto in Kanada geborene jüdische General Ernest Benjamin. Er war Absolvent der Kriegsakademie und des Generalstabscollege in England und diente zwischen den Weltkriegen in der Türkei, in Singapur, Madagaskar und Kairo. Die Brigadesoldaten trugen den Davidstern als Emblem am Ärmel, die Kommandosprache war Hebräisch. Bei jedem Morgenappell wurde die zionistische blau-weiße Flagge mit dem Davidstern gehisst. Die Brigade hatte eigene Frontzeitungen, Soldatenklubs, Militärrabbiner etc. Das palästinensische Sinfonieorchester aus Tel Aviv gab mehrmals Konzerte in improvisierten Arenen in der ägyptischen und libyschen Wüste.

Im November 1944 kam die Brigade als Teil der 8. Britischen Armee zum Einsatz in Italien. Die Brigade kämpfte bei Afonsini und am Fluss Senio gegen eine deutsche Fallschirmjägerdivision. Es gab viele Tote und Verwundete, hundert Soldaten erhielten Tapferkeitsauszeichnungen. Im Mai 1945 erreichte die Brigade Norditalien, wo sie zum ersten Mal mit Überlebenden des Holocaust in Kontakt kam.

Die Begegnung der Soldaten mit dem Davidstern am Ärmel mit den befreiten KZ-Häftlingen gehört zu den bewegendsten Ereignissen der jüdischen Geschichte. Nach dem Waffenstillstand schwärmten die Brigadesoldaten auf der Suche nach jüdischen Überlebenden in ganz Europa aus. Ohne ihre militärischen Pflichten zu vernachlässigen, bauten sie eine komplexe Infrastruktur auf, die die Unterstützung der Insassen in den Displaced-Persons-Lagern in allen westeuropäischen und einigen osteuropäischen Ländern gewährleisten sollte. Die Brigade wurde in Italien, Jugoslawien und Österreich stationiert. Später wurde sie nach Holland und Belgien verlegt. Mehrere Brigadesoldaten waren an der Gründung der geheimen Flucht- und Einwanderungsorganisation Bricha beteiligt, die eine massive illegale Einwanderung nach Palästina organisierte. Die Briten versuchten dies unter allen Umständen zu verhindern. Aus diesem Grund kam es zu Spannungen zwischen dem jüdischen Offizierskorps der Brigade und dem Oberkommando – und aus ehemaligen Alliierten, die auf allen Schlachtfeldern zusammen gekämpft hatten, wurden plötzlich Feinde. Im Sommer 1946 wurde die Brigade nach Palästina verlegt und die Soldaten kurz darauf demobilisiert.

Die Soldaten der Brigade kämpften mutig gegen die Nazis, stärkten den Lebenswillen der Überlebenden des Holocaust und halfen ihnen bei der Einwanderung nach Palästina, wo die physischen und seelischen Wunden der Verfolgung heilen konnten. Alle Stabschefs der israelischen Armee waren Offiziere der Brigade oder der britischen Armee.

1991

Lassen wir uns nicht wie Schafe zur Schlachtbank führen

Der Widerstand der Juden in Europa

Ein Mensch wird kommen
wird schreiben auf weißem Papier mit roter Schrift:
keine Hand wird es auslöschen
keine Axt wird es aushacken ...

Ein Mensch wird kommen
einer wie du wie ich wie er –
mit Blut im Aug
mit einer Hammerfaust

ein Mensch wird kommen
wann?

Jakub Sonschein (1914–1962),
jiddischer Dichter aus Polen

Am 31. Dezember 1941 verfasste der Dichter Abba Kovner einen Aufruf zum Widerstand, nach dessen Verlesung im Ghetto Wilna die Vereinigte Partisanen-Organisation gegründet wurde. Das Flugblatt beginnt mit den Worten: »Lassen wir uns nicht wie die Schafe zur Schlachtbank führen.« Der Text lehnt sich an das Buch Jeremias 11. 19 an: »Und ich war wie ein argloses Lamm, das zur Schlachtbank geführt wird, und hatte nicht gemerkt, was sie gegen mich sannen.« Dieser biblische Ausspruch wird bis heute zur Charakterisierung eines angeblich passiven und daher verwerflichen Verhaltens der Juden während des Holocaust benutzt.

Seit vielen Jahren beschäftigt sich die Geschichtsschreibung mit dem Massenmord an den europäischen Juden. Bis heute sind unzählige Arbeiten zu diesem Thema veröffentlicht worden. Seit Jahrzehnten also wird über die Vernichtung und über das Verhalten der Juden während der Schoa debattiert, nicht jedoch über den Widerstand der deutschen und europäischen Juden.

Daran, dass im deutschsprachigen Raum die Fakten über den tatsächlichen Widerstand der Juden, außer vielleicht dem Aufstand im Warschauer Ghetto, fast unbekannt geblieben sind, hat sich bis heute wenig geändert. Es stellt sich die Frage, wie es trotz unzähliger Forschungen und Publikationen, Dokumentationen und Filme über die Schoa zu diesem Unwissensstand kommen konnte.

Der erste Bericht über die jüdische Widerstandsgruppe von Herbert Baum in Berlin, verfasst von dem polnisch-jüdischen Historiker Bernard Mark, erschien 1961 im Organ des Jüdischen Historischen Instituts in Warschau *Bleter far Geschichte* in jiddischer Sprache. Zur gleichen Zeit versuchte der in Dresden lebende jüdische Historiker Helmut Eschwege, ein umfangreiches Manuskript über den Widerstand der deutschen Juden zu veröffentlichen. Die DDR-Führung verstärkte aber zu jener Zeit, in Übereinstimmung mit den sowjetischen »Brüdern«, ihre antisemitischen, als antizionistische Propaganda getarnten Angriffe auf die Juden, untersagte Eschwege den Zugang zu Archiven und belegte ihn mit Schreibverbot. Nicht wenige jüdische Antifaschisten und Spanienkämpfer landeten in dieser Zeit sogar in den Gefängnissen der Staatssicherheit.

In der Bundesrepublik wurde das Manuskript Eschweges als »biografischer Steinbruch« bezeichnet und eine Veröffentlichung abgelehnt. Erst 1970 publizierte das Leo-Baeck-Institut in London den vierzigseitigen Essay Eschweges *Resistance of the German Jews against the Nazi Regime* in seinem Year Book. 1970 erschien in Paris eine knapp gefasste Gesamtdarstellung des jüdischen Widerstandes von Lucien Steinberg *La révolte des Justes – Les Juifs contre Hitler*, in welcher auf über fünfzig Seiten der Widerstand der deutschen Juden gewürdigt wurde. Es besteht also die paradoxe Situation, dass erste Berichte zum Thema des Widerstandes der deutschen Juden in jiddischer, englischer und französischer, nicht jedoch in deutscher Sprache erschienen sind.

Erst 1984 erschien in Hamburg das Standardwerk über den Widerstand der deutschen Juden von Konrad Kwiet und Helmut Eschwege: *Behauptung und Widerstand. Deutsche Juden im Kampf um Existenz und Menschenwürde.* Der in Australien lehrende Hochschulprofessor Kwiet hatte, unter aktiver Hilfe und Vermittlung des Direktors des Leo-Baeck-Instituts in London, Dr. Arnold Paucker, die äußerst schwierige Aufgabe gemeistert, zusammen mit seinem in der DDR lebenden Kollegen Eschwege, über das Thema zu recherchieren. Eine komplizierte Kooperation über Kontinente und den Eisernen Vorhang hinweg war erforderlich, um ein inländisches, deutsches Thema zu behandeln.

Den Vorwurf ihrer angeblichen Passivität müssen die Juden schon früh geahnt haben, denn bereits wenige Monate nach dem Aufstand im Warschauer Ghetto erschien, noch im Jahr 1943, in New York das von Jacob Apenszlak im Auftrag der bis heute existierenden »American Federation for Polish Jews« herausgegebene Werk *The Black Book of Polish Jewry.* In siebzehn Kapiteln werden die Tragödie und die Verbrechen an den polnischen Juden genau geschildert. Aber auch der Widerstand wird im Kapitel »The Armed Struggle of the Jewish Underground« ausführlich beschrieben. Zu den Sponsoren des Buches zählten neben Albert Einstein auch Eleanor Roosevelt, die Gattin des damaligen US-Präsidenten, sowie der Bürgermeister von New York, LaGuardia, und weitere bekannte Persönlichkeiten.

Zum ersten Jahrestag des Aufstandes in Warschau erschien dann im April 1944, ebenfalls in New York, ein weiteres Werk von Jacob Apenszlak und Mosche Polakiewicz, *Armed Resistance of the Jews of Poland.* In 62 kurzen Kapiteln werden die Kämpfe der Juden in Ghettos, Vernichtungslagern und als Partisanen geschildert. Dort wird sogar über die misslungene – weil verratene – Aktion von Kämpfern des Ghettos meiner Heimatstadt Bedzin in

Polnisch-Oberschlesien, sich zu den Partisanen durchzuschlagen, berichtet sowie über die Rolle der jüdischen Frauen im Widerstand. Auf der letzten Seite findet sich der Text eines Gedenkgebetes für die Seelen der gefallenen jüdischen Helden. Wer ahnt heute, wie viele Hindernisse und Gefahren die Kuriere des polnischen und jüdischen Widerstandes auf sich nehmen mussten, um mitten im mörderischen Krieg diese Nachrichten – und sogar Fotos – aus Polen herauszuschmuggeln und sie in die USA zu bringen?

Uns, die Überlebenden des Holocaust, treffen die Passivitätsbeschuldigungen besonders hart. Wer sich seine moralische Unabhängigkeit und Selbstbehauptung durch alle Tiefen des Lebens im Untergrund und im KZ zu bewahren versucht hat und damit seine potentielle Lebenserwartung in jedem Fall dramatisch verkürzte, den beleidigen solche Vorwürfe zutiefst. Die Ohrfeige eines jüdischen Kapos hat doppelt so wehgetan wie die Schläge eines SS-Mannes. Neben dem bewaffneten Widerstand, der nur in den seltensten Fällen möglich war, wurde von zahlreichen Juden ständig ziviler, passiver und geistiger Widerstand geleistet. Jeder Überlebende ist Zeuge dieses Widerstandes, denn wäre es nach den Nazis gegangen, hätte kein Jude den Krieg überlebt.

Auch über Ineffektivität des jüdischen Widerstandes wird geklagt. Und der Preis des Widerstands sei, im Verhältnis zu den dem Feind zugefügten Schäden, angeblich zu hoch gewesen. Diese Einwände sind lächerlich und beleidigend zugleich. Zwanzig Millionen alliierte Soldaten, darunter 1,5 Millionen Juden, waren erforderlich, um Hitler-Deutschland in die Knie zu zwingen. Millionen sowjetische, 292 000 amerikanische und 545 000 britische Soldaten sind für den Sieg gefallen. Der europäische Widerstand spielte, außer in Südfrankreich, Weißrussland und Jugoslawien, eine eher marginale Rolle. Da sollte ausgerechnet der Widerstand der wehrlosen, von keiner Exilregierung unterstützten Juden für den Sieg entscheidend sein? Trotz dieser Übermacht der Fakten musste auch ich mir im Laufe meines Lebens immer wieder – oft als Fragen getarnte – Vorwürfe wegen der angeblichen Passivität der Juden anhören.

Ein amerikanischer Panzertrupp hat mich Anfang April 1945 im Harz halbtot aufgelesen. Auf dem Todesmarsch war mir die Flucht gelungen, aber ich wurde gefasst. Als ich zu meiner Hinrichtung geführt wurde, konnte ich jedoch entkommen. Später machten mir meine Retter das kostbarste Geschenk meines Lebens: eine amerikanische Uniform und eine Waffe. Nie kam es meinen späteren Waffenkameraden, die die Hölle der Landung in der Normandie überlebten (ich blieb mehrere Monate als Freiwilliger bei der Armee) in den Sinn, mir Passivität vorzuwerfen.

In mehreren KZ, in denen ich inhaftiert war, kam ich mit jüdischen Resistance-Mitgliedern zusammen, die mir von ihren Kämpfen erzählten. Von 1945 bis 1948 lebte ich im Lager für Displaced Persons in Frankfurt-Zeilsheim, wo sich etwa 200 ehemalige jüdische Partisanen aus Osteuropa aufhielten. Dort erfuhr ich in unzähligen persönlichen Gesprächen vieles über den jüdischen Widerstand. Auch in Israel traf ich Widerstandskämpfer, von denen ich eine Menge bisher unbekannte Tatsachen erfuhr. Im Laufe der Jahrzehnte vertiefte sich die Kluft zwischen dem eigenen Wissen, das ich mir durch Recherchen, Sammeln von Büchern und Dokumenten in vielen Sprachen etc. angeeignet hatte, und dem Wissens- bzw. Unwissensstand meiner deutschen Umgebung.

Im Sommer 1947 empfing mich im Vorzimmer des zuständigen Offiziers der amerikanischen Militärregierung in Frankfurt ein jüdischer Sergeant. Als er die Auschwitz-Tätowierung auf meinem linken Unterarm sah, fragte er mich provokativ, ob ich im KZ Kapo gewesen sei. Ich versetzte ihm einen mächtigen Boxhieb, so dass er zur Waffe griff und mich von der Militärpolizei in Handschellen abführen ließ. Wegen Widerstandes gegen die Besatzungsmacht musste ich ins Militärgefängnis. Angriffe ähnlicher Art habe ich später nicht mehr mit Boxhieben beantwortet, sondern nur noch beharrlich geschwiegen, weil ich zu der Überzeugung gelangte, dass man die Wahrheit nicht glauben will.

In der jüdischen Geschichtsschreibung gibt es, gerade was den Widerstand betrifft, tragische Lücken. Mit dem Mord an Historikern ist auch das historische Gedächtnis des jüdischen Volkes geschwächt worden. Während des Krieges wurden die jüdischen Historiker Simon Dubnow, Majer Balaban, Ignacy Schipper und Emanuel Ringelblum ermordet.

Der aus Polen stammende Historiker Josef Wulf verfasste mehr als 20 Werke über den Holocaust und den Widerstand und regte die Gründung eines Archivs und einer Forschungsstätte im *Haus am Wannsee* in Berlin an, wo er seit 1952 lebte und forschte. Der Senat von Berlin verweigerte jedoch die Unterstützung dieses Projektes, und Wulf wurde von keinem akademischen Institut zur ständigen Mitarbeit berufen. Aus Verzweiflung über diese unerträgliche Lage und die ihm zugefügten Kränkungen beging er im Oktober 1974, im Alter von 62 Jahren, Selbstmord.

Seit dem Tod Josef Wulfs, mit dem ich befreundet war und den ich oft in Berlin getroffen habe, gibt es meines Wissens in Deutschland keinen jüdischen Historiker mehr, der über den jüdischen Widerstand forscht. Die Juden überlassen dieses Thema einigen jüngeren nichtjüdischen Forschern, wie Ahlrich Meyer, Joerg Paulsen, Michael Kreutzer, Simone Erpel und Ingrid Strobl. Jüdische Wissenschaftler konzentrieren sich eher auf den Holocaust und den »Widerstand« der Araber gegen Israel.

Es ist erstaunlich und bewundernswert, mit welchem Mut, welcher Ausdauer und oft auch Akribie die Juden ihre Erlebnisse für die Nachwelt aufgezeichnet haben. Wir kennen Tagebücher von Kindern und Jugendlichen, von todgeweihten Häftlingen der Sonderkommandos in den Vernichtungslagern, Tagebücher von Widerstandskämpferinnen und -kämpfern, von Judenratsvorsitzenden und Ghetto-Polizisten, Erinnerungen von Partisanen und Soldaten, von Ghettobewohnern und manchen anderen, die auch deshalb mit aller Kraft am Leben hingen, weil sie der Welt von den Verbrechen der Massenmörder berichten wollten. Zu diesen Menschen gehört auch der Autor dieser Zeilen. Manche Erlebnisberichte, wie *Justynas Tagebuch*, haben darüber hinaus sogar einen beträchtlichen literarischen Wert.

Emanuel Ringelblum und Mordechaj Tenenbaum-Tamaroff haben umfangreiche Archive angelegt, die größtenteils erhalten blieben und weitgehend noch nicht ausgewertet sind. Unzählige Mitarbeiter, Archivare und Schreibkräfte riskierten täglich ihr Leben, um das Unfassbare festzuhalten. Drucker, Setzer und Mitarbeiter zahlreicher Untergrundzeitungen informierten ihre Leser über das schreckliche Geschehen und bezahlten das oft mit ihrem Leben. Alleine die jiddische Widerstandszeitung in Paris, »Unser Wort«, verlor 24 Redakteure und Drucker. Nur ein kleiner Teil der erhaltenen Bestände ist wissenschaftlich aufgearbeitet oder übersetzt worden. Viele jüdische Widerstandskämpfer und Partisanen-Gruppen hinterließen nur eine einzige Spur – in den Berichten der Täter; sie wurden *sämtlichst*, dieses Mega-Wort benutzt der SS-Massenmörder Katzmann in seinem berühmten Bericht, ermordet.

Dieses Ungleichgewicht zwischen weitgehend erhaltenen Aktenbeständen der Mörder auf der einen und fragmentarischen Zeugnissen der Opfer auf der anderen Seite, die aus vergrabenen Feldflaschen und Milchkannen geborgen wurden, müsste zu einer verstärkten Beschäftigung mit den Letzteren führen, schon allein, um einem ausgewogenen historischen Bild Rechnung zu tragen. Das ist jedoch bislang nicht der Fall. Die vorhandenen Quellen werden nicht bearbeitet und darüber hinaus die Täterakten in der Auswahl sogar so manipuliert, dass man, was den Widerstand betrifft, nur wenig erfahren kann. Außerhalb Polens, Frankreichs und Israels haben sich nur wenige Historiker die Mühe gemacht, die Quellen der Opfer zu übersetzen, auszuwerten und ihnen die Beachtung zu schenken, die ihnen gebührt. Reuben

Ainsztein, Martin Gilbert, David Diamant (der ein großes Privatarchiv des jüdischen Widerstandes in Frankreich aufbaute), Adam Rayski, Juri Suhl und wenige andere sind die Ausnahmen.

Ein Lichtblick ist das Erscheinen der *Enzyklopädie des
Holocaust* im Argon Verlag in Berlin aus dem Jahr 1993,
deren hebräische und englische Ausgabe von einem internationalen Herausgebergremium aus 24 renommierten
Forschern – unter Leitung des Nestors der Holocaust- und
Widerstandsforschung, Israel Gutman – verfasst und
kompiliert wurde. In zahlreichen biografischen und geo-
grafisch geordneten Stichworten wird nicht nur der Holocaust, sondern auch der jüdische Widerstand dargestellt.
Die deutschen Herausgeber Eberhard Jaeckel, Peter Lon-
gerich und Julius H. Schoeps haben Großes geleistet.

Unmittelbar nach Kriegsende begannen viele Überlebende und Widerstandskämpfer ihre Erlebnisse zu be-
schreiben. Noch während der Besatzung gründeten französische Juden ein konspiratives Dokumentationszentrum,
das seine umfangreiche editorische Arbeit aufnahm.

Die Historische Kommission der Displaced Persons in
Deutschland sammelte seit 1945 Tausende von Aussagen
und Dokumenten und veröffentlichte sie in der eigenen
jiddischen Zeitschrift »Vun letztn churbn«. Die Archivbe-
stände der Kommission bilden den Fundus des Archivs
von Yad Vashem. Die Zentrale Jüdische Historische Kommission in Warschau veröffentlichte schon früh eine Fülle
von Büchern und Publikationen in jiddischer und polnischer Sprache.

Bereits 1948 erschien in Rom das jiddische Buch von
Mosche Kaganowitsch *Der jidischer ontejl in der partisa-
ner-bawegung vun sowjet-russland*, herausgegeben von
der Zentralen Historischen Kommission beim »Verband
jüdischer Partisanen« in Italien. Dieses große Werk wurde
1956 in Buenos Aires in zwei Bänden nachgedruckt. Im
Jahre 1956 wurde zudem in Tel Aviv das 844 Seiten starke
hebräische Buch *Sefer milchamothagetoat* (Das Buch von
den Ghettokämpfen) veröffentlicht. 1958 erschien in Is-

rael das zweibändige hebräische Werk *Sefer hapartisanim hajehudim* (Das Buch der jüdischen Partisanen). Dort wird auf über 1500 Seiten – die etwa 2300 Seiten in einer europäischen Sprache entsprechen – ein großartiges Panorama jüdischen Heldentums ausgebreitet. Die ehemaligen Partisanen und Veteranen der alliierten Armeen gaben ab 1961 in Tel Aviv das dreibändige Werk *Mul haojew hanazi* (Gegen den Nazifeind) heraus, das zahllose Berichte jüdischer Widerstandskämpfer enthält.

Marek Edelman ist das einzige heute noch lebende Mitglied des Kommandos der Jüdischen Kampforganisation im Ghetto Warschau. Im Gespräch mit der polnischen Schriftstellerin Hanna Krall sagte er: »Der Tod in der Gaskammer ist nicht geringer zu erachten als der Tod im Kampf. Ein Tod ist nur dann unwürdig, wenn jemand versucht, auf Kosten anderer das eigene Leben zu retten.«

Diese Meinung Edelmans teile ich vollständig. Niemand auf der Welt hat das Recht, die arglosen, unschuldigen Opfer des größten und tückischsten Verbrechens in der Geschichte der Menschheit, mit welchen Begründungen auch immer, zu schmähen und zu beleidigen.

1994

Das Ende einer Stadt –
Aufstand im Warschauer Ghetto

Man kann die Bedeutung des poetischen Werkes von Jitzchak Katzenelson nicht vollständig begreifen, wenn man
sich nicht mit dem jüdischen Widerstand im Allgemeinen
und mit dem Aufstand im Warschauer Ghetto im Besonderen beschäftigt und auseinander setzt. Der Dichter Katzenelson hat die späteren Vorwürfe seiner Brüder wegen
angeblicher Passivität, die in sicheren, nicht von den
Deutschen besetzten Ländern lebten, antizipiert. Im Vier-
zehnten Gesang »Das Ende« dichtete er:

> »Ich will nicht, dass die Juden in New York,
> in Erez Israel
> Still um uns trauern und am Ende leise weinen,
> weh und ach
> Und dann noch lauthals solche dummen Sprüche
> klopfen wie:
> Wer sich nicht wehrt, tja, der verdient's nicht
> besser – Nein!«

In der übernächsten Strophe schreibt er im jiddischen Original mit hebräischen Buchstaben voll Stolz die deutschen
Worte: »Die Juden schießen.«

Die polnischen Juden und der Krieg

Mit dem Angriff der deutschen Wehrmacht auf Polen am
1. September 1939 begann der Zweite Weltkrieg. Im Jahre
1939 lebten 3 351 000 Juden in Polen. 32 216 jüdische
Offiziere und Soldaten sind im Krieg im September 1939
gefallen, 60 000 kamen in Gefangenschaft. Nach dem Einmarsch der Roten Armee in Ostpolen verblieben im deutschen Besatzungsgebiet 2 100 000 Juden. In sowjetisch besetzten und kurz darauf annektierten Gebieten lebten

1200000 Juden. Etwa 300000 Juden flohen aus den von Deutschland besetzten Gebieten nach Ostpolen. Sie wurden 1940/41 in die Sowjetunion deportiert, was den meisten von ihnen das Leben rettete, denn über 200000 polnische Juden haben in der Sowjetunion den Krieg überlebt. Insgesamt 2982000 wurden ermordet (das ist die Hälfte aller Opfer der Schoa). 370000 polnische Juden haben den Krieg überlebt.

Nach schweren Luft- und Artillerieangriffen kapitulierte die Hauptstadt Warschau am 28. September 1939. Am 25. November 1939 ordnete Hitler die Errichtung des Generalgouvernements Polen mit Sitz in Krakau an. Noch vor Ende des September-Krieges richtete Richard Heydrich am 21. September 1939 einen streng geheimen Brief an die Chefs der Einsatzgruppen, in welchem er die Richtlinien für die Verfolgung und Ermordung der Juden Polens erläuterte.

Es begann die tragischste Periode der jüdischen Geschichte. Der Wehrmacht folgten Einsatzgruppen, die Abertausende ermordeten. Von Anfang an terrorisierten die Besatzer die polnische und die jüdische Bevölkerung durch Massenverhaftungen, Morde auf den Straßen, Hinrichtungen und Verschickung in Konzentrationslager. Der Bevölkerung wurden außerdem schwere wirtschaftliche Lasten aufgebürdet, 112000 jüdische Geschäfte, 115000 Werkstätten und Rohstoffvorräte konfisziert. Die jüdische Bevölkerung verarmte, Männer wurden zur Zwangsarbeit erfasst. Durch Umsiedlung erfolgte die Liquidierung kleiner Gemeinden, schließlich wurde eine strenge Ghettoisierung durchgeführt.

Alle Schulen wurden geschlossen, Hilfsorganisationen und Vereine verboten. Nach dem Angriff auf die Sowjetunion im Juni 1941 wurde mit der massiven Vernichtung der Juden, der »Endlösung«, begonnen. Es wurden Vernichtungslager errichtet, in denen man Millionen von Juden, auch aus Westeuropa, ermordete.

Warschau

In Warschau lebten bei Kriegsausbruch 375 000 Juden, 29,1 Prozent der Bevölkerung. Warschau war das bedeutendste jüdische Zentrum mit zahlreichen politischen, karitativen, religiösen, kulturellen und erzieherischen Institutionen. Hier hatten jüdische Verlage, Parteien, Gewerkschaften und Presseorgane ihren Hauptsitz. Noch vor Errichtung des Ghettos wurden 90 000 Juden aus anderen polnischen Städten nach Warschau zwangsumgesiedelt. Am 2. Oktober 1940 wurde die Errichtung des Ghettos angeordnet und am 15. 11. 1940 das Ghetto vollständig abgeriegelt. Auf 2,4 Prozent der Stadtfläche wurden nun dreißig Prozent der Bevölkerung zusammengepfercht. Es waren 410 000 Warschauer Juden, 72 000 Zwangsumgesiedelte aus kleineren Gemeinden und 20 000 Illegale: 110 880 Menschen pro Quadratkilometer. Von den 1800 Straßen der Stadt wurden nur 73 dem Ghetto zugeschlagen. Viele Juden wurden in den für die Kriegswirtschaft arbeitenden Betrieben beschäftigt. Not und Hunger nahmen schreckliche Ausmaße an, und die Sterblichkeitsrate war die höchste im besetzten Europa. Im Jahre 1941 alleine verhungerten 43 000 Juden im Ghetto. Tausende fabrizierten illegale Konsumgüter, die nach außen geschmuggelt und gegen Lebensmittel getauscht wurden. Das hat es den Ghettobewohnern ermöglicht, etwas länger dem Hungertod standzuhalten. Diese Tätigkeit, wie auch der Besitz von Rohstoffen, Fertigfabrikaten und Geld, war streng verboten. Die illegale wirtschaftliche Tätigkeit war Teil des zivilen Widerstandes fast der ganzen Bevölkerung. Der von den ehemaligen Grund- und Mittelschullehrern fortgesetzte illegale Schulunterricht, wie auch das gemeinsame Beten an Feiertagen, war streng verboten. Auch dies war ziviler Widerstand. Trotz der widrigen Bedingungen schufen jüdische Jugendorganisationen und Parteien Anfang 1941 eine Infrastruktur mit Zeitungen, Kursen und Schulungen. Bereits im Oktober 1939 schuf Emanuel Ringel-

blum das illegale, geheime Ghetto-Archiv. Im März
1942 wurde der »Antifaschistische Block« gebildet, dem
Kommunisten, die zionistischen Jugendbewegungen
und später auch der sozialistische Bund angehörten. Der
Block gab die gemeinsame Zeitung »Der Ruf« heraus.
Es wurden konspirative Fünfer-Kampfgruppen gebildet.
Im April und Mai 1942 gelang es den Gestaposchergen,
mehrere Führer des Blocks zu verhaften und zu ermorden. Am 30. Mai 1942 wurde Andrzej Szmidt, ein ehemaliger Hauptmann der Internationalen Brigaden in
Spanien, der von Moskau aus zum Einsatz in Polen per
Fallschirmabsprung kam, verhaftet und später im Pawiak-Gefängnis umgebracht. Es folgten Massendeportationen, die als Arbeitseinsatz-Verschickungen maskiert
wurden. Bereits am 19. Juli 1942, sechs Monate nach
der Wannseekonferenz, ordnete Himmler an, dass bis
zum Jahresende 1942 alle Juden des Generalgouvernements liquidiert werden sollten. Am 9. Januar 1943 besuchte Himmler Warschau und befahl die Verlagerung
aller Rüstungsbetriebe in die KZ Trawniki und Lublin-
Poniatowa. Der Rest sollte in die Vernichtungslager gebracht werden. Die Massendeportationen, die als Arbeitseinsatz-Verschickungen maskiert wurden, begannen am
22. Juli 1942. Am 23. Juli 1942 beging der Vorsitzende
des Judenrates Czerniaków aus Protest Selbstmord.
    Diese Deportationen dauerten mit Unterbrechungen bis
zum September 1942 an.
    Der jiddische Dichter Jitzchak Katzenelson hat in sei-
nem erschütternden *Großen Gesang vom ausgerotteten
jüdischen Volk* bereits im Ersten Gesang ein gewaltiges
Klagelied auf die Opfer angestimmt:

Schreit ojs vum jedn samd, vun unter jedn stein,
vun ale stojbn, schreit vun ale flamen, vun jedn rojch –
s'is eir blut un saft, es is dermarch vun eier bein,
s'is eier leib un lebn, schreit arojs, schreit hojch!

Schreit aus jeder Grube, unter jedem Stein
Aus Staub, aus allen Flammen, schreit aus jedem Rauch
s'ist euer Blut und Fleisch, drum sollt ihr schrein
s'ist euer Lebensmark, drum schreit! Schreit laut!

Vom Widerstand zum Aufstand

Im Laufe des Jahres 1942 schlossen sich alle jüdischen Parteien und Gruppierungen zum »Zydowski Komitet Narodowy«, dem Jüdischen Nationalkomitee, zusammen. Das war der zivile Arm der »Zydowska Organizacja Bojowa« /ZOB (Jüdische Kampf-Organisation), die am 28. Juli 1942 gegründet wurde. Ihr gehörten Mitglieder des sozialistischen Bunds, Kommunisten sowie Mitglieder von acht zionistischen Organisationen an. Kommandant der ZOB wurde der zionistische Jugendführer Mordechai Anielewicz. Das »Waffenarsenal« der ZOB bestand aus einer einzigen Pistole, mit der Israel Kanal den verhassten Chef der Ghetto-Polizei, Jozef Szerynski, niederstreckte. Außer ihm wurden auch Jakob Lejkin und andere Kollaborateure zum Tode verurteilt und hingerichtet. Es wurden Aufrufe zum Widerstand gedruckt und verbreitet.

Die Beschaffung von Waffen war das wichtigste und zugleich schwierigste Problem im Warschauer Ghetto. Seit 1942 wandte sich die Jüdische Kampforganisation ständig mit der Bitte um Waffenhilfe an den Kommandanten der Heimatarmee in Polen, General Stefan Rowecki. Erst im Dezember 1942 befahl Rowecki die Lieferung von zehn alten Pistolen und geringen Mengen Munition. Von seinen Vorgesetzten, der Londoner Exilregierung, wegen stärkerer Waffenhilfe an die Juden bedrängt, funkte er am 2. Januar 1943 an den polnischen Ministerpräsidenten General Sikorski folgenden Text:

»Da es nun zu spät ist, wenden sich die Juden verschiedener kleiner kommunistischer Gruppen um Waffen an uns, als hätten wir volle Lagerhäuser davon. Zur Probe übergab ich ihnen einige Pistolen. Ich bin mir nicht sicher, ob sie sie gebrauchen werden.«

Die »Armia Krajowa« – Heimatarmee – verfügte hingegen über ein riesiges Arsenal. Über sechzig Flugzeuge der »Royal Air Force«, die von polnischen Piloten geflogen wurden, hatten per Fallschirm 241 Container mit Waffen, Munition und Sprengstoff abgeworfen. Die Lügen Roweckis übernahm später sein Nachfolger, General Bór-Komorowski. Die Waffen mussten auf abenteuerliche und lebensgefährliche Weise von Kurieren, meistens Frauen, auf dem Schwarzmarkt gekauft und ins Ghetto geschmuggelt werden. Der Ingenieur Michal Klepfisch gründete große illegale Werkstätten, in denen Waffen und Sprengstoff hergestellt wurden.

Daneben wurden über 1000 unterirdische Bunker und Verstecke gebaut und mit den notwendigen Versorgungseinrichtungen sowie Lebensmittelvorräten versehen. Die Arbeiten mussten nachts verrichtet werden, um der Observation durch die Gestapo und deren Spitzel zu entgehen. Klepfis fiel bereits am zweiten Tag des Aufstandes. Die polnische Exilregierung in London verlieh ihm im März 1944 die höchste Tapferkeitsauszeichnung »Virtuti Militari«.

Am 3. September 1942 verhaftete die Gestapo Josef Kaplan. Wenige Stunden später wurde Schmuel Braslaw mit dem Waffenvorrat der ZOB verhaftet und umgebracht.

Der Aufstand

Kein Ereignis in der Geschichte der Schoa und des Zweiten Weltkrieges hatte einen größeren Einfluss auf das Selbstverständnis der Juden nach dem Kriege als der Aufstand im Warschauer Ghetto. Er war die größte militärische Errungenschaft der wehrlosen, versklavten und dem Tode geweihten Juden Europas. Ein Widerstandskämpfer schrieb in sein Tagebuch: »Wir kämpfen und sterben für die Ehre des jüdischen Volkes, für ein paar Zeilen in den Geschichtsbüchern.« Die Geschichte kennt keine vergleichbare politisch-militärische Situation, in der sich die Zivilbevölkerung gegen einen brutalen, rücksichtslosen und bis an die Zähne bewaffneten Gegner wehrte. Zum ersten Mal in der Geschichte der deutschen Besatzung in Europa erhob sich die gesamte Bevölkerung eines urbanen Zentrums zum offenen Widerstand. Die ersten Schüsse des Aufstandes fielen am 18. Januar 1943. An diesem Tage begann die zweite Deportationswelle. Gleichzeitig sollten alle Rüstungsbetriebe sowie die Arbeiter in ein KZ verlagert werden. Die ZOB forderte die Juden auf, sich nicht zur Deportation zu stellen. In die erste 1000 Menschen umfassende Kolonne, die die SS gewaltsam aus den Häusern zusammentrieb, mischten sich ZOB-Kämpfer. Auf ein Signal griffen sie die SS-Wachen an und verwickelten sie in einen Nahkampf, die meisten SS-»Helden« flohen. Bis zum 22. Januar konnten die SS-Leute nur circa 5000 Juden aus dem Ghetto zusammentreiben und deportieren, anstatt der geplanten Zehntausende. Danach wurde die erfolglose Aktion eingestellt.

Die folgenden drei Monate nutzte die ZOB zu fieberhaften Vorbereitungen für den allgemeinen bewaffneten Aufstand. Anielewicz befehligte und überwachte alle diese Aktionen, verhandelte mit dem polnischen Untergrund über die Lieferung von Waffen, konsolidierte die Zusammenarbeit der 22 ideologisch unterschiedlich geprägten Kampfgruppen der ZOB, koordinierte die Zusammenarbeit mit dem rechtszionistischen jüdischen Militär-Verband »Zydowski Zwiazek Wojskowy« (ZZW). Er verfasste zahlreiche Aufrufe, Briefe und Berichte. Die meisten von ihnen blieben erhalten und zeugen von den ungewöhnlichen Qualitäten, Idealismus, Mut und Organisationstalent dieses erst 23-jährigen Mannes. Im April 1943 zählte die ZOB 700 und der ZZW 400 aktive Kämpfer. Diese wurden von Tausenden von Ghettobewohnern unterstützt. Das Ghetto bereitete sich gründlich auf den letzten und entscheidenden Kampf vor.

Die ZOB bildete 22 Kampfgruppen, die sich nach Zugehörigkeit zu den einzelnen politischen Gruppierungen organisierten. Hier die Kampfgruppen und ihre Kommandanten:
Dror (Zionisten) – fünf Kampfgruppen: Zachariasz Artstein, Isaak Blaustein, Ber Braudo, Henoch Gutman und Beniamin Wald
PPR (Kommunisten) – vier Kampfgruppen: Jurek Grynszpan, Hersz Kawe, Adam Szwarcfuks und Henryk Zylberberg
Bund (Sozialisten) – vier Kampfgruppen: Jurek Blones, Leib Gruzalc, David Hochberg und Wolf Rozowski
Haschomer Hazair (Zionisten) – vier Kampfgruppen: Mordechaj Growas, David Nowodworski, Józef Farber und Jehoschua Winogron
Linke Poale Zion (Zionisten) – eine Kampfgruppe: Hersz Berlinski
Rechte Poale Zion (Zionisten) – eine Kampfgruppe: Meir Majerowicz
Gordonia (Zionisten) – eine Kampfgruppe: Jakob Fajgenblat
Hanoar Hazioni (Zionisten) – eine Kampfgruppe: Jakob Praszker
Akiba (Zionisten) – eine Kampfgruppe: Lutek Rotblat

Der ZZW setzte sich hauptsächlich aus ehemaligen Soldaten der polnischen Armee und Mitgliedern der rechtszionistischen Organisation »Betar« zusammen. Ihre militärischen Chefs waren die ehemaligen polnischen Offiziere Pawel Frenkel und David Apfelbaum. Der ZZW war weit besser mit Waffen ausgerüstet als die ZOB, weil deren Führer ihre guten Beziehungen zum polnischen militärischen Widerstand aus der gemeinsamen Armeedienstzeit ausnutzten und sich nicht auf die kaum erfolgte Waffenhilfe der von London dirigierten offiziellen Organe verließen. Die Haupteinheit in der Muranowska-Straße verfügte über 300 Granaten, acht Maschinenpistolen, ein LMG, zwei SMG und Tausende von Geschossen.

Die Deutschen planten, das Ghetto innerhalb von zwei bis drei Tagen zu liquidieren. Der Angriff begann am 19. April 1943, dem Vorabend des Pessachfestes. Es wurden Panzer, Geschütze und über 2000 SS-Leute, polnische Polizisten und ukrainische Kollaborateure, die bis an die Zähne bewaffnet waren, eingesetzt.

Alle Kämpfer der ZOB wussten genau, dass es *keine* Möglichkeit der Rettung gab, und sie haben deshalb keine Fluchtvorbereitungen getroffen. Sie wollten zusammen mit den circa 60 000 Juden Warschaus kämpfend sterben. Von ihnen sind 12 000 im Ghetto gefallen oder in den Trümmern verbrannt.

Der erste Tag endete mit einem Fiasko für die SS und mit einem Sieg der jüdischen Kämpfer. Den größten Eindruck sowohl auf die Polen wie auch auf die SS-Truppen machten die jüdische blau-weiße und die polnische weiß-rote Fahne, die über den vom ZZW verteidigten Gebäuden am Muranowskiplatz gehisst wurden. Mehrere SS-Männer wurden beim Versuch, die Fahnen zu beseitigen, erschossen, darunter der SS-Untersturmführer Otto Dehnke. SS-General Stroop berichtete später, dass Himmler persönlich ihm ins Telefon brüllend den Befehl gab, die Fahnen um jeden Preis herunterzuholen.

Im Stroop-Bericht vom 27. April heißt es u.a.: »Der Stoßtrupp unter Oberleutnant der Sch. D i e h l stellte eine Bande in einer Stärke von 120 Mann, stark bewaffnet mit Pistolen, Gewehren, LMG, Handgranaten, fest, die sich zur Wehr setzten. Es gelang, 24 Banditen im Feuerkampf zu erledigen, 52 Banditen wurden festgenommen ... Heute gelang es u.a. auch, einen der Gründer der jüdisch-polnischen Wehrformation zu erfassen und zu liquidieren.« (Vermutlich Leutnant Maurycy Apfelbaum. A.L.)

Der SS- und Polizeigeneral Jürgen Stroop (1895–1952) ist mit der Niederschlagung des Aufstandes in Warschau beauftragt worden. Er fertigte danach einen ausführlichen Bericht, der aus 78 Text- und 47 Bildseiten besteht und den Titel »Es gibt keinen jüdischen Wohnbezirk in Warschau mehr!« trägt. Stroop wurde 1951 in Warschau zum Tode verurteilt und 1952 hingerichtet.

Den Nazis ist es nicht gelungen, den Aufstand mit militärischen Mitteln zu besiegen. Sie mussten das gesamte Ghetto, Haus für Haus, niederbrennen und in die Luft sprengen.

Nach der Niederschlagung des Aufstandes wurden Tausende von Überlebenden in die KZ Majdanek, Trawniki und Poniatowa überführt, wo sie in den nach dorthin verlagerten Rüstungsbetrieben arbeiteten. Im Rahmen der »Aktion Erntefest« wurden alle Häftlinge am 3. November 1943 ermordet und ihre Leichen verbrannt.

Nur wenige Juden haben die Niederschlagung des Aufstandes überlebt. Sie kämpften später als Partisanen und im polnischen Aufstand im Warschau im Sommer 1944. Glücklicherweise überlebte den Aufstand im Warschauer Ghetto auch Jitzchak Katzenelson. Diesem Glücksfall verdanken wir den *Großen Gesang vom ausgerotteten jüdischen Volk*.

Der fünf Jahre nach dem Aufstand im Warschauer Ghetto gegründete Staat Israel sah sich als Vollstrecker des letzten Willens der Verteidiger des Ghettos: Die Juden sollten nie wieder unbewaffnet einem Gegner, der sie vernichten will, gegenüberstehen. Der Aufstand hatte einen starken formativen Einfluss auf die Gründer des Staates Israel. Die Darstellung des Aufstandes an der Skulptur vor der Knesset in Jerusalem symbolisiert die große Bedeutung dieses Ereignisses für den Staat Israel.

Das Relief auf der zentralen Stelle der Menora, das den Aufstand im Warschauer Ghetto darstellt, überwältigt den Beschauer durch die expressive Kraft der dargestellten Figuren und zwingt ihn zum Nachdenken. Die zentrale Figur ist nicht der Kommandant der »Jüdischen Kampforganisation« Mordechaj Anielewicz, wie auf dem

Denkmal von Natan Rapaport im Warschauer Ghetto, sondern das metaphorische Abbild eines biblischen Propheten, der seine Arme über die Kämpfer ausbreitet und den Kopf anklagend gen Himmel hebt. In seinen Blick steht die stumme Frage, wie Gott diese Gräuel zulassen konnte. In der oberen Hälfte der Skulptur werden die primitiven Waffen der Aufständischen gezeigt: Spitzhacke, Beil und Axt. Das brennende Haus symbolisiert das vollkommen zerstörte Ghetto. Ein bärtiger Mann erhebt drohend seine Faust. Neben ihm schleudert ein Kämpfer eine Handgranate. Nur zwei Kämpfer haben Schusswaffen. Ein totes Kind hält einen Stein in der Hand; es fiel, bevor es ihn werfen konnte. Ein sterbender Kämpfer hat noch ein Bajonett fest im Griff. Tote, gefallene Kinder liegen am unteren Rand.

Eine Gestalt hält die Hand über den Mund, um nicht den Zorn über diese schrecklichen Gräuel gegen die Welt und gegen Gott hinauszuschreien. Unter einem Kellergewölbe drückt ein alter, mit einem Tales, dem Gebetsmantel, über dem Kopf eingehüllter Jude mit geschlossenen Augen ein Thora-Rolle fest und liebevoll an sein Gesicht. Im Tode will er mit dem Heiligsten vereint sein, und sein Glaube an Gott ist unerschütterlich.

Auf der rechten Seite der Skulptur sucht eine Frau nach einem Ziel für die Handgranate, die sie in der Hand hält. Diese Figur steht für die vielen jüdischen Frauen und Mädchen, die Widerstand leisteten. Diesem Relief könnte man die Aufforderung des biblischen Propheten Joel zum Kampf zuordnen:

Ketu itechem lecharwot wemasmrotechem lerechamim hachalasch jamor gibor ani.

Schmiedet eure Pflugscharen zu Schwertern um und eure Rebenmesser zu Speeren; der Schwache spreche: Ein Held bin ich.

Joel, 4,10

1993

Harold Werner.
Ein jüdischer Partisan in Polen

Harold Werner ist einer der unbesungenen Helden des jüdischen Widerstands in Osteuropa. Mit seinem Buch (*Partisan im zweiten Weltkrieg*, Lüneburg 1999) hinterließ er uns das Vermächtnis, im Kampf gegen die Verleumder der Opfer des Holocaust und die Verleugner des jüdischen Widerstandes nicht nachzulassen. Sein Lebensbericht ist eines der wichtigsten Selbstzeugnisse des Kampfes der Juden *gegen* die Nazis, ihre Kriegs- und Vernichtungsmaschinerie und *für* den Sieg. Dem phänomenalen Gedächtnis des Autors haben wir es zu verdanken, dass er seine und seiner Waffenbrüder und Leidensgenossen Erlebnisse lebendig, aber ohne Pathos so beschreibt, als wären sie erst vor kurzem passiert. Darüber hinaus ist es Harold Werner gelungen, in seinem Buch zahlreiche zeithistorische Aspekte eindrucksvoll aufzuzeichnen, wie z.B. die Lebensbedingungen der polnischen Juden sowohl in ländlichen Gebieten als auch in der Großstadt Warschau, die Verfolgung der Juden unter der deutschen Besatzung, den in weiten Kreisen der einheimischen Bevölkerung Ostpolens herrschenden Antisemitismus, deren Komplizenschaft beim Holocaust und die heimtückischen Morde durch polnische Bauern, Polizisten und nationalistische Partisanen an den jüdischen Kämpfern. Das Buch hat eine spannende Vorgeschichte. Im Juni 1981 fand in Jerusalem das erste Treffen von Überlebenden des Holocaust und des Widerstands statt. Mehrere Tausend Juden aus der ganzen Welt trafen dort mit ihren Landsleuten und ehemaligen Waffenbrüdern zusammen. In vielen Veranstaltungen wurden sie u.a. begrüßt: vom Staatspräsidenten Jitzchak Navon, vom Vorsitzenden des Weltverbandes jüdischer Widerstandskämpfer Stefan Grajek, von Eli Wiesel, Simone Veil, Gideon Hausner, Samuel Pisar, Gerhard Riegner, Jehuda Bauer, Chajka Grossman, Jitzchak Arad – jeder Name ein Programm. Die Teilnehmer wurden vorab gebeten, Erinnerungen aus dem Kriege für dieses Treffen aufzuzeichnen. Harold Werner legte den vom ihm verfassten Bericht dem Chefarchivar von Yad Vashem Dr. Schmuel Krakowski vor. Werner hätte sich auf der ganzen Welt keinen besseren Empfänger seiner Memoiren aussuchen können. Dr. Krakowski war Major und Militärhistoriker der polnischen Armee und dann Chefarchivar des Jüdischen Historischen Instituts in Warschau. In gleicher Funktion war er jahrzehntelang in Yad Vashem tätig und verfasste in dieser Zeit unzählige Essays und Bücher, u. a. das Standardwerk über den bewaffneten Widerstand der polnischen Juden *The War of the Doomed Jewish Armed Resistance*. Gemeinsam mit Prof. Israel Gutman schrieb er ein Buch über den ständigen Streit über das Ausmaß der Leiden und gebrachten Opfer während der deutschen Besatzung. Bei den Recherchen im Archiv von Yad Vashem in Jerusalem für meine Bücher und Essays bin ich auf den 39-seitigen Erlebnisbericht *Episodes of a Member of the Jewish Partisan Resistance Group in Poland during World War II* aufmerksam geworden. Auch der berühmte britische Historiker Sir Martin Gilbert, Autor des Buches *The Holocaust* und mehrerer historischer Atlanten, wie z. B. *Endlösung* las den Bericht im Yad-Vashem-Archiv und hat den Autor in den USA aufgesucht und ihn eindringlich gebeten, ein Buch über seine Erinnerungen zu schreiben. Später verfasste er das Vorwort zur amerikanischen Erstausgabe.

Harold Werner verließ Polen bald nach dem Kriege und emigrierte über ein Displaced-Person-Lager bei Düsseldorf in die USA. Zusammen mit seiner Ehefrau Dorothy betrieb er eine Geflügelfarm in Vineland, New Jersey und bekam drei Söhne. Irgendwann wurde Werner von seinen Söhnen mit Fragen bestürmt, warum sich die Juden nicht gegen den Massenmord gewehrt hätten. Als die Söhne älter wurden, hat der Vater ihnen von seinem Kämpfen erzählt.

Im Jahre 1986 erkrankte Werner an Hautkrebs und musste sich einer langen, schmerzhaften und am Ende doch erfolglosen Therapie unterziehen. Am Krankenbett begann er seiner Frau Dorothy seinen Lebensbericht zu diktieren. Es war ein Wettlauf gegen die Zeit. Sein Sohn Mark hat zusammen mit ihm ein Kapitel nach dem anderen lektoriert. Zwölf Tage nach Beendigung des Manuskripts, am 4. Dezember 1989, ist Harold Werner gestorben.

Bei Recherchen in New York im Jahre 1993 fand ich Harold Werners Werk. Ich habe den atemberaubenden Bericht die ganze Nacht hindurch im Hotel gelesen und beschloss, eine Zusammenfassung in meinem Buch über den jüdischen Widerstand, das bereits gesetzt war und bald in Druck gehen sollte, einzufügen.

Zu meiner Überraschung las ich im Buch auch von den Kämpfen der Brüder Jurek, Janek und Abram Pomeraniec aus Wyryki, ihrer Schwester Cesia und ihres Mannes Franek Blaichman, die Kameraden Werners gewesen waren. Die Partisanenbrüder waren bei Kriegsende neunzehn, sechzehn und zwölf Jahre, die Schwester Cesia 21 Jahre alt. Ich war mit ihnen allen seit Jahrzehnten befreundet, denn wir lebten bis 1948 im DP-Lager Zeilsheim und später in Frankfurt. Keiner von ihnen hat mir je von seinen Heldentaten erzählt. Jurek war Träger der höchsten militärischen Auszeichnung Polens, des »Grunwald-Kreuzes«. Er ist vor fünfzehn Jahren in Frankfurt gestorben, ohne seiner Frau und seinem Sohn viel über seine Taten zu erzählen. Janek, Cesia und Franek leben in New York. Abram hat sich als siebzehnjähriger freiwillig bei der israelischen Armee gemeldet und lebt in Tel Aviv. Er war, ein Kind noch, engster Mitkämpfer und Vertrauter des Kommandanten Chiel Grynszpan. Diese legendäre, großartige Gestalt des militärischen Widerstandes der Juden Polens ist am 22. Januar 1999 in Rio de Janeiro gestorben.

Mit Sicherheit hat Harold Werner seinen Kindern die Tatsache zu vermitteln versucht, dass es ein Wunder war, dass die Juden aufgrund der äußerst widrigen Umstände überhaupt Widerstand leisteten, und zwar schon zu Zeiten, als von einem nichtjüdischen Widerstand nicht gesprochen werden konnte. Im Gegensatz zu der nichtjüdischen Bevölkerung in den okkupierten Ländern hatten die Juden keine Exil- oder andere Regierung, die sie moralisch und materiell unterstützte, ihnen Waffen lieferte. Sie waren auf sich allein gestellt und mussten fast unüberwindliche Hindernisse überwinden, um überhaupt am Leben zu bleiben. Schon die Entfernung vom Ghetto wurde mit der Todesstrafe geahndet. Christliche Widerstandskämpfer konnten sich dagegen freier bewegen und im Falle einer Verwundung bei Freunden oder Verwandten unterkriechen. Auch die Beschaffung von Waffen, ohne die man, wenn überhaupt, in keine Partisanengruppe aufgenommen wurde, war in den meisten Fällen ein großes Problem. Von Juden wurden auf dem Schwarzmarkt exorbitante Preise für Waffen verlangt, im Wissen, dass sie keine Alternative hatten. Der jüdische Partisan in spe musste auch gegen die Überzeugung in der eigenen Umgebung ankämpfen, dass durch Widerstandsakte die »Sicherheit« des gesamten Ghettos gefährdet würde. Hinzu kam, dass es an Führungskräften und militärisch ausgebildeten Juden mangelte. Die jüdischen Intellektuellen wurden besonders verfolgt und schon früh getötet. Die jüdischen Offiziere des Krieges von 1939 wurden in deutschen Kriegsgefangenenlagern festgehalten, die einfachen jüdischen Soldaten zu Tausenden ermordet. Circa 800 jüdisch-polnische Offiziere wurden vom sowjetischen Geheimdienst 1940 in Katyn und in Starobielsk erschossen. Sie fehlten als Organisatoren des Widerstandes. Nur in Warschau bildeten ehemalige Soldaten der polnischen Armee den »Zydowski Zwiazek Wojskowy« – Jüdischer Militärverband –, der am Aufstand dort einen entscheidenden Anteil hatte.

Die Juden Osteuropas waren hauptsächlich Stadtbewohner. Sie wussten nichts vom Leben in den Wäldern und waren auf die Gunst und Hilfe der Bauern angewiesen. Die Ukrainer und Balten haben zum großen Teil die deutschen Truppen begeistert empfangen, dienten in Freiwilligen-SS-Verbänden oder als brutale Wachen in KZ und Vernichtungslagern. In Polen konnten die deutschen Besatzer auf die klerikalfaschistischen Traditionen in Teilen der Gesellschaft vor dem Kriege anknüpfen.

Die jüdischen Partisanen in den Wäldern Ostpolens hatten wenige Freunde und zahlreiche, lebensgefährliche Feinde. Zu ihnen zählten vor allem die deutschen Verbände, wie SS- und Sicherheitspolizei, Sicherungsdivisionen der Wehrmacht mit ihrer Feldgendarmerie. Gefährlich waren neben den einfachen Banditen und Marodeuren in den Wäldern und der »granatowa policja«, der polnischen Vorkriegspolizei, die Angehörigen der Nationalen Streitkräfte »Narodowe Siły Zbrojne«, eine Partisanenmiliz der ultraradikalen polnischen Rechten. Sie zählte 1944 über 70 000 Mitglieder. Der erste Einsatzbefehl des Kommandeurs der NSZ Ignacy Oziewicz postulierte den Kampf gegen »revolutionäre und kriminelle Banden und Minderheitenverbände«. Damit waren in erster Linie linke Polen, aber vor allem Juden gemeint. Bei der »Sonderaktion Nr. 1« im Oktober 1942 töteten die NSZ-Leute Tausende von Juden und Hunderte von linken Partisanen und entflohenen sowjetischen Kriegsgefangenen. Die NSZ-Verbände kollaborierten mit der deutschen Besatzung und massakrierten Verbände der linken »Gwardia Ludowa« (GL), der Volksgarde. Noch nach 1945 ermordeten sie Hunderte von polnischen Juden.

Die »Armia Krajowa« – Heimatarmee (AK) – stand formell unter dem Befehl der polnischen Exilregierung in London. Sie zählte über eine viertel Million konspirative Mitglieder, darunter 10 000 Offiziere, und verfügte über ein großes Waffenarsenal. Ihr Kommandeur General Stefan Rowecki verweigerte dem jüdischen Widerstand in Warschau, bis auf wenige Pistolen, jegliche Waffenhilfe. Nach dem Aufstand im Ghetto kämpften die überlebenden Juden im polnischen Aufstand von 1944 in der AK mit. Einige mussten sich als Christen ausgeben, weil es auch in der AK viele Antisemiten gab. Dies stand im Gegensatz zu den Richtlinien der Abteilung für jüdische Angelegenheiten der AK, die von Henryk Wolinski geleitet wurde und die Kontakte zwischen dem jüdischen und dem polnischen Untergrund hielt. Jedes Zusammentreffen jüdischer Partisanen im Walde mit der AK war zunächst lebensgefährlich. Die der AK unterstellten »Bataliony Chlopskie« – Bauernbataillone, die Untergrundarmee der Volkspartei – »Stronnictwo Narodowe« von Stanislaw Mikolajczyk war den Juden freundlicher gesinnt und unterstützte sie gelegentlich.

Nur bei der Untergrundarmee der GL hatten die jüdischen Partisanen Aussicht auf Hilfe und Waffenbrüderschaft. Die GL war aktiver in die Kämpfe gegen die Besatzung und die Wehrmacht involviert als die AK. 1944 wurde sie auf Befehl des polnischen Nationalrats in »Armia Ludowa« umbenannt. In nur einem Jahr, zwischen Januar 1944 bis Januar 1945, führte die AL 1500 militärische Operationen durch, an denen viele jüdische Partisanen beteiligt waren. Mehrere autonome jüdische Partisanenverbände schlossen sich später der AL an, weil diese durch Fallschirmabwürfe viele Waffen, Sprengstoff und Versorgungsgüter vom »Polski Sztab Partyzancki« – Polnischer Partisanenstab – aus Moskau erhielt. Mehrere Kommandeure der AL waren Juden, die teilweise unter christlichen Pseudonymen kämpften und auch fielen. Jüdische Partisanenführer hielten militärische Ränge der AK und später der polnischen Armee. Allein in Polen operierten 28 jüdische Partisaneneinheiten. In hundert Ghettos Polens gab es Untergrundorganisationen und teilweise Aufstände.

Eine Besonderheit des jüdischen Widerstandes waren die Familienlager, die von den Partisanen unterhalten und beschützt wurden. Das größte Familienlager, in dem neben den Partisanen 1200 jüdische alte Männer, Frauen und Kinder lebten, wurde von Tuwia Bielski und seinen Brüdern Asael und Zusia gegründet und kommandiert. Nechama Tec hat die Heldentaten dieses jüdischen militärischen und Rettungswiderstandes akribisch aufgezeichnet.

Auch die Partisaneneinheit Werners hat viele Juden vor dem sicheren Tod gerettet. In meinem Buch *Zum Kampf auf Leben und Tod!* berichte ich über siebzehn dieser Familienlager mit circa 7000, teilweise geretteten alten Menschen, Frauen und Kindern. Die jüdischen Partisanen mussten um die Existenz ihrer Schutzbefohlenen nicht nur gegen den Feind, sondern auch gegen die höheren sowjetischen Kommandostellen ankämpfen, da ihrer Meinung nach diese Zivilisten bei den schwierigen Versorgungs- und Sicherungsbedingungen eine Last waren, die die Mobilität der Partisanen erschwerte.

Trotz der geschilderten schwierigen Umstände gab es circa 30 000 jüdische Partisanen in Polen, im Baltikum, in Weißrussland, in der Ukraine und mehrere Tausend auch in Frankreich, Belgien, Italien, Bulgarien, Griechenland und Jugoslawien. 150 sowjetische Juden erhielten die höchste Auszeichnung »Held der Sowjetunion«, 50 polnische Ghetto-Kämpfer wurden mit dem Tapferkeitsorden »Virtuti Militari« geehrt, darunter Pinkus Kartin, ehemaliger Offizier im spanischen Bürgerkrieg, der per Fallschirm über Warschau abgesetzt wurde, um den dortigen Widerstand zu organisieren. Von vielen hat man nie wieder etwas gehört, es sei denn in den Berichten der SS und Polizei über deren Tötung. Ainsztein schätzt die Zahl der Juden, die in den verschiedenen polnischen Partisanenarmeen wie AK, AL und »Bataliony Chlopskie« kämpften, auf 5000. Weitere Tausende sind auf dem Wege zu den Partisanenlagern gefasst und ermordet worden.

Kaum ein Holocaust- und Widerstandsforscher hat sich mit den militärischen Aspekten der Partisanenkämpfe beschäftigt. Das Buch von Werner macht deutlich, wie wenig darüber bekannt geworden ist, weil in Deutschland nur wenige Bücher über dieses Thema erschienen sind. Das 1993 von Jörg Paulsen übersetzte und herausgegebene wichtige Werk von Reuben Ainsztein stieß nur auf ein sehr geringes Interesse. Wenn überhaupt über jüdische Partisanen berichtet wird, so stets im Zusammenhang mit der Zahl der von ihnen getöteten Feinde als Gradmesser ihrer Effektivität. Man sollte aber bedenken, dass *ein* entgleister Munitionszug dem Feind einen größeren Schaden zufügte als Hunderte gefallener Soldaten. Die Offensive der Partisanen im Raum Lublin im Frühjahr 1944, mit 95 Zugsprengungen und weiteren unzähligen Angriffen auf Eisenbahnen, Stationen, Stellwerke und hundert Aktionen gegen Polizei- und Wehrmachtseinheiten, hat der Heeresgruppe Nordukraine derartige Verluste zugefügt, dass die deutsche Kriegsführung den Großeinsatz »Maigewitter« befehlen musste, der mit einem Fiasko endete. Mitte Mai 1944 wurden für den Großeinsatz »Sturmwind« mehrere Infanterie- und eine Sicherungs-Division der Wehrmacht, ein SS-Polizeiregiment, das Kalmücken-Kavallerie-Korps und Flugzeuge der 4. Luftflotte zusammengezogen. 30 000 bestens ausgerüstete Truppen traten zum Vernichtungsschlag gegen die 3000 Partisanen an, die den deutschen Truppen schwere Schäden zufügten und später den Ring sprengen konnten. Auch Chiel Grynszpans Partisanen haben an den Schlachten um Janow und Parczew, wie auch an Zugentgleisungen und an anderen Kampfhandlungen teilgenommen.

General Rola-Zymierski, Chef der Obersten Heeresleitung bei der Provisorischen Regierung Polens in Lublin, schrieb anlässlich der Gründung des Verbandes jüdischer Partisanen in einem offiziellen Brief vom 21. Juli 1944 an den Vorsitzenden, Oberstleutnant Gustaw Alef, der eine große Einheit der AL kommandierte, unter anderem:

»Ich begrüße mit Freude die Gründung des Verbandes jüdischer Partisanen. Alle Völker Europas haben unter dem barbarischen Nationalsozialismus gelitten, aber keines von ihnen so viel wie das jüdische Volk. Von den Juden, die am Leben blieben, sind Tausende in die Wälder gegangen, um mit der Waffe in der Hand, Schulter an Schulter mit ihren polnischen Partisanen-Brüdern gegen den gemeinsamen Feind zu kämpfen. Die Juden, die in der Überzeugung die Waffe ergriffen haben, dass sie den Tod besiegen werden, haben damit das Banner der Menschenwürde hochgehalten. Die heldenhaften Verteidiger des

Warschauer, des Białystoker und anderer Ghettos, Partisanen der Einheit des Hauptmanns Chiel Grynszpans, dessen Tapferkeit und Hingabe an die Sache der Freiheit ich selbst während einer Inspektion von Partisanen-Einheiten in den Wäldern von Parczew feststellen konnte, die Kämpfer von solchem Rang, wie Sie, Oberstleutnant Alef, Major Temczyn, Major Margulies, so unvergesslich schöne Gestalten wie Niuta Teitelbaum, Hanka Szapiro und Major Skotnicki, die in dem ungleichen Kampf fielen – das alles bezeugt, dass das jüdische Volk auf seine Partisanen-Söhne stolz sein kann. Das polnische Volk wird die Juden – Helden des Kampfes für die Freiheit Polens – niemals vergessen«.

Bataillonskommandeur Oberstleutnant Gustaw Alef, der 1942 aus dem Warschauer Ghetto flüchtete, kommandierte später große Partisaneneinheiten der AL. Major Dr. Michal Temczyn war als Chefarzt Mitglied des Generalstabes der AL. Major Wiktor Margulis organisierte das konspirative Sanitätskorps der AL. Niuta Teitelbaum war unerschrockene Stadtpartisanin, die im Kampf in Warschau im Juli 1943 fiel. Ihr wurde postum das »Grunwald-Kreuz« verliehen. Hanka Szapiro gründete die polnische Widerstandsgruppe »Zwiazek Walki Mlodych«, Jugend-Kampfverband, deren Mitglieder der »Gwardia Ludowa« angehörten. Sie fiel bei einem Feuergefecht im März 1943 in Warschau. Aleksander Skotnicki war vor dem Kriege Universitätsdozent und Reserveoffizier. Nach der Ermordung seiner Frau und seines Sohnes im Ghetto ging er nach Ostpolen, wo er als Bataillonskommandeur der AL unter dem Pseudonym »Zemsta« – Rache –, im Parczewer Forst kämpfte. Er fiel am 16. Mai 1944 beim Durchbruch einer Panzereinheit der Waffen-SS-Division »Viking«.

Die hohe Meinung des Generals Rola-Zymierski, die die Kritiker der Juden widerlegt, wurde allerdings von großen Teilen der Bevölkerung Polens nicht geteilt. Fast alle jüdischen Partisanen haben früher oder später Polen verlassen müssen, weil ihre Sicherheit dort nicht gewährleistet war. In den meisten Ländern hätte man sie als nationale Helden geehrt und ihren Einsatz gewürdigt. Bis heute aber dürfen virulente Antisemiten und Klerikalfaschisten in Polen ihre rassistischen Thesen in Büchern, Zeitungen und sogar im katholischen Rundfunk verbreiten.

1999

General Pattons verlorene Schlacht.
Captain Baums Abenteuer

Der charismatische General George S. Patton jr. zählt zu den berühmtesten Heerführern des Zweiten Weltkrieges. Vier Tage nach dem Sieg von El Alamein begann die Operation »Torch« – Fackel. Eine Armada von 110 Handels- und 200 Kriegsschiffen traf vor der nordafrikanischen Küste ein. Am 8. November 1942 landeten die Alliierten unter dem Kommando von General Eisenhower gleichzeitig mit drei starken Armeeverbänden. Nach heftigen Kämpfen konnte General Patton am 11. November 1942 in Casablanca und Rabat einmarschieren und dann ganz Französisch-Marokko erobern. In der nachfolgenden tunesischen Kampagne sind viele GIs gefallen oder wurden gefangen genommen, unter ihnen Pattons Schwiegersohn Oberstleutnant John K. Waters. Am 12. Mai 1943 kapitulierten alle Achsenverbände, ganz Nordafrika war erobert. General Patton nahm an der großen alliierten Siegesparade in Tunis im Mai 1943 teil.

Nach der Landung in der Normandie eroberte Pattons 3. Armee Mitte September 1944 große Gebiete Ostfrankreichs und überquerte die Mosel. Innerhalb eines Monats befreite Pattons 3. Armee 873 Städte und Ortschaften in Frankreich. Am 16. Dezember 1944 startete die Wehrmacht die letzte große und streng geheim gehaltene Operation ihrer Geschichte, die Ardennen-Offensive, die bis zum 28. Januar 1945 dauerte. Pattons Armee wurde in die Schlacht beordert. Innerhalb kurzer Zeit ist es seiner Armee von siebzehn Divisionen gelungen, über 160 Kilometer Kampfstrecke zu bewältigen. Der Sieg war teuer bezahlt, unzählige Opfer und der Verlust an Kriegsmaterial mussten beklagt werden, aber die Soldaten der 3. Armee verhinderten eine Niederlage der Alliierten wenige Monate vor dem Ziel, der Kapitulation Deutschlands.

Im Januar 1945 begann die Schlussphase des Krieges.

Pattons 3. Armee überwand mit vier Korps die Siegfried-
linie, stürmte durch die Eifel und eroberte das Saarland.
Patton befahl die Bildung von »Combat Commands«,
(CC). Das waren selbstständige Panzerverbände, die, gegen jegliche Regel der Kriegskunst operierend, tiefe Ein-
brüche in der Front des Gegners erzielten. Die CC der
4. Panzerdivision z. B. legten innerhalb von zweieinhalb
Tagen über hundert Kilometer Kampfstrecke bei geringen
eigenen Verlusten zurück und machten außerdem 5000
Gefangene. General Patton verkürzte den Krieg erheblich,
als er innerhalb von acht Tagen die starke deutsche Heeresgruppe G im Blitzkriegsstil ausschaltete.

Am 22. März 1945 ließ Patton mit Tiefladerkolonnen
Pontons, Schlauchboote mit Außenbordmotoren und anderes Gerät an den Rhein bringen. Um 22 Uhr begann in
aller Stille die Überquerung, mit der niemand, weder im
alliierten noch im deutschen Oberkommando gerechnet
hat. Fast kampflos konnte Patton am 23. März einen
starken Brückenkopf bei Oppenheim bilden. Am gleichen Tage erließ Patton einen Tagesbefehl, in welchem er
Bilanz der Kämpfe seit dem 29. Januar 1945 zog. Die
3. Armee eroberte innerhalb von 52 Tagen 3072 Städte
und Dörfer, darunter Trier, Koblenz, Bingen, Worms,
Mainz, Kaiserslautern und Ludwigshafen. Sie nahm
140 000 deutsche Soldaten gefangen, 100 000 wurden
getötet oder verwundet. »Die Geschichte kennt keine
größeren Errungenschaften in so kurzer Zeit« – heißt es
im Tagesbefehl. Präsident Roosevelt, Premier Churchill
und General Eisenhower drückten Patton ihre Bewunderung und Dankbarkeit aus.

Am 25. März stieß das »Combat Command B« (CCB)
der 4. Panzerdivision bis zum Main bei Aschaffenburg
vor. In der gleichen Nacht befahl Patton dem CCB einen
schnellen Durchbruch nach Hammelburg, wo sich ein
Kriegsgefangenenlager mit Tausenden von alliierten Soldaten und Offizieren befand. Sein Stab widersetzte sich
dem unmöglich durchzuführenden Ansinnen, eine Truppe
von 2000 bis 3000 Soldaten ohne entsprechende Logistik

siebzig Kilometer weit in den heftig verteidigten Spessart zu entsenden. Patton täuschte seinen Stab über die Motive seines Befehls. Der wirkliche Grund für den Vorstoß nach Hammelburg, der später als »Hammelburg Raid« oder »Patton's Trip« in die Militärgeschichte eingehen sollte, hatte weder militärisch-strategische noch humanitäre Gründe. Er diente dem einzigen Zweck, nur *einen* Gefangenen, Pattons Schwiegersohn Oberstleutnant John Waters, der zwei Jahre früher in Tunesien in Gefangenschaft geraten war, vorzeitig zu befreien.

Es war kein Zufall, dass Patton diesen gefährlichen Auftrag seiner 4. Panzerdivision erteilte. Sie war neben der 101. Luftlande-Division die einzige Einheit, die kollektiv den hohen Tapferkeitsorden »Distinguished Service Cross« erhielt. Die jungen Obersten Creighton Abrams und Harold Cohen führten mit ihren gepanzerten Combat Commands die verwegensten Durchbrüche aus. Was für ein Combat Command unmöglich zu erreichen war, sollte nun eine Truppe von 300 Soldaten, einem Zehntel davon, leisten. Oberstleutnant Cohen, der ein reicher jüdischer Textilindustrieller aus South Carolina war, hätte als General im Pentagon die Versorgung der Armee mit Uniformen leiten können, zog aber einen Feldeinsatz vor. Die Truppe unter dem Kommando von Cohen sollte den unmöglichen Auftrag ausführen, aber der Divisionsarzt schickte den Offizier an diesem Tage wegen Dienstuntauglichkeit ins Feldlazarett. Da Patton unbedingt Cohen als Kommandeur dieses Unternehmens haben wollte, unterzog er ihn einer eigenen medizinischen Überprüfung. Cohens Bataillon war seit fünf Tagen und Nächten ununterbrochen in schwierigem Kampfeinsatz gewesen und hatte schließlich eine Brücke bei Aschaffenburg erobert.

Der Nachfolger Cohens war der Operationsoffizier des Bataillons, Captain Abraham J. Baum. Der Militärhistoriker Charles Whiting nennt die Hammelburg-Mission »das schrecklichste Abenteuer des Zweiten Weltkrieges«. Baum ahnte nicht, dass er Held dieses Abenteuers werden sollte.

Der jüdische Offizier Abraham Jacob Baum wurde am 29. März 1921 in der Bronx, einem Stadtteil von New York, geboren und war bis zu seiner Einberufung Zuschneider in einer Damenbekleidungsfabrik. Nach Absolvierung der Kriegsschule wurde er im November 1942 Offizier der 4. Panzerdivision und nahm an allen fünf Feldzügen seiner Division in Europa teil. Die »Task Force Baum« (TFB) bestand aus einer Panzerkompanie und einer motorisierten Infanteriekompanie mit 294 Soldaten und Offizieren, zehn Sherman-Panzern, fünf leichten M3-Panzern, drei Sturmgeschützen auf Panzerlafetten, 27 Halbkettenfahrzeugen, darunter einem Tankwagen und acht Jeeps. Vor dem Einsatz versprach Patton dem Hauptmann Baum den »Congressional Order of Merit«, (COoM), die höchste Tapferkeitsauszeichnung Amerikas, die auf Beschluss des Kongresses nach entsprechender Vorlage verliehen wird. Von den über zwölf Millionen aktiven Soldaten der US-Army im Zweiten Weltkrieg erhielten nur 433 Tapfere, meist postum, diese Auszeichnung. Baum antwortete: »Sir, ich lehne eine Bestechung für die Ausführung von Befehlen ab.« Der Auftrag lautete, nachts siebzig Kilometer ins leicht gebirgige Feindesland vorzustoßen, um circa 300 im Offizierlager Oflag XIIIB in Hammelburg vermutete amerikanische kriegsgefangene Offiziere, sie nannten sich selbst *Kriegis*, zu befreien und sie wieder hinter die Frontlinien zurückzubringen. Baum erhielt nur einige veraltete französische Landkarten und besaß keine Informationen über die Lage und Stärke des Gegners.

Um den Durchstoß der TFB zu ermöglichen, griff am Abend des 26. März 1945 die CCB den Ort Schweinheim südlich von Aschaffenburg an. Der Ort wurde so stark verteidigt, dass die TFB erst um Mitternacht, aus allen Rohren feuernd, den Ort durchstürmen konnte. Die Truppe verlor vier kostbare Nachtstunden, die das Scheitern des Unternehmens bedeuten sollten. Erst um 2.30 Uhr morgens konnte die heutige Bundesstraße 26 erreicht werden. Einige Panzer fuhren in nur zwanzig

Meter Entfernung am Gefechtsstand der 7. deutschen Armee in Heigenbrücken vorbei. Aber die Gefangennahme von deutschen Generälen zählte nicht zu den Aufgaben der TFB. Eine Stunde später wurde eine deutsche Einheit überrascht und vernichtet. Bei einer Panzersperre wurde um 4.30 Uhr ein Sherman-Panzer abgeschossen. Um 5 Uhr wurden eine Flakeinheit, Fernmeldeeinrichtungen und LKW beschossen. Um 10 Uhr passierte der Verband den Bahnhof Gemünden, wo zwölf Züge mit je zwanzig Waggons mit Lokomotiven für Truppentransporte standen. Baum ließ die Züge und die Lokomotiven angreifen sowie mehrere Flakkanonen mit Termitgranaten vernichten. Um 13 Uhr befreite die Truppe 700 russische Kriegsgefangene. Um 16 Uhr fand eine veritable Panzerschlacht statt, bei der zehn Fahrzeuge und Panzer vernichtet werden. Baum wurde an der rechten Hand und am Knie verwundet. Provisorisch verbunden, kämpfte er weiter mit.

Erst gegen 18 Uhr eroberte die dezimierte Truppe nach heftigen Kämpfen gegen inzwischen alarmierte Einheiten der Wehrmacht das Lager Hammelburg, bestehend aus dem Oflag XIIIB und dem Stalag XIIIC. Statt der vermuteten 300 Offiziere fand Baum 1300 amerikanische Offiziere vor und Abertausende anderer Kriegsgefangener, darunter den gesamten jugoslawischen Generalstab. Wegen des im Lager herrschenden Durcheinanders konnte Baum erst gegen Abend den Rückmarsch mit einigen Hundert befreiten Offizieren vorbereiten. Seine Truppe schmolz auf 110 kampffähige Soldaten zusammen, denen sich sechzig befreite Offiziere anschlossen. Baum sandte Patrouillen aus, um den Rückzugsweg zu erkunden, wobei es weitere Verluste gab. Dann gruppierte er seine Kräfte um und ließ mehrere Fahrzeuge wegen Benzinmangels anzünden. Baum konnte nicht wissen, dass sich seine Truppe auf dem Panzerschießgelände auf dem Reußenberg befand, dessen in Bunkern befindliche Beobachtungsstände genauestens bekannt und durch Telefon verbunden waren.

Als Baum um 7.30 Uhr am Morgen abmarschieren ließ,

eröffneten auf ein Kommando von Hauptmann Köhl, der im Zivilberuf evangelischer Pfarrer war, fünf verschiedene deutsche Einheiten, darunter Waffen-SS-Offiziersanwärter, das Feuer. Auf dem Reußenberg herrschte die Apokalypse. Innerhalb von fünfzehn Minuten waren alle Fahrzeuge und Kanonen vernichtet und viele Soldaten tot oder verwundet. Baum gab dann den Befehl, in kleinen Gruppen zu flüchten. Während der Gefangennahme schoss ein Wehrmachtssoldat amerikanischer Abstammung auf ihn und verletzte ihn in der Leistengegend. Baum warf seine Erkennungsmarke, die ihn als Juden ausweisen würde, weg. Nach der Entfernung der Insignien seiner Einheit gelang es ihm, unerkannt auf dem Krankenrevier unter den *Kriegis* unterzukommen, wo er lange fast ohne Bewusstsein lag. So verging am 29. März der Tag seines 24. Geburtstages.

Der Preis des 33 Stunden währenden »Ausflugs« nach Hammelburg war bitter, auch wenn dem Feind *en passant* unermesslicher Schaden zugefügt wurde. Nur neun Soldaten konnten bis Mitte April die eigenen Linien, halb verhungert, erreichen. 25 sind gefallen, 32 Soldaten waren, wie ihr Chef, schwer verwundet, alle Panzer, andere Fahrzeuge und Gerät waren zerstört. Auch Waters, dem die Befreiungsaktion gegolten hatte, war verwundet worden.

Erst am 6. April wurde das Lager endgültig befreit. General von Goeckel übergab die Gefangenen und kapitulierte. Kurz darauf erschien der Chefarzt der 3. Armee, Major Charles Odom, im Krankenrevier. Wenige Minuten später landeten zwei kleine Piper-Flugzeuge neben dem Lager. Odom ließ Pattons Schwiegersohn Waters als einzigen Verwundeten ins US-Lazarett in Gotha herausfliegen. Baum blieb mit den anderen Verwundeten drei lange Tage und Nächte ohne jegliche ärztliche Versorgung zurück. Einige von ihnen starben. Baum gelang es, auf eigene Initiative auch ins Armeelazarett in Gotha zu kommen. Dort erfuhr er, dass Patton die Hammelburg-Operation als *top secret* klassifizierte; niemand durfte darüber reden. Eines Nachmittags besuchte Patton das Lazarett in Gotha, wo er seinen Schwiegersohn mit dem »DSC« dekorierte. Anschließend besuchte er Baum, um auch ihm das »DSC« an den Lazarett-Kittel anzuheften. Wenige Tage später wurde Baum zum Major befördert und nahm, kaum ausgeheilt, weiter am Krieg teil. Patton kam glimpflich davon. Vom »COoM« war keine Rede mehr, denn durch die Vorlage an den Kongress würde der Skandal, dass für die Rettung *eines* Mannes das Leben von 300 Soldaten aufs Spiel gesetzt und viele von ihnen getötet worden waren, publik. Konsequenterweise erwähnt Patton Baums Namen in seinen Memoiren mit keinem Wort. Eigentlich müsste sich Patton wegen Hammelburg vor einem Kriegsgericht verantworten, aber wer wagte den großen Kriegshelden anzuklagen?

Der Krieg ging weiter. Patton war es versagt, wenigstens eine Hauptstadt, wie Prag oder Wien, zu befreien. Nach Kriegsende wurde Patton Militärgouverneur von Bayern. Er führte sich wie ein römischer Prokonsul auf. Patton bezog eine Villa bei Bad Tölz, die dem nazistischen Pressezaren Max Amann gehörte und dessen Nachbar früher Himmler gewesen war. Hat die Nazi-Aura seiner Villa und seine deutsche speichelleckende Umgebung Patton zum Faschisten und Antisemiten gemacht? Auf jeden Fall bedachte er die jüdischen Überlebenden des Holocaust, die Displaced-Persons, mit äußerster Feindseligkeit und offenem Hass. Sie lebten in bayerischen DP-Lagern unter schlimmsten Bedingungen, oft hinter Stacheldraht unter Bewachung.

In Amerika regte sich Protest. Präsident Truman entsandte im Juli 1945 Earl Harrison, den Dekan der juristischen Fakultät der Universität von Pennsylvania nach Bayern, um die schlimmen Nachrichten zu überprüfen. Der Bericht Harrisons schlug in Washington wie eine Bombe ein, denn er übertraf die bisherigen Schilderungen.

Am 17. September, dem ersten Jom-Kippur-Feiertag nach der Befreiung, besuchte General Eisenhower in Begleitung Pattons das jüdische DP-Lager in Feldafing. Patton schrieb in seinem Tagebuch, dass der jüdische DP eine

Art Untermensch sei, ohne jegliche kulturelle oder soziale Bildung und niedriger als ein Tier stehe. Dazu ein Kontrastprogramm: Beim Besuch des Kriegsgefangenen-Lagers in Garmisch-Partenkirchen, wo auch viele KZ-Wächter einsaßen, äußerte Patton in Anwesenheit seiner Begleitung sein Bedauern, dass so wertvolle Leute in Lagern gehalten werden. In Bayern herrschten in diesen Lagern noch der alte Nazigeist und Disziplin. Patton war vom noch bevorstehenden Krieg gegen die Sowjets überzeugt und hat diese Meinung offen geäußert. Bei einer Konferenz mit der internationalen Presse Ende September bedauerte Patton, dass nicht noch mehr NS-Parteimitglieder in der Verwaltung beschäftigt werden. Er erklärte auch, dass er keinen Unterschied zwischen der Nazipartei und den Demokraten und Republikanern in den USA erkennen kann. Diese Erklärungen liefen durch die gesamte Weltpresse. Patton führte weiter Krieg, jetzt gegen die Presse, deren Vertreter er manchmal als »nichtarisch« klassifizierte. Patton »verliebte« sich offenbar in den früheren Feind und machte aus dieser Vernarrtheit kein Geheimnis. Vergebens mahnte Eisenhower Patton ab, als sich sein rebellisches Benehmen zur Obsession entwickelte.

Eisenhower hatte nun genug von Pattons Possen, die die Etablierung eines demokratischen Staates in Deutschland äußerst störten und beorderte ihn für den 28. September 1945 in sein Hauptquartier im IG-Farben-Gebäude in Frankfurt. An der Sitzung nahm auch Walter Dorn statt, Sohn eines protestantischen Geistlichen und Geschichtsprofessor an der Ohio State University, der als Gutachter den Anschuldigungen gegen Patton nachging. Dorns Bericht bestätigte die schlimmsten Befürchtungen. Am 3. Oktober 1945 wurde Patton auf Befehl Eisenhowers als Kommandeur der 3. Armee und Gouverneur von Bayern abberufen und stattdessen zum Befehlshaber der 15. Armee ernannt. Diese Armee gab es aber nur auf dem Papier, weil sie längst demobilisiert war. Sie wurde 15. Armee genannt, so der Kasinowitz in Frankfurt, weil sie aus fünf-

zehn Offizieren bestand. Eine Gruppe von kriegsgefange-
nen deutschen Generälen erarbeitete in Bad Nauheim die
deutsche Seite der Geschichte des Zweiten Weltkrieges.
Das war die ganze klägliche Funktion dieser »Armee«.
Die Ära Patton sollte am 15. Dezember 1945 mit dessen
Abreise aus Europa zu Ende gehen.

Als die sensationelle Nachricht von der Entlassung Pattons durch die Presse ging, verteidigten viele jüdische Offiziere, die unter Patton dienten, ihren Chef gegen den Vorwurf des Antisemitismus. In der Tat, in der 3. Armee und
besonders in der 4. Panzerdivision dienten überdurch-
schnittlich viele Juden. Sergeant Reuben Schemitz rettete
Patton in Frankreich 1918 das Leben. Patton bat ihn 1941,
wieder in seinem Stab zu dienen, was aufgrund seines Alters
nicht möglich war. G-2, Chef der Feindaufklärung seiner
Armee, war Oberst Oscar Koch, der vom ersten bis zum
letzten Tag unter Patton diente. Oberst Bernstein war Chef-
zahlmeister der Armee, Major Martin Blumenson führte
das Kriegstagebuch und war offizieller Historiker der 3. Armee und die bereits erwähnten Offiziere Oberstleutnant Cohen und Major Baum waren der Stolz der 3. Armee.

Was geschah später mit den *dramatis personae*? John
Waters kämpfte in Korea und wurde Kommandeur der
4. Panzerdivision. Er ging 1966 in den Ruhestand als
Vier-Sterne-General und Oberbefehlshaber im Pazifik.
Creighton Abrams kämpfte in Korea und Vietnam. Er
wurde 1972 Generalsstabschef und starb 1974. Der jüdische *Kriegi*, Leutnant Richard Baron verfasste mit Richard Goldhurst und Abraham Baum ein Buch über die
Operation Hammelburg: *RAID!* Harold Cohen übernahm nach dem Kriege wieder die Leitung seiner Textil-
fabriken. Abraham Baum rekrutierte zwischen 1947 und
1949 Freiwillige für den Unabhängigkeitskrieg in Israel in
den USA. Sie bildeten die internationale Brigade Israels
»Machal«. Mosche Dajan flog nach New York, um
Baums Rat in taktischen Fragen einzuholen. Die daraufhin aufgestellte 8. Panzerbrigade »Yiftah« konnte unter
dem Kommando des 26-jährigen Offiziers Jizchak Rabin

in der Operation »Dani« Lydda, heute Lod, mit dem größten Flughafen des Landes, erobern. Später gründete Baum eine Bekleidungsfabrik. Er ist einer der am meisten dekorierten Soldaten des Zweiten Weltkrieges, lebt in Kalifornien und ist Vorsitzender des Traditionsverbandes der 4. Panzerdivision.

Patton sollte auf Befehl General Eisenhowers am 15. Dezember 1945 den Schauplatz seiner Kämpfe und Siege in Europa endgültig verlassen und über Paris in die USA zurückfliegen. Dem hochdekorierten General mit den vielen Kriegstrophäen wurden ganze 165 Pfund Gepäck zugestanden. Das war das wenig glorreiche Ende seiner fast vierzigjährigen Militärkarriere. Patton nutzte die wenigen Tage in Deutschland, um sich von Freunden zu verabschieden. Am 9. Dezember kollidierte Pattons Limousine bei Mannheim mit einem Armee-Lastwagen. Er starb am 21. Dezember im Armeelazarett in Heidelberg und wurde am 24. Dezember 1945 auf dem Militärfriedhof in Hamm bei Luxemburg beigesetzt. Durch seinen Tod ersparte er sich eine skandalumwitterte Heimkehr.

General Patton muss so genommen und verstanden werden, wie er war, höchst verdienstvoll und voller Widersprüche. Er half mit aller Kraft und mit ganzem Einsatz, das Nazireich zu zerschlagen. Er verkürzte den Krieg und rettete damit auch das Leben der jüdischen DPs, derjenigen Menschen, die er später so verachtete. Die unvergesslichen historischen Verdienste dieses großen Feldherren sind zu bewundern und zu respektieren, seine menschlichen Verirrungen sollten ihm vergeben werden.

Die Patton-Story berührt mich persönlich stark, weil ich im April 1945 von der amerikanischen Armee befreit und gerettet wurde, als ich vom Todesmarsch im Harz flüchtete. Anschließend war ich Dolmetscher in der Armee und trug mit Stolz die amerikanische Uniform. Im Herbst 1945 wurde ich schließlich ein DP und zählte also zu der Spezies, die Patton so verachtete.

1997

Verleugner des Widerstandes, jüdischer Selbsthass, Antizionisten

Meine Kontroverse mit Raul Hilberg

Im Jahre 1961 erschien in Chicago das Buch des damals 34-jährigen, aus Wien nach den USA emigrierten Historikers Raul Hilberg *The Destruction of the European Jews*. Es ist das bis heute wichtigste und materialreichste Standardwerk über den Holocaust und übertrifft an Umfang und Bedeutung alle anderen Bücher und Publikationen zum Thema der Vernichtung der europäischen Juden. Hilbergs neues Buch *Täter, Opfer, Zuschauer* ist eine Ergänzung und Epilog zum Hauptwerk.

Im Kapitel »Die Opfer« werden Gruppen von Verfolgten dargestellt, die bei Hilberg bisher zu kurz gekommen sind: die Flüchtlinge, die Frauen und Kinder, die christlich getauften oder in Mischehen lebenden Juden, die zeitweilig Privilegierten, wie die Frontkämpfer des Ersten Weltkrieges. Nur sechs Seiten des 367 Seiten starken Buches widmet Hilberg den überlebenden Juden, wie den KZ-Häftlingen, die, wie der Autor dieser Zeilen, die Todesmärsche des Winters und des Frühjahrs 1945 überstanden haben.

Mit einigen wenigen Worten werden die Displaced Persons abgehandelt. In einer Fußnote erfahren wir, dass zwei der Überlebenden Nobelpreisträger wurden. In der gleichen Fußnote wird mein Cousin Jean-Marie Lustiger erwähnt, der 1983 zum Kardinal von Paris ernannt wurde.

Im Nachfolgenden wollen wir uns mit dem Thema der *unangepassten* Juden unter den Opfern beschäftigen. Zum besseren Verständnis der Problematik muss ich auch auf das Hauptwerk Hilbergs eingehen. Bereits in der Einführung zur Ausgabe von 1961 versprach Hilberg Folgendes: »In diesem Buch werden wir uns hauptsächlich mit den Tätern befassen.«

Leider hat er sich an dieses Versprechen nicht gehalten, denn sein Buch beschäftigt sich ebenfalls mit den Opfern. Folgerichtig hat er hauptsächlich die Akten der Täter akribisch bearbeitet. Aber im Hauptwerk stammen die meisten Informationen *über die Opfer* von den Tätern, wie z. B. von dem berüchtigten SS-General von dem Bach-Zelewski oder von dem SS-Richter Dr. Morgen.

Hilberg fehlte offenbar die Zeit und Lust, sich mit den Aussagen der jüdischen Zeitzeugen zu befassen. Es war auch bequemer, in Virginia/USA die sauber getippten Dokumente in seiner deutschen Muttersprache zu studieren, als die handgeschriebenen Zettel, Aufrufe, illegalen, primitiv gedruckten Zeitungen des jüdischen Widerstandes, die letzten Worte der Todgeweihten zu lesen, die aus den verschiedenen Sprachen und über drei Alphabete gestreuten Texte zu übersetzen.

Der letzte große NS-Prozess, das Verfahren gegen den Massenmörder Schwammberger in Stuttgart, ist eine schallende Ohrfeige gegen die Aktenfetischisten unter den Historikern, denn er offenbart den tiefen Abgrund zwischen der schrecklichen, von den Zeitzeugen geschilderten Wirklichkeit und der von den Tätern stammenden Aktenlage. Unter den über 4500 Fußnoten und Quellenverweisen im Hauptwerk finden wir jedenfalls kaum Aussagen jüdischer Zeitzeugen.

Hilbergs vernichtendes Pauschalurteil über die Passivität der Juden im Laufe ihrer zweitausendjährigen Geschichte, das ihr Verhalten während des Holocaust erklären soll, hält einer kritischen Überprüfung nicht stand. Er doziert: »Vorbeugende Angriffe, bewaffneter Widerstand und Racheakte kamen in der Geschichte des jüdischen Exils so gut wie nie vor.«

Hilberg entgingen offenbar viele Ereignisse der jüdischen Geschichte. Hier einige Beispiele: Die jüdische Selbstverteidigung während der Kosaken-Massaker Chmielnickis im

17. Jahrhundert und der Pogrome in der Ukraine Ende des 19. Jahrhunderts, wie z. B. die Beteiligung eines jüdischen Reiterregiments bei Kosciuszkos polnischem Volksaufstand und an den napoleonischen Kriegen unter Oberst Berek Joselewicz, die Kämpfe der jüdischen Bürgermilizen in Warschau während des Aufstandes gegen die Russen im Jahre 1863, die Beteiligung der Juden an den deutschen Befreiungskriegen, die Beteiligung der Juden an der Kommune von Paris und an den russischen Revolutionen von 1905 und 1917, die Kämpfe der Jüdischen Legion während des Ersten Weltkrieges. Die Juden nahmen auch in einem eigenen Regiment am türkischen Befreiungskrieg teil. Mein Urahn Jakub Szpot, polnischer Jude und napoleonischer Offizier, befehligte in Spanien eine deutsch-polnisch-französische Einheit, die die Stadt Cuenca mit wenigen überlebenden Soldaten bis zum Entsatz hielt. Er ist 1812 vor Moskau gefallen.

Hilberg weiß offenbar auch nichts über die 6000 jüdischen Freiwilligen im spanischen Bürgerkrieg, die dort sogar in der eigenen jüdischen Einheit »Botwin« kämpften und eine eigene jiddische Frontzeitung herausgaben.

Im Buch *Täter, Opfer, Zuschauer* gibt es im Kapitel »Die Opfer« den Abschnitt »Die Unangepassten«, in dem der Autor auf wenigen Seiten die sich nonkonform verhaltenden Juden »erledigt«. Zunächst kommen die Selbstmörder dran. Es wird ein Essay von Konrad Kwiet zu diesem Thema zitiert. Dagegen wird das von diesem mit Helmut Eschwege verfasste Standardwerk *Selbstbehauptung und Widerstand – Deutsche Juden im Kampf um Existenz und Menschenwürde 1933–1945* von Hilberg ignoriert.

Es finden sich weitere fragwürdige Aussagen im Standardwerk: »Während der Katastrophe von 1933–1945 waren Fälle aktiven Widerstandes rar und ohne Bedeutung. Vor allem waren sie aber, wann und wo immer sie auftraten, Aktionen des letzten (niemals des ersten) Augenblicks.«

Frage: In welchem besetzten Land gab es den Widerstand des »ersten« Augenblicks seitens der Zivilbevölkerung? Hilberg illustriert das Verhalten der Juden während des Holocaust mit einem Strich-Diagramm, ähnlich dem Preisstrich-Code im Supermarkt. Beim »Abschwächen« und »Nachgeben« zählen wir je zehn Striche, beim »Widerstand« null Striche. Eine fragwürdige, pseudo-statistische Methode.

Man bedenke jedoch: Während des Zweiten Weltkriegs sind über fünf Millionen sowjetische Soldaten in deutsche Gefangenschaft geraten. Über drei Millionen von ihnen wurden durch Genickschüsse in Buchenwald ermordet, in Auschwitz vergast und auf sonstige Weise ohne Gegenwehr umgebracht, alles militärisch ausgebildete Männer. Drei Millionen nichtjüdische ermordete Polen zählen auch zu den Opfern Hitlers. Über 20 000 polnische Offiziere wurden von den Schergen des sowjetischen NKWD ermordet. Nach dem Badoglio-Putsch im September 1943 wurden über 200 000 italienische Soldaten von deutschen Truppen entwaffnet, gefangen genommen und Zehntausende von ihnen umgebracht. Hat man ihnen jemals Passivität und somit Mitschuld an ihrem Tod vorgeworfen?

Hilberg handelt die Millionen von jüdischen Greisen, Frauen und Kindern unbarmherzig ab. Hinter jedem SS-Mörder stand ja die geballte Kraft der Wehrmacht, die jeden Widerstand sofort gebrochen hätte. Hilberg ist, wenn auch indirekt, für die Kontroverse mitverantwortlich, die 1963 Hannah Arendts erschienenes Eichmann-Buch auslöste. An dieser Debatte beteiligten sich Manès Sperber, Golo Mann, Gerschom Scholem, Martin Buber, Ernst Simon, Hugh Trevor-Roper, Eva Reichmann und viele andere Persönlichkeiten der Geisteswelt. In Anspielung an den Untertitel ihres Buches *Die Banalität des Bösen* sprach man von der Perversität der Brillanz.

Die Negierung von Fakten über den jüdischen Widerstand, die in Hunderten von Publikationen und Büchern, in Abertausenden von Dokumenten belegt sind, ist eine schwer wiegende Unterlassung, die einem so berühmten Historiker wie Hilberg nicht unterlaufen sollte. Bereits im

Jahre 1960 veröffentlichte das Archiv Yad Vashem in Jerusalem unter der Redaktion von Dr. Philip Friedman eine Bibliografie mit 1246 Titeln von Werken über den Holocaust, darunter 151 Publikationen über den jüdischen Widerstand. Seitdem erschienen Hunderte Monografien, aber auch Gesamtdarstellungen des jüdischen Widerstandes in allen Ländern Europas. Ganz wenig davon finden wir in Hilbergs Werken.

Für die Aufstände in den Ghettos und in den Vernichtungslagern stellt Hilberg eine Kosten/Opfer-Nutzen-Rechnung auf. Dabei kommt er zu dem Ergebnis, dass sich diese Aktionen nicht lohnten, weil sie den Mördern zu wenig geschadet hätten. Wie nun? Erstens gab es also keinen Widerstand, und wo es ihn gab, war er unbedeutend und dazu zu teuer. Was uns Raul Hilberg nicht mitteilt: Nach den jüdischen Aufständen in Treblinka und Sobibor wurden diese Vernichtungslager liquidiert. Das Krematorium Nr. 3 in Auschwitz wurde nach dem Aufstand des jüdischen Sonderkommandos nicht wieder instand gesetzt. Wenige Wochen später wurden alle Krematorien stillgelegt.

Dem mächtigen jüdischen Widerstand in Frankreich, mit Tausenden von Kämpfern in jüdischen Widerstandsorganisationen und im allgemeinen gaullistischen und kommunistischen Widerstand erledigt Hilberg mit einem einzigen Satz. »So lebten in Frankreich junge jüdische Männer – teils zionistische Pfadfinder, teils Kommunisten – illegal im Untergrund und wirkten aus Überzeugung, auf gut Glück oder der Not gehorchend in der Partisanenbewegung mit.«

Diese Schilderung verschlägt uns den Atem, denn die Juden stellten zeitweise fünfzehn Prozent des operativen militärischen Widerstandes bei lediglich einem Prozent an der Gesamtbevölkerung in Frankreich dar. Es gab rein jüdische Kampforganisationen, wie AJ, AS, EIF, UJRE, 2. Detachement sowie vorwiegend aus Juden bestehende Formationen wie Liberté, Carmagnole, 35. Brigade, FTP-MOI u.v.a. In allen diesen Einheiten spielten auch die jüdischen Frauen eine große Rolle, wie Ingrid Strobl es in ihrem Buch eindringlich schilderte. Jacques Bingen kam illegal auf Anordnung de Gaulles aus London nach Paris, um den Widerstand in ganz Frankreich als Nachfolger des von Barbie zu Tode gefolterten Jean Moulin zu leiten. Auch er fiel unter den Kugeln der SS. Eine Briefmarke der französischen Post ehrt sein Andenken. Der polnische Jude Joseph Epstein, zuvor Offizier im spanischen Bürgerkrieg, kommandierte die Pariser Region des Widerstandes. Er wurde postum zum Oberstleutnant der französischen Armee und Ritter der Ehrenlegion ernannt. Marcel Langer, auch er Offizier in Spanien, befehligte den Widerstand in Südfrankreich. Sie alle fielen im Kampf. Die meisten Agenten der »Roten Kapelle« in Frankreich und Belgien mit Leopold Trepper an der Spitze waren Juden.

Der einzige Schauprozess der Nazis gegen den Widerstand in Europa fand in Paris statt. Nachdem viele Widerstandskämpfer verhaftet worden waren, wurden 23 von ihnen, alles Nichtfranzosen und darunter zwölf Juden, vor Gericht gestellt, verurteilt und hingerichtet, unter ihnen als einzige Frau Golda Bancic, die in Rumänien als Nationalheldin geehrt wird. Die Nazis ließen Tausende von großen roten Plakaten drucken, die die Hingerichteten und ihre »Terrorakte« als warnendes Beispiel zur Schau stellten. Die 23 Helden vom »Affiche Rouge« – und unter ihnen die Juden – sind der Stolz des französischen Widerstandes. Ihnen sind mehrere Bücher, Dokumentarfilme und ein Gedicht von Aragon gewidmet.

Es gab ca. 20000 jüdische Partisanen in Polen, Litauen, in Weißrussland, in der Ukraine, aber auch in Belgien, Italien, Bulgarien, Griechenland und Jugoslawien. 150 sowjetische Juden erhielten die höchste Auszeichnung »Held der Sowjetunion«, 50 polnische Ghetto-Kämpfer wurden mit dem Tapferkeitsorden »Virtuti Militari« geehrt, darunter Pinkus Kartin, ehemaliger Offizier in Spanien, der per Fallschirm über Warschau abgesetzt wurde, um den dortigen Widerstand zu organisieren. Im Abschnitt »Die Unangepassten« lesen wir jedoch: »Denen, die ›nicht

mehr mitmachen‹ wollten, standen die vielen anderen gegenüber, die noch am Leben hingen. Die Aktivitäten im
Ghetto und das Denken der Insassen kreisten vor allem
darum, sich am Leben zu halten.«

Diese miesen Juden, sie wollten am Leben bleiben! Mit
diesem unmenschlichen Ausspruch assoziiere ich die
Schreie der Kapos in den KZ, die die ausgemergelten
Häftlinge mit den Worten: »Wollt ihr ›Muselmänner‹ ewig
leben?« antrieben. Der zitierte Satz Hilbergs erfordert
keine Kritik, er richtet sich selbst.

Wo immer es im besetzten Europa entsprechende Bedingungen gab, wie eine günstige Topografie und die Solidarität seitens der Bevölkerung, haben die Juden Widerstand
geleistet. Die meisten von ihnen hatten keinen Staat, der
sie unterstützen konnte. Weder Moskau noch London haben ihnen Waffen geliefert. Sie mussten sich diese auf
abenteuerliche Weise selbst besorgen.

Kein jüdischer Widerstandskämpfer wiegte sich je in
der Illusion, dass er und seine Waffenbrüder das mächtige
Dritte Reich besiegen könnten. Das Kredo der meisten
von ihnen war: Wir kämpfen und sterben für die Ehre des
jüdischen Volkes, für einige Zeilen in den Geschichtsbüchern. Hilberg radiert diese Zeilen aus und verscharrt alle
Opfer, ob Widerstandskämpfer oder nicht, im anonymen
Grab des Verschweigens und des Vergessens. Er deckt sie
mit Tonnen von Akten der Mörder zu und schüttet auf die
Gräber Tausende von Fußnoten seiner Bücher. Er be-
schwert mit seinen Beschuldigungen die ohnehin von
Überlebens-Schuldkomplexen schwer beladene Existenz
der wenigen am Leben gebliebenen Widerstandskämpfer,
anderer Überlebender und die ihrer Familien.

Hilberg hat sein großes Werk mehrfach überarbeitet
und aktualisiert. Aber nach Durchsicht aller Ausgaben,
der von 1961, 1982 und 1990, hat er zumindest eine Behauptung nie abgeändert oder eingeschränkt. Der letzte
Absatz des Kapitels »Opfer« blieb über vierzig Jahre in allen Ausgaben unverändert. Wir müssen deshalb diesen
Satz als sein *ceterum censeo* betrachten: »Zum ersten

Male auch stürzten sich die jüdischen Opfer – gefangen in der Zwangsjacke ihrer Geschichte – physisch und psychisch in die Katastrophe. Die Vernichtung der Juden war somit kein Zufall.« Die Juden hatten selber Schuld! Das ist die Quintessenz seiner Forschungen. Viele Dokumente der Täter, die Hilberg in seinen Werken in extenso zitiert, enthalten z.T. ausführliche Schilderungen des jüdischen Widerstandes. Diese den Widerstand der Juden betreffenden Textstellen in Briefen und amtlichen Berichten der höchsten SS- und Regierungsfunktionäre wie Kube, Katzmann, Stroop, Frank, Himmler u.a., werden von ihm jedoch niemals erwähnt. Durch diese selektive Zitierpraxis »beweist« Hilberg die Richtigkeit seiner unhaltbaren Thesen. Viele berufene jüdische Historiker aus Israel, Frankreich, Belgien und England, wie Gutman, Krakowski, Steinberg, Rayski, Ainsztein, widerlegten schon vor Jahren Hilbergs Theorien. Der Historiker Dr. Nathan Eck, Direktor des Archivs von Yad Vashem, veröffentlichte schon im Jahre 1967 in der wissenschaftlichen Zeitschrift »Yad Vashem Studies« Nr. VI im 45-seitigen Essay *Historical Research or Slander* eine vernichtende Kritik an den falschen und die Gegner und Opfer Hitlers beleidigenden Behauptungen Hilbergs.

Seine Feststellungen mindern jedoch nicht die ungeheure Bedeutung seiner Forschungen für die Zeitgeschichte und für uns, die Überlebenden. Denn eins wollen wir doch nicht vergessen: Hilberg hat die Nazimörder ans Licht gezerrt und die Auseinandersetzung mit dem Naziregime erst ermöglicht. Diese seine Lebensleistung bleibt unvergessen. Durch die Mitherausgabe des Tagebuches des Vorsitzenden des Judenrats von Warschau Adam Czerniaków hat Hilberg bewiesen, dass er von seiner negativen Beurteilung der Rolle der Juden inzwischen abgerückt ist.

Weitere Verleugner des jüdischen Widerstandes

Es gab noch weitere Ankläger der Juden und Negierer des jüdischen Widerstandes, z. B. Hannah Arendt und Bruno Bettelheim, die sich ausdrücklich auf Hilberg und auf sein wichtiges und ansonsten sehr verdienstvolles Standardwerk beriefen.

Hannah Arendt schrieb in ihrem Buch über den Eichmann-Prozess:»Die Rolle der jüdischen Führer bei der Zerstörung ihres eigenen Volkes ist für Juden zweifellos das dunkelste Kapitel in der ganzen dunklen Geschichte. Wohl sind diese Dinge nicht unbekannt gewesen, aber die furchtbaren und erniedrigenden Einzelheiten dieser Arbeit sind erst jetzt in Raul Hilbergs grundlegendem Buch *The Destruction of the European Jews* so zusammengestellt worden, dass sie ein einheitliches Bild ergeben.«

Diese und andere unzutreffenden Anschuldigungen und Behauptungen lösten seinerzeit eine weltweite Debatte aus. Bruno Bettelheim forderte von den Juden folgendes: »Millionen von europäischen Juden, die nicht rechtzeitig flüchteten oder untertauchten – oder das nicht konnten –, hätten wenigstens als freie Menschen gegen die SS marschieren können, statt zuerst zu Boden zu kriechen, dann zu warten, bis sie zu ihrer eigenen Vernichtung zusammengetrieben wurden, um schließlich selbst in die Gaskammern zu gehen.«

Alle drei Propheten der angeblichen schuldhaften jüdischen Passivität und Feigheit konnten Großdeutschland rechtzeitig vor Kriegsanfang verlassen und mussten deshalb ihre den europäischen Juden zugedachten Gebote nicht selbst vollziehen.

Mahatma Gandhi empfahl 1938 in einem Brief an Martin Buber den deutschen Juden, passiven Widerstand zu leisten. Im Januar 1991, als irakische Scud-Raketen in Israel einschlugen, griff der Berliner Politologie-Professor Ekkehart Krippendorff diesen Gedanken in einer Diskussion in der »taz« auf. Er gab den ermordeten Juden die folgende postmortale »Eize«, einen ungebetenen Ratschlag also: »Man stelle sich dieses Szenario vor: kein deutscher Jude folgt den diskriminierenden Anordnungen der deutschen Behörden (Judenstern, getrennte Parkbänke, beschränkte Einkaufszeiten) ... Man stelle sich vor, kein deutscher Jude wäre Befehlen gefolgt, sich zu Sammeltransporten bei den dafür vorgeschriebenen Sammelplätzen einzufinden. Oder man stelle sich vor, die Kolonnen der Hunderte und Tausende auf dem Weg zu den Güterbahnhöfen, ... hätten sich schlicht hingesetzt, ›Sitzstreik‹ nennen wir das heute – hätten Polizei, SA, Wehrmacht und SS es gewagt, im Angesicht aller deutschen Zuschauer diese Menschen jeden Alters und Geschlechts zusammenzuschlagen und sie Körper für Körper, widerstandslos und doch mächtig, auf Lastwagen zu verfrachten? – die Deportation wäre faktisch zusammengebrochen, physisch undurchführbar geworden.«

Nur jüdische sit-ins also waren erforderlich, und dann gäbe es keinen Holocaust!

Alle diese direkten oder raffiniert versteckten Anschuldigungen gehen uns, den Überlebenden, egal, ob Widerstandskämpfer oder nicht, um es krass auszudrücken, schwer auf den Geist. Wir sind nämlich sowieso mit einer unheilbaren Krankheit gestraft, mit der Überlebensschuld. Primo Levi, Jean Améry und Josef Wulf haben dies nicht ausgehalten und begingen Selbstmord. Der promovierte Historiker Dr. Wulf, mit dem ich befreundet war, er nahm sich in Berlin das Leben. Er verfasste zwar mehr als 20 Bücher über die Judenverfolgung und über das Dritte Reich, aber in ganz Deutschland gab es keine Institution, die ihm Forschungsaufträge oder eine ständige Position angeboten hätte. Sein Plan, in der Wannsee-Villa ein Dokumentationszentrum zu errichten, fand seinerzeit nicht die nötige Unterstützung.

Wie wurde der jüdische Widerstand von der Naziführung beurteilt?

Im Gegensatz zu einigen Historikern der Schoa, die den Widerstand der Juden verleugnen oder marginalisieren, beurteilten die Naziführer den jüdischen Widerstand viel realistischer. Davon zeugen unzählige Akten, die als »Geheime Reichssache« klassifiziert wurden. Die Autoren der Berichte hatten keinen Grund, ihre Vorgesetzten zu belügen; im Gegenteil, sie waren verpflichtet, über die Ereignisse wahrheitsgemäß zu berichten. Sie sind deshalb wichtigster Bestandteil der Schoa-Forschung. Auch für die Verleugner des Widerstandes sind diese Berichte Grundlage ihrer Werke, nur ignorieren sie die diesbezüglichen Akten oder, was noch schlimmer ist, kürzen sie die Dokumente um die für den Widerstand relevanten Stellen.

Generalgouverneur Hans Frank berichtete am 20. April, es war Hitlers Geburtstag, u. a. Folgendes nach Berlin: »Seit gestern haben wir einen bereits mit Geschützen zu bekämpfenden wohl organisierten Aufstand im Ghetto.«

Frank hatte Recht. In Krakau kämpfte unerschrocken eine jüdische Stadtguerilla, die sogar eine eigene Zeitung druckte. Als einige der Kämpfer festgenommen wurden, ist am zweiten Weihnachtstag 1942 ein dreiseitiges Fernschreiben mit einem ausführlichen Bericht hierüber an Hitler im Führerhauptquartier in der Wolfsschanze geschickt worden. In *Schindlers Liste* kommt der Widerstand der Krakauer Juden allerdings nicht vor.

Himmler konnte am 21. April wegen des anfänglichen Fiaskos in Warschau nicht schlafen. Er schickte um 1 Uhr morgens das folgende Fernschreiben an seine Henker in Warschau und Krakau, die SS-Generäle Krüger und Stroop: »Die Durchkämmung des Ghettos in Warschau ist mit größerer Härte und Unnachsichtigkeit zu vollziehen. Je härter zugepackt wird, desto besser ist es. Gerade die Vorfälle zeigen, wie gefährlich diese Juden sind. Gez. H. Himmler.«

Tausende dieser »gefährlichen Juden« gab es auch in

Osteuropa. Jüdische Partisanen wurden in den SS-Berichten als Banditen bezeichnet. Raul Hilberg belegt sie mit dem abwertenden Ausdruck »Waldjuden«.

Der Generalkommissar für Weißruthenien Wilhelm Kube schrieb in einem Bericht an seinen Chef, den Reichskommissar Hinrich Lohse, am 31. Juli 1942 u. a.: »Bei allen Zusammenstößen mit den Partisanen in Weißruthenien hat es sich herausgestellt, dass das Judentum im ehemals polnischen als auch im ehemals sowjetischen Teil des Generalbezirks mit der polnischen Widerstandsbewegung und den Rotarmisten Hauptträger der Partisanenbewegung ist.«

In dem von Ilja Ehrenburg und Wassili Grossman kompilierten und von mir herausgegebenen *Schwarzbuch* über den Genozid an den sowjetischen Juden wurde u. a. im Bericht über den Aufstand der Juden in Białystok der nachfolgende Text von der stalinistischen Zensur gestrichen: »Jeder, der miterlebt hat, unter welch schrecklichen Bedingungen die jüdische Bevölkerung unter dem Hitlerjoch gelebt und wie heldenhaft sie gegen die deutschen Henker gekämpft hat, der begreift, welch bedeutenden Beitrag die Juden zur Zerschlagung des deutschen Faschismus geleistet haben.« Was für eine seltsame Übereinstimmung zwischen sowjetischen Zensoren und Verleugnern des jüdischen Widerstandes.

1993

Jüdischer Selbsthass
und meine Debatte mit Erich Fried

Gibt es einen »ehrbaren« Antisemitismus? Der Schriftsteller, Widerstandskämpfer und Überlebende von Auschwitz, Buchenwald und Bergen-Belsen Jean Améry verneinte leidenschaftlich diese Frage. Seine Rede zur »Woche der Brüderlichkeit« 1976, zwei Jahre vor seinem Freitod, beendete er mit folgenden Worten: »Ich appelliere an Ihre, an der Welt Emotion, gewiss vor allem aber an Ihre Intelligenz, wenn ich ausrufe: der Antisemitismus, auch wenn er sich Antizionismus nennt, ist nicht ehrbar. Er ist im Gegenteil der unverlierbare ›Fleck auf der Ehr'‹, den die zivilisierte Menschheit trägt«.

Es gab aber auch ebenso wenig ehrbare, vom Selbsthass beherrschte jüdische Antisemiten. In seinem 1927 erschienenen Buch *Caliban* schrieb Arnold Zweig u. a. »Der so genannte jüdische Selbsthass, diese spezifisch österreichische Form der Ich-Entwertung, der jüdische Weltschmerz, die jüdische Verzweiflung, der leidenschaftliche Ansporn zur Verneinung des eigenen Wesens kam vorzugsweise dort vor, wo das Leben der jüdischen Gesellschaft wirklich Glanz, Farbe, Zauber und humanes Menschentum hervorbrachte oder spiegelte.« Dies stimmt nicht ganz genau, denn der jüdische Selbsthass kam auch in anderen Ländern vor und zwar zu allen Zeiten. Schon im Mittelalter verfolgten Apostaten in Frankreich, in Spanien, in Russland, in Deutschland und in anderen Ländern ihre früheren Glaubensbrüder mit Vehemenz und Effizienz. Johannes Pfefferkorn verfasste mehrere antisemitische Machwerke und richtete irrepa- rablen Schaden an, als er auf Geheiß des christlichen Klerus unzählige jüdische heilige Bücher konfiszieren und vernichten ließ. Der russisch-jüdische Apostat Jakow Brafman verfasste 1869 das antisemitische Werk *Das Buch vom Kahal*, das neben den berüchtigten *Protokollen der Weisen von Zion* zum Bestand der antisemitischen Literatur in Russland zählt.

Der getaufte Wiener Jude Karl Kraus beschuldigte in seiner Zeitschrift »Die Fackel« die »jüdische Presse« – er meinte die »Neue Freie Presse«, an der auch Dr. Theodor Herzl, der Gründer des Zionismus mitarbeitete, für den Antisemitismus verantwortlich zu sein. Nach dem ersten Zionistischen Kongress im Jahre 1897 in Basel hat er im Aufsatz »Eine Krone für Zion« Herzl und die Zionisten mit beißender Satire und Hass übergossen. Er war antizionistischer Publizist der ersten Stunde. Kraus polemisierte auf gehässige Weise nicht nur gegen Herzl, sondern auch gegen viele andere jüdische Intellektuelle, wie Alfred Kerr, Siegmund Freud und Moritz Benedikt. Gegen Maximilian Harden führte er viele Jahre lang Prozesse.

Der Wiener Landsmann von Kraus, der konvertierte Jude Otto Weininger war Antisemit eines besonderen Kalibers. Der Psychologe, Philosoph, Frauenhasser und Autor des 1906 erschienenen Werkes *Geschlecht und Charakter* beging mit 23 Jahren Selbstmord, da er damit einen Juden töten wollte.

Der Philosoph Theodor Lessing verfasste das 1930 erschienene Buch *Jüdischer Selbsthass*, in welchem er dieses Phänomen unter den Juden, das er selbst erlebte und mitmachte, einer klinischen Untersuchung unterzog. Die vom Selbsthass besessenen Juden würden an einer unglücklichen »Feindesliebe«, an einer Hingabe an das Deutschtum, kranken. Als Lessing bei den Reichspräsidenten-Wahlen 1925 in der Presse sehr polemisch die Kandidatur des Feldmarschalls Hindenburg kritisierte, zog er sich den Hass der Nationalsozialisten zu. Deshalb wurde Lessing 1933 im tschechoslowakischen Exil von Nazikillern in Marienbad ermordet. In seinen Memoiren *Einmal und nie wieder*, die 1935 postum im Exil veröffentlicht wurden, bedauerte er seinen antisemitischen Selbsthass.

Sander Gilman veröffentlichte 1986 in Amerika das Standardwerk *The Jewish Self-Hate* über das Selbstverständnis der Juden, die das antisemitische Axiom gegen sich selbst richten. Gilman schildert die Kontinuität des jüdischen Selbsthasses vom Mittelalter bis zum 20. Jahrhundert und ist wenig optimistisch in Bezug auf die Zukunft; er beendet sein Buch mit folgender Feststellung: »Es entstand eine neue Form des jüdischen Selbsthasses, die heftige Ablehnung der Existenz des Staates Israel von jüdischer Seite.«

Der linke jüdische Antizionismus hat in Deutschland eine unselige Tradition. Der jüdische KPD-Propagandist Otto Heller publizierte 1931 nach einer Reise in die Sowjetunion ein Buch, das damals zur Bibel der jüdischen Antizionisten und Kommunisten avancierte: *Der Untergang des Judentums.* Heller kritisiert heftig die Juden, ihre Religion und ihre nationalen Aspirationen und nimmt zwar Stellung zum Antisemitismus, aber die einzige Lösung der Judenfrage sieht er in der Jüdischen Autonomen Region Birobidschan in der Sowjetunion. Wenige Jahre nach Hellers Reise wurden die jiddische Kultur und ihre Träger in der Sowjetunion liquidiert. Später erschienen dort in hohen Auflagen antizionistische und antisemitische Bücher und Publikationen. 1983 wurde das »Antizionistische Komitee der Sowjetunion« gegründet, das aus prominenten und linientreuen Juden bestand und bis zum Zusammenbruch der Sowjetunion agierte.

Nach dem Kriege avancierte das postum erschienene Buch des belgischen Trotzkisten Abraham Leon *Judenfrage und Kapitalismus* zur Ersatzbibel der jüdischen Antizionisten. Heller und Leon wurden im Holocaust ermordet und konnten das Scheitern ihrer Theorien nicht mehr erleben.

Keine politische Bewegung wurde in den letzten hundert Jahren derart angefeindet, verleumdet und mit allen Mitteln der Propaganda und der Desinformation delegitimiert wie der Zionismus. Einer der Höhepunkte dieser Infamie war der UNO-Beschluss vom 10. November 1975, der den Zionismus mit dem Rassismus gleichsetzte.

Einige Ultralinke mutierten zu Ultrarechten, wie der ehemalige RAF-Anwalt und heutige Nazi und Antisemit Horst Mahler. Beim Studentenaufstand im Mai 1968 in Paris, zu dessen Führern Daniel Cohn-Bendit »Dany« und sein Bruder Jean-Gabriel »Gaby« gehörten, gab es u. a. Transparente mit der Aufschrift: »Wir alle sind deutsche Juden.« Damit wurde der Holocaust für die Gleichsetzung der französischen Polizei mit der SS instrumentalisiert und missbraucht. An einem Beispiel soll die Verknüpfung der Linken mit der Rechten in der Frage der Verleugnung des Holocaust aufgezeigt werden. Paul Rassinnier, Robert Faurisson und der exkommunistische Parteiideologe Roger Garaudy gründeten in Frankreich eine revisionistische Historikerschule, die die Existenz der Gaskammern und den Massenmord an den Juden negiert. In der Zeitschrift »Revision« wurden diese Thesen erklärt und propagiert. 1981 erschien der *Intolerable Intolerance* betitelte Sammelband dieser Verleugner des Holocaust, in welchem auch ein siebzehnseitiger Aufsatz von Gaby Cohn-Bendit veröffentlicht wurde. In seinem Text verteidigte er Faurisson und seine Bewegung. Dieser ist 1983 wegen Rassenhetze verurteilt worden. Erst elf Jahre später hat sich Gaby Cohn-Bendit zu einer Distanzierung von seinem Text bequemt, nachdem er als Kandidat bei den Parlamentswahlen 1992 wegen seines Engagements bei den Negierern kritisiert wurde, was seine Wahlchancen schmälerte. In der »Liberation« vom 12. 3. 1992 erklärte er, dass er beim Lesen des erst 1988 in Frankreich erschienenen Werkes von Raul Hilberg über die Vernichtung der europäischen Juden zur Überzeugung gelangte, dass es wirklich Gaskammern gab. Sein Artikel endet mit den Worten: »Seien wir ehrlich, ich habe mich geirrt.« Diesen Bären den Lesern einer seriösen Zeitung in einem Lande aufzubinden, in welchem es unzählige Dokumentationen über den Holocaust in allen Medien gab, ist ein Beispiel jüdischer Chuzpe.

Im Mai 1980 traf ich den bedeutenden Dichter Erich Fried bei den Römerberg-Gesprächen in Frankfurt. Ich kannte seine negative Einstellung zum Zionismus und zu Israel und wollte mich während einer Pause über seine derzeitige Meinung zu diesem Thema erkundigen. Kaum habe ich mich als ehemaliger Überlebender von Auschwitz

und Buchenwald vorgestellt, da flüsterte ihm ein Mann etwas ins Ohr. Darauf sagte Fried, dass er mit mir nicht
sprechen wolle; es wäre verlorene Zeit mit einem Zionisten zu debattieren. Offenbar wurde ich als Bundesvorsitzender der Zionistischen Organisation in Deutschland »denunziert« und kam deshalb als Gesprächspartner
nicht in Frage. Wusste Fried nicht, dass die meisten Überlebenden von Auschwitz in Israel, in dem Land, das Fried
mit seinem Hass verfolgte, ein neues Leben begonnen haben?

Am 21. Januar 1981, über ein Jahr *vor* dem Libanon-
feldzug Israels, organisierten die Palästinenser und ihre
Sympathisanten in Deutschland eine Palästina-Woche. In
der Einladung zur Veranstaltung in der Frankfurter Uni
wurden Erich Fried und Dan Diner als Ehrengäste genannt. In der Einladung wurde Frieds Gedicht *Was heißt
es, wenn Begin spricht?* abgedruckt, in welchem er sagt:
»Das heißt, dass der Mörder spricht, der Mörder von Deir
Yassin. Der Mörder spricht von der Zukunft, aber er hat
keine Zukunft«.

Der für das Massaker von Sabra und Schatila verant-
wortliche damalige Verteidigungsminister Ariel Scharon
musste demissionieren; der Kahan-Untersuchungsausschuss
erklärte ihn für mitschuldig und unfähig, ein Regierungs-
amt zu bekleiden, weil seine Soldaten das Massaker nicht
verhindert haben.

Die christlich-libanesischen Mörder der Frauen und
Kinder von Sabra und Schatila unter dem Kommando des
Führers der christlichen Falange-Miliz Eli Hobeika stan-
den nie vor einem Gericht. Der Massenmörder und christ-
liche Politiker Hobeika lebte bis zu seinem gewaltsamen
Tod im Januar 2002 in Beirut.

Im Dezember 1984 kam Erich Fried mit dem Führer der
deutschen Nazis Michael Kühnen zusammen. Beide sollten an einer Talkshow teilnehmen, aber Kühnen wurde
kurz vor der Sendung ausgeladen. Danach führte Fried
mit Kühnen ein fünfstündiges Gespräch, in welchem ihm
der Nazi darlegte, dass sein ideologischer Standpunkt

nicht bei der SS, sondern bei der SA wäre. Dass SA-Leute als brutale Wachen schon sehr früh unzählige Verbrechen und Morde in den KZ und während der »Kristallnacht« verübten, spielte offenbar keine Rolle. Wer war Kühnen? Die wichtigste Figur der extremsten Rechten in Deutschland und Gründer der »Aktionsfront Nationaler Aktivisten« (ANS). Mit der Holocaust-Leugnerin Ingrid Weckert gründete er in München die »Antizionistische Aktion«. In Absprache mit dem Irak wollte er eine deutsche »Antizionistische Legion« zum Kampf gegen Israel aufstellen.

Als im Februar 1985 der Prozess gegen Kühnen beginnen sollte, kam Fried nach Frankfurt, um *für* den Naziführer vor Gericht als »Charakterzeuge« auszusagen, was jedoch vom Gerichtsvorsitzenden abgelehnt wurde. Auf Einladung der ASTA fand am 4. Februar 1985 in einem Hörsaal der Frankfurter Uni unter Vorsitz von Dany Cohn-Bendit eine Veranstaltung mit Fried statt, in welcher er sein Eintreten für Kühnen rechtfertigte. Der große Dichter schockte die meist linken Zuhörer, als er den Nazi Kühnen vehement verteidigte. Er wurde dafür mit Eiern beworfen. Ich war dabei und musste mich an die Weigerung Frieds mit *mir* zu sprechen erinnern. Der Friedsche Kühnen-Rechtfertigungs-Nonsens wurde in einem Interview in der »taz« dokumentiert.

Der Literaturwissenschaftler, Schriftsteller und Gründungspräsident der Erich-Fried-Gesellschaft Hans Meyer, der auf ein langes Leben als engagierter Linker zurückblicken konnte, schrieb 1975, ein Jahr *vor* Jean Amérys Rede gegen den »ehrbaren« Antisemitismus:

»Wer den ›Zionismus‹ angreift, aber beileibe nichts gegen die ›Juden‹ sagen möchte, macht sich und anderen etwas vor. Der Staat Israel ist ein Judenstaat. Wer ihn zerstören möchte, erklärtermaßen oder durch eine Politik, die nichts anderes bewirken kann als solche Vernichtung, betreibt den Judenhass von einst und von jeher. Wie sehr das auch am Wechselspiel der Außenpolitik und der Innenpolitik beobachtet werden kann, zeigt die Innenpolitik der dezidiert antizionistischen Staaten: sie wird ihre jüdischen Bürger virtuell als ›Zionisten‹ verstehen und entsprechend traktieren«.

Das Diktum von Jean Améry, es gebe keinen ehrbaren Antisemitismus und Antizionismus, möchte ich erweitern; es gibt auch keinen ehrbaren Terrorismus. Mit Stanislaw Jerzy Lec könnte ich sagen: Die meisten »ehrbaren« Antisemiten, Antizionisten und Terroristen haben ein reines Gewissen; sie haben es selten benutzt.

2001

Zum Buch
»Zweihundertjahre gemeinsam«
von Aleksandr Solschenizin

Die Welt schuldet dem Nobelpreisträger Aleksandr Solschenizyn Dank für sein Lebenswerk, für die vielen Romane in Form fiktionalisierter Geschichte, die nicht un-
wesentlich zum Verschwinden der Illusionen über die
Sowjetunion und schließlich zum Zusammenbruch dieses
menschenfeindlichen Systems führte. Das literarische Ge-
nie galt jahrelang als *die* moralische Autorität Russlands.

Im Juni 2001 überraschte Solschenizyn das russische
Lesepublikum mit einem neuem Buch, seinem ersten historischen Werk: *Zweihundertjahre gemeinsam.* Es handelt
von den Beziehungen zwischen Russen und Juden, ist also
der »Judenfrage« in Russland gewidmet. In einem kurzen
Vorwort schreibt Solschenizyn u. a. programmatisch: »Ich
rufe beide Seiten – die russische wie die jüdische – zu ge-
duldigem gegenseitigem Verständnis auf, wie auch zur
Anerkennung der eigenen Schuld, – es ist ja so leicht, sich
von ihr abzuwenden und zu sagen: *Wir* waren es nicht. Ich
bemühe mich aufrichtig, beide Seiten zu verstehen. Ich
vertiefe mich in Fakten und nicht in eine Polemik.«

An diesem Anspruch ist Solschenizyn gescheitert, denn
er zettelte eine Polemik an, die es in diesem Umfang zu
diesem Thema in Russland noch nie gab. Zu seinem Buch
erschienen im vergangenen Jahr viele, meist kritische Stel-
lungnahmen, Rezensionen und Essays. Die Skala der Kritik ist breit. Der Historiker und Leiter des Moskauer Antifaschistischen Zentrums Wiktor Daschewski nennt das
Buch antisemitisch und verlogen, weil es vorsätzlich die
Geschichte der russischen Juden verfälscht. Alexander Ar-
changelski bedauert in der Zeitung »Iswestia«, dass das
Buch überhaupt veröffentlicht wurde. Der Bostoner Hebraist Petrowski-Shtern ist der Meinung, dass das Buch ein
antijüdisches Produkt ist, dessen pseudo-gelehrte Subs-
tanz in pseudo-ethische Argumente für den Massenver-

brauch verpackt wurde. Solschenizyn wiederhole lügenhafte, grundlose und ultrakonservative Vorurteile über die Juden wie viele Antisemiten vor ihm. Auch Historiker und Publizisten wie Iwanow, Kazis, Rudenski und Kukuschkin haben sich in ihren Aufsätzen ähnlich, wenn auch nicht in so scharfen Worten, kritisch über Solschenizyns Buch geäußert. Russische Faschisten wiederum betrachten das Buch als judäophile Literatur, weil Solschenizyn die Juden nicht offen, sondern verschleiert brandmarkt.

Solschenizyns Weltbild ist geprägt vom russischen Patriotismus und von seiner Treue zur Orthodoxie. Die Glorifizierung des zaristischen Reiches als Höhepunkt der russischen Geschichte und der Versuch der Exkulpation Russlands von allen Übeln zählen zu den Konstanten seiner Weltanschauung und seiner Geschichtsphilosophie. Solschenizyn behauptet, dass Russlands Herrscher stets wohlwollend gegenüber den Juden eingestellt waren, alle Versuche unternahmen, ihr Los zu verbessern und ihnen sogar Anbauflächen zur landwirtschaftlichen Besiedlung zur Verfügung stellten. Aber die Juden haben für die ihnen gezeigte Gunst und großzügig gewährten Hilfen schlecht gedankt. Jüdische Schankwirte seien es gewesen, die russische Bauern zur Trunksucht verführten und den Staat durch Schmuggel schädigten. Juden, so ein anderer Vorwurf, drückten sich vor dem Militärdienst und beteiligten sich massiv an allen revolutionären Bewegungen. Wer Juden kritisiert oder ihnen Vorwürfe macht, ist im Buch, Jude oder nicht, willkommen, z.B. russische Staatsbeamte, aber auch Zionisten, orthodoxe Juden, Bundisten, Kommunisten, die ihrem Hang zur Selbstkritik folgend, ihre jeweiligen ideologischen Gegner beschimpften. Dies ist nur ein kleiner Teil der Litanei von Vorwürfen gegen die Juden, die im Buch zu finden sind, wobei der Autor jede Nation, aber besonders die Juden, für die Taten gegen russische Interessen anprangert und sogar haftbar macht. Solschenizyn will also den Vorwurf sowohl der Kollektivschuld der Juden als auch die dafür fällige Kollektivstrafe perpetuieren.

Die Ursprünge der Judenfrage in Russland

Die Judenfrage in Russland entstand nicht dadurch, dass die Juden massenweise nach Russland einwanderten, um die Segnungen des Zarismus zu genießen. Die meisten von ihnen wurden vielmehr durch die drei räuberischen Teilungen Polens zwangsweise zaristische Untertanen. Mit der Einverleibung Polens verloren die Juden ihre ihnen seit Jahrhunderten von den polnischen Königen gewährten Rechte wie auch eine religiöse und administrative Autonomie sowie Gerichtsbarkeit. Auch ihr eigenes, polnisch-jüdisches Parlament »Waad arba arzot« wurde aufgelöst. Nach der dritten Teilung Polens 1795 durften die jüdischen Untertanen Russlands ausschließlich im so genannten jüdischen Ansiedlungsrayon leben. In diesem Sperrbezirk, der weniger als ein Zwanzigstel des russischen Riesenreiches von 22 Millionen Quadratkilometern umfasste, lebten 4,9 Millionen Juden, eingepfercht, verfolgt und in äußerster Not, unter Russen, Ukrainern, Polen, Weißrussen, Balten und anderen Völkern. Das waren 94 Prozent der russischen und mehr als die Hälfte der Juden der Welt. Solschenizyn erweckt den Eindruck, dass die Notwendigkeit der Gründung des Ansiedlungsrayons durch die massive Emigration der Juden aus Polen nach Russland entstanden sei. Wie so oft verwechselt er mutwillig die Ursache mit der Wirkung, denn die polnischen Juden blieben dort, wo sie bisher lebten; zehn der 25 Gouvernements des Rayons lagen ja in Polen.

Was in Solschenizyns Buch nicht zu finden ist

Zu den von Solschenizyn oberflächlich oder gar nicht behandelten Aspekten zählt die so genannte Kantonistenfrage. Zar Nikolai I. erließ rund 600 Gesetze gegen die Juden. Er wollte die Judenfrage u. a. durch Methoden wie Russifizierung und Taufe lösen. Mit dem Kantonistendekret wurde 1827 die Militärpflicht für Juden eingeführt.

Jüdische Knaben im Alter von zwölf Jahren wurden erst bis zum achtzehnten Lebensjahr zum Unterricht und Drill fern von der Heimat und anschließend zum 25-jährigen Militärdienst gezwungen. Solschenizyn nennt diese barbarischen Maßnahmen Gleichstellung mit den Christen. Die christlichen Kantonisten waren aber ausschließlich Kinder von Berufssoldaten, die sorgfältig und ohne Schikanen auf ihre künftige Militärkarriere vorbereitet wurden. Da den Schtetl-Gemeinden, Kahale genannt, Rekrutenquoten aufgezwungen wurden, wurden jüdische *Chapper* (Fänger) beschäftigt, die nicht selten sogar neunjährige Jungen aus Häusern der Armen und Witwen entführten, um die Söhne reicher Juden zu schützen. Die Kinder marschierten manchmal monatelang zu ihren Garnisonen. Die 40 000 jüdischen Kantonisten wurden in speziellen Kasernen von brutalen Unteroffizieren und Geistlichen auf den Militärdienst und den schnellen Übertritt zum Christentum »vorbereitet«. Ganze Einheiten wurden der öffentlichen Zwangstaufe unterzogen. Nicht selten sahen die Kinderrekruten im Selbstmord den letzten Ausweg.

Die Reformen der Regierungszeit Alexanders II. brachten nur einem kleinen Teil der jüdischen Bevölkerung wirkliche Verbesserungen. So wurden nun auch Juden an Gymnasien und Universitäten zugelassen. Entgegen der Behauptung Solschenizyns haben Tausende davon Gebrauch gemacht. Sie und ihre Nachkommen waren später Teil der intellektuellen Elite Russland. Sie leisteten einen großen Beitrag zur Kultur des Landes, was Solschenizyn auf nur knapp drei Seiten abhandelt. Wegen des später eingeführten *numerus clausus* und *numerus nullus* mussten Tausende Juden im Ausland, beispielsweise auch in Deutschland, studieren. Diese Diskriminierungen waren nach Solschenizyns Meinung als Schutz vor künftigen jüdischen Revolutionären berechtigt und notwendig. Die jüdischen Massen aber lebten weiterhin, ausgegrenzt und elementarer Menschenrechte beraubt, im Ansiedlungsrayon. Mit der Ermordung Alexanders II. ging für die russischen Juden eine Phase begrenzter Liberalisierung zu Ende.

Russland war die Wiege der jiddischen Kultur und Literatur. Dort lebten und wirkten die Klassiker der jiddischen Literatur. Die Bücher von Scholem Alejchem wurden in alle Sprachen der Welt übersetzt und zählen zum Kanon der Weltliteratur. Der jiddische Nobelpreisträger für Literatur Isaac Bashevis Singer wurde im zaristischen Polen geboren.

Jiddisch war die lebendige Muttersprache von zehn Millionen Menschen. Solschenizyn mokiert sich über diese pejorativ Jargon genannte Sprache und kann sich dabei auf die kritischen Aussagen von Zionisten und Assimilanten stützen. Während des Ersten Weltkrieges wurden alle jiddischen und hebräischen Publikationen verboten, weil es an Militärzensoren mangelte und die Juden unter dem Generalverdacht standen, mit der deutschen Besatzung in Polen zu sympathisieren und für sie zu spionieren. Jüdische Soldaten durften deshalb keine Briefe nach Hause schreiben, weil bei vielen von ihnen Jiddisch die einzige Sprache war, die sie beherrschten. Abertausende von jüdischen Familien wurden während des Krieges wegen vermuteter Unzuverlässigkeit aus Ostpolen nach Russland deportiert, viele starben in der Verbannung. Diese Tatsachen sind im Buch nicht zu finden.

Solschenizyns Alterswerk ist seltsam strukturiert, weil in ihm wesentliche Aspekte, die eine historische Arbeit ausmachen, fehlen. Es gibt weder eine Bibliografie noch ein Personen-, Orts- oder Sachregister. Aus welchen Gründen auch immer, sei es eine autistische Einstellung des Autors zu Ereignissen, die nicht zu seinen Theorien passen, oder Ignoranz, wertet Solschenizyn in seinem Buch keine Primärquellen aus, weder Archivalien noch Presseberichte aus der damaligen Zeit, obwohl alle diese Quellen seit mehreren Jahren frei zugänglich sind. Nur vier Dutzend Bücher und drei Enzyklopädien, fast alle in russischer Sprache, bilden den dürftigen wissenschaftlichen Apparat des Buches. Weitere Quellen sind Bücher jüdischer Historiker, wie Juli Hessen, der, wie Solschenizyn, keine polnischen, keine jiddischen oder hebräischen Quellen auszuwerten imstande war. Hessen wird fast zweihundert Mal zitiert.

Mit den ca. 1600 Fußnoten will der Autor womöglich seine Leser beeindrucken. Die meisten seiner Quellen wurden vor über hundert Jahren veröffentlicht. Somit wird der Leser auf den Wissensstand des neunzehnten Jahrhunderts zurückgeworfen.

Dem gegenüber nennt beispielsweise die Bibliografie im Standardwerk des Londoner Historikers John D. Klier von 1992 *Imperial Russia's Jewish Question* mehr als 400 Bücher in englischer, russischer, polnischer, jiddischer und hebräischer Sprache, sowie 180 von Klier ausgewertete meist russische zeitgenössische Zeitungen und Periodika. Es stellt sich die Frage, ob Solschenizyn auf die Forschungen zahlreicher Historiker, wie Simon Dubnow, Salo Baron, Louis Greenberg, Richard Pipes, Heinz-Dietrich Löwe, John D. Klier und Michail Heller verzichtet, da die Ergebnisse ihrer Forschungen nicht in das von ihm konstruierte Bild Russlands und der Juden passen, oder ob er sie, was schlimmer wäre, gar nicht kennt. Nur mit dem Historiker Benzion Dinur kreuzt er die Klingen, in dem er seinen Text mit eigenen kursiv gesetzten Kommentaren unterbricht, um ihn zu widerlegen.

Jüdische Quellen anzuführen, um Juden zu beschuldigen oder Negatives über sie zu lancieren, ist eine billige und bewährte Methode. Der jüdische Apostat Pfefferkorn und der christliche Hebraist Wagenseil verwendeten, manipulierten und fälschten im sechzehnten oder siebzehnten Jahrhundert jüdische Quellen für ihre judenfeindlichen Bücher, die zu den Standardwerken der christlichen Antisemiten avancierten.

Diesem Prinzip folgend ist das vom Autor am meisten zitierte Werk die sechzehnbändige obsolete, 1906–1913 in St. Petersburg erschienene von der zaristischen Zensur kastrierte russisch-jüdische Enzyklopädie. Leonid Kazis hat in seinem Aufsatz in der Literaturbeilage »Ex Libris« der angesehenen Moskauer Zeitung »Nesawissimaja Gaseta« vom 12. Juli 2001 Solschenizyns Methoden bei der

Behandlung der von ihm ausgewählten unzähligen Texte aus der Enzyklopädie, die in Solschenizyns Buch fast 400 Mal zitiert werden, eingehend untersucht. Weder führt Solschenizyn die Namen der Autoren der verschiedenen Artikel auf, noch gibt er direkte Zitate wider. Er zitiert beispielsweise antisemitische Texte, ohne deren Autoren zu nennen, so dass der Leser sie für die Meinung der jüdischen Redakteure der Enzyklopädie halten muss. Im Buch gibt es fast keine Kennzeichnung von Zitatanfang und -ende. Ein Beispiel: Jakow Brafman musste als Kind von zu Hause flüchten, um von den *Chappern* nicht eingefangen zu werden. Er ließ sich später taufen und verfasste mehrere antisemitische Werke, u. a. *Das Buch vom Kahal*, in denen er die Juden der internationalen Verschwörung gegen Russland beschuldigte. Sein Buch gehört neben den berüchtigten *Protokollen der Weisen von Zion* zum oft nachgedruckten Bestand der antisemitischen Literatur in Russland. Solschenizyn zitiert Brafmans Verschwörungstheorien seitenweise, aber nicht unmittelbar aus dessen Buch, sondern indirekt aus der jüdisch-russischen Enzyklopädie, damit dieses Machwerk nicht in einer Fußnote als Quelle erscheint. Solschenizyn presst die selektierten Texte durch den Filter seiner Prosa, von eigenen Kommentaren und Kursivstellen unterbrochen, so dass man nie weiß, wie das Originalzitat wirklich lautet. Durch diese Manipulationen verlieren seine ohnehin dürftigen Quellen jeglichen wissenschaftlichen Wert.

Manche Bücher werden seitenweise zitiert, wie die zwischen 1864 und 1883 erschienenen Werke des Senators und Staatsbeamten Gawriil Derschawin, der zwar eine Reform der Judengesetze vorschlug, aber seiner judenfeindlichen Einstellung folgend die teilweise Aussiedlung der Juden aus den Schtetls des Rayons und die Liquidierung der Gemeinden befürwortete. Einer der wichtigsten Autoren Solschenizyns ist der Historiker und Staatsbeamte Wiktor Nikitin. Er war mit neun Jahren seinen jüdischen Eltern als Kantonist entrissen worden, wurde zwangsgetauft und hat den Juden die Untaten der *Chap-*

per wahrscheinlich nie vergessen. Nach Ableistung des 25-jährigen Militärdienstes wurde er hoher Beamter des Landwirtschafts-Ministeriums und schrieb das 1887 erschienene Buch *Juden in der Landwirtschaft*, das Solschenizyn in über fünfzig Fußnoten zitiert. Solschenizyns Textauswahl aus dem Buch von Nikitin ist eine unendliche Litanei und Anklageschrift gegen die Juden, u.a. über ihre Unfähigkeit und ihren Unwillen, den ihnen im Gnadenwege zugeteilten russischen Boden angemessen zu bearbeiten und das Vieh sachgemäß zu behandeln. Solschenizyn blendet damit die seit Jahrzehnten bekannten Erfolge russisch-jüdischer Kolonisten und Bauern in der Ukraine, auf der Krim, in Palästina und sogar in Argentinien aus.

Mehrmals heißt es, dass die Juden nicht die einzigen waren, denen es in Russland schlecht ging, da die Lage der Bauern noch schlimmer war. Das ist nichts anderes als das Echo der Stimme Dostojewskis, der die Meinung vertrat, dass die Befreiung der Bauern Priorität vor der Verbesserung der Lebensbedingungen der Juden haben sollte. Der Autor konstruiert mit diesem und anderen Beispielen eine zynische Konkurrenz des Leidens und der Unterdrückung zwischen Russen und Juden und verharmlost dadurch die an den Juden begangenen Verbrechen.

Mit Statistiken will der Autor beweisen, dass sich die Juden oft vor dem Militärdienst drückten, z.B. während des Krieges gegen Japan 1904/1905. Was Solschenizyn verschweigt: 30000 Juden kämpften im Fernen Osten, während ihre Familien zu Hause Opfer der Pogrome wurden. Josef Trumpeldor, Sohn eines Kantonisten, war Held der Schlacht von Port Artur, wo er einen Arm verlor und wegen Tapferkeit im Felde zum Offizier befördert wurde. Solschenizyn hält es nicht einmal für erwähnenswert, dass während des Ersten Weltkrieges eine halbe Million jüdischer Soldaten im russischen Heer kämpften.

Nur einmal wird die sechzehnbändige moderne anerkannte *Encyclopaedia Judaica* (Jerusalem 1972) zitiert, und zwar der ganzseitige Artikel über den im Frankfurter Ghetto geborenen Wall-Street-Bankier Jacob Schiff, der während des russisch-japanischen Krieges nicht nur eine Kriegsanleihe Japans über 200 Millionen Dollars auflegte, sondern auch die Kreditaufnahme Russlands in den Vereinigten Staaten behinderte. Er war der Judenpogrome wegen gegen Russland eingestellt und unterstützte jüdische Selbstschutz-Gruppen. Hier bricht Solschenizyn seinen Bericht ab. Er deutet an, dass Russland möglicherweise den Krieg wegen der Obstruktion durch jüdische Plutokraten verloren hat. Aber was lesen wir in der Enzyklopädie nur einen Satz weiter? Derselbe Schiff organisierte 1917 eine substantielle Kriegsanleihe für die demokratische, aber leider kurzlebige Provisorische Regierung unter Kerenski. Schiff war also kein Feind Russlands, sondern des autokratischen Zarentums. Bei Solschenizyn erfahren wir es nicht: Das reiche Russland bekam großzügig Kriegskredite, die vom Pariser Bankhaus der Rothschilds garantiert wurden. Der Odessaer Jude Arthur Rafalowitsch hat in Paris als ständiger Vertrauensbeamter des zaristischen Finanzministeriums für die ausreichende Finanzierung des Krieges gesorgt. Am Ende haben sowohl die Rothschilds als auch die Schiffs, beide aus Frankfurt stammend, ihr Geld in Russland verloren.

Was soll man von der Ermahnung des Autors zum gegenseitigen Verständnis halten, wenn man im Buch Zitate zahlreicher Antisemiten, wie Schulgin, Samyslawski, Schmakow, Fedotow und anderer findet? Zum Beispiel wird der Gründer der antisemitischen »Union des russischen Volkes« Puryschkewitsch, der der geistige Brandstifter, Urheber der Pogrome und Organisator der »Schwarzhundertschaften« war, kommentarlos mit seiner Aussage in der Duma zitiert und damit exkulpiert, er wolle gegen die Juden nicht mit Gewalt, sondern nur mit wirtschaftlichen und kulturellen Mitteln vorgehen.

Das schmerzlichste Kapitel der russisch-jüdischen Geschichte sind die Pogrome. Es gab drei Pogromwellen: Von 1881 bis 1884, von 1903 bis 1906 und von 1919 bis

1921. Es ist seit Jahrzehnten bekannt, dass es *nicht* die russische Regierung war, die diese Pogrome angeordnet, organisiert oder durchgeführt hat. Die nachträgliche Verteidigung Russlands durch Solschenizyn ist deshalb unsinnig. Es war aber die Hetze regierungsnaher Kreise, die die Juden für das Attentat auf den Zaren Alexander II. verantwortlich gemacht hatte. Zwischen 1881 bis 1884 gab es 259 Pogrome, denen Tausende von Menschen zum Opfer fielen. Ab 1882 bis 1903 folgten Dutzende von antijüdischen Gesetzen und Verordnungen. Jüdische Schriftsteller wie Lew Lewanda und Leonty Bramson haben in ihren Büchern ausführliche Darstellungen der antijüdischen Gesetzgebung vorgelegt. Auch dazu schweigt Solschenizyn. Diese Entwicklung führte zu einer gigantischen Auswanderungswelle; 2,2 Millionen Juden verließen den Rayon und wanderten aus, die meisten nach Amerika.

Die Pogromwelle von 1903 bis 1906 umfasste die meisten Orte des Ansiedlungsrayons. Innerhalb von nur zwei Wochen im Oktober 1905 gab es 690 Pogrome mit einigen Tausend Ermordeten und Verletzten. Solschenizyn widmet fast sechzig Seiten seines Buches den Pogromen von Kischinjow, Kiew und Odessa, drei von fast 700. Warum? Er versucht die Schuldfrage an den Pogromen neu zu definieren, um die Regierung zu entlasten, wenn nicht zu exkulpieren. Er verwendet dazu seitenweise Berichte der von der Regierung mit der Untersuchung der Vorfälle beauftragten Senatoren Turau und Kusminski sowie Gerichtsprotokolle der nachfolgenden Prozesse. Solschenizyn verwertet aber nicht die zahlreich vorhandenen Aussagen und Akten der Opfer, sondern nur die amtlichen zaristischen Quellen. Das 1909 in Köln erschienene fast 1000-seitige zweibändige Standardwerk *Die Judenpogrome in Russland*, das bis heute von der Forschung als wichtige Quelle betrachtet wird, scheint er nicht zu kennen, ebenso wenig wie den Kongressband von Klier/Lambroza: *Pogroms: Anti-Jewish Violence in Modern Russian History* von 1992 mit Beiträgen von elf Historikern. Würde es Solschenizyn gefallen, wenn die Geschichte der

Gulags von sowjetischen Beamten oder NKWD-Offizieren verfasst worden wäre?

Nur wenige Seiten widmet Solschenizyn dem Beilis-Prozess, der weltweite Beachtung fand und genauso die Gemüter bewegte wie der Dreyfus-Prozess. Im Jahre 1913 wurde in Kiew Mendel Beilis eines angeblichen Ritualmordes beschuldigt. Gemäß dem Gutachten des russisch-orthodoxen Archimandriten Ambrosius verwendeten die Juden, angeblich aus rituellen Gründen, das Blut von christlichen Kindern zum Backen der Mazzen für das Pessachfest. Dank dem Beistand vieler Russen und den Protesten aus aller Welt wurde Beilis von dem aus Bauern bestehenden Schwurgericht freigesprochen.

Der berühmte Schriftsteller Wladimir Korolenko ist Autor der Erzählung *Haus Nr. 13*, die eine zornige Anklage gegen die Pogrome von Kischinjow ist. Er verfasste, wie Émile Zola in der Verteidigung des jüdischen Hauptmanns Dreyfus, flammende Artikel für einen Freispruch von Beilis. Wer aber »sblischenje«, also Annäherung zwischen Juden und Russen predigt, kann unmöglich Korolenkos Intervention, wie Solschenizyn es tut, übergehen. Wer es ehrlich mit den russischen Juden meint, kann einen weiteren berühmten Schriftsteller nicht ignorieren. Nikolai Leskow verfasste unzählige Bücher, Erzählungen und Artikel, viele von ihnen über die Juden. Während der Pogromwelle von 1881–1884 beauftragte Zar Alexander III. den früheren Justizminister Pjotr Graf von der Pahlen, eine Kommission zur Untersuchung der Judenfrage zu bilden. Sie sollte helfen, die Kritik an Russland wegen der Pogrome, besonders im Ausland, abzuschwächen und zu relativieren. Leskow erhielt den Auftrag, eine vertrauliche Denkschrift für diesen Zweck zu verfassen. Seine Schrift *Jewrei w Rossii* – Juden in Russland, wurde 1883 in wenigen Exemplaren gedruckt und wanderte anschließend in die Giftschränke der zaristischen Bürokraten, weil sie nicht dem entsprach, was sich die Auftraggeber von ihr erhofft hatten. Statt anzuklagen, verteidigte Leskow die Juden und lobte ihren altruistischen Humanismus. Die Broschüre blieb verschollen, bis 1919 ein Exemplar gefunden und in Petrograd nachgedruckt wurde. 1990 ist sie in Moskau wieder veröffentlicht worden. Statt den Leser über viele Seiten mit den amtlichen zaristischen Berichten zu langweilen, hätte Solschenizyn diese Schrift komplett abdrucken sollen, aber das hätte seine Auffassung über die Schuld der Juden widerlegt.

Auf mehreren Seiten wird im Buch der Antisemitismus in Deutschland und Frankreich erwähnt, um die russischen Pogrome in den europäischen Kontext einzubinden und sie damit zu relativieren. Aber im Deutschen Reich und in Österreich, den beiden anderen Teilungsmächten Polens, gab es keine Pogrome, von Frankreich und England ganz zu schweigen. Im Laufe des 19. Jahrhunderts wurden dort die gesetzlichen Beschränkungen gegen die Juden gelockert und später die bürgerliche Gleichberechtigung eingeführt, was in dem vom Autor glorifizierten Zarenreich nie der Fall war.

Die Reaktionen der Juden auf gesetzliche Diskriminierung, auf Pogrome und Ritualmordbeschuldigungen, auf Armut, widrige Arbeitsbedingungen und Verfolgungen waren vielgestaltig. Die Alternativen waren: Bildung, Emigration und Revolution. Die Juden hatten allen Grund, sich an fortschrittlichen und revolutionären Bewegungen zu beteiligen. Ein Viertel des Buches widmet Solschenizyn der Beteiligung der Juden am revolutionären Geschehen, zu dem er die während der Pogrome gebildeten jüdischen Selbstschutzgruppen, wie zum Beispiel in Białystok und Gomel hinzuzählt, da er sie als ungesetzliche Formationen, die das Gewaltmonopol des Staates in Frage stellten, bewertet, also eines Staates, dessen Armee und Polizei oft tatenlos den Morden an den Juden zusahen. Solschenizyn behauptet, dass »die Juden unter dem Begriff *Gleichberechtigung* etwas *Größeres* verstehen« (Kursive im Original). Der Autor verrät uns nicht, dass er damit den angeblichen Drang der Juden zur Dominanz in Russland und in aller Welt meint, wie das Antisemiten seit jeher behaupten. Man hat den Eindruck, als wären die meisten Revo-

lutionäre Juden gewesen. An einer Stelle schreibt Solschenizyn, dass Tausende heute vergessener jüdischer Rebellen
ihren Beitrag zur Zerstörung des russischen Staates leisteten. Im zweiten Band wird er sie sicherlich dem Vergessen
entreißen.

In allen politischen Schriften Solschenizyns, wie auch in
diesem Buch, gibt es viele Spekulationen nach dem Motto
»Was wäre, wenn?« Einige davon haben auch mit Juden
zu tun, etwa wenn Zar Alexander II. nicht dem Attentat
zum Opfer gefallen wäre, oder wenn der Ministerpräsident Pjotr Stolypin 1911 nicht von dem Doppelagenten
Bogrow ermordet worden wäre. Solschenizyn baut einen
halsbrecherisch konstruierten Kausalbogen zwischen Bo-
grows Attentat im September 1911 in Kiew, das er angeblich im Interesse der Juden verübte, und den Massakern
von Babi Jar vom September 1941, genau dreißig Jahre
später, bei welchen innerhalb von zwei Tagen 33 771 Juden Kiews ermordet wurden.

Solschenizyn schreibt wörtlich: »Erster Schritt: Stolypin
wird ermordet, Russland verliert im Ersten Weltkrieg die
Nerven und liegt dann danieder unter dem Stiefel der Bolschewisten. Zweiter Schritt: Die Bolschewisten, trotz ihrer
Grausamkeit unfähiger als das zaristische Russland, überlassen den Deutschen ein Vierteljahrhundert später die
Hälfte Russlands einschließlich Kiew. Schritt drei: Ohne
Schwierigkeiten erobern die Deutschen Kiew und vernichten die dortige jüdische Gemeinschaft.« Diese okkulte
Pseudoverkettung von tragischen Ereignissen, die nichts
miteinander zu tun haben, verschlägt einem die Sprache.

An mehreren Stellen des Buches beweist Solschenizyn,
dass er, wahrscheinlich mangels Kenntnissen und Empa-
thie für das Los der Juden, die jüdische Geschichte nicht
versteht. Es folgen dilettantische Erklärungen über das
Mystische im Judentum, die in einem historischen Werk
deplatziert sind. Hier scheint der konfuse und diffuse Antisemitismus durch, mit all seinen Unterstellungen und
Verschwörungstheorien. John D. Klier beschreibt akribisch die verschiedenen Varianten der russischen Juden-

feindschaft, den liberalen, konservativen und okkulten Antisemitismus. Vielleicht um seine liberalen und jüdischen Leser bei Laune zu halten, streut Solschenizyn im Text einige billige Komplimente an die Adresse der Juden, über deren Erfindergeist, Dynamik, Beharrlichkeit und Treue zu ihrer Religion. Sie sollen seine Objektivität oder gar Zuneigung zu ihnen suggerieren. Hier fällt einem das bekannte Diktum ein, dass man bei solchen Freunden keinen Feind mehr braucht.

In diesem ersten Buch soll der Leser des Fortsetzungsbandes, in welchem hauptsächlich die Bolschewiki jüdischer Abstammung eine große Rolle spielen werden, auf die noch schlimmeren Anschuldigungen gegen die Juden vorbereitet werden. Die Wahrheit ist, dass Tausende von Juden als Mitglieder der demokratischen russischen Parteien, zunächst als Narodniki und später als Menschewiki, Sozialrevolutionäre oder Kadetten für eine freiheitliche Republik kämpften und dies oft mit hohen Strafen und der Verbannung nach Sibirien teuer bezahlten. Aber auch innerhalb der jüdischen Vereinigungen und Parteien kämpften sie als sozialdemokratische Bundisten, Arbeiterzionisten und Folkisten gegen die totalitären Machtansprüche der Bolschewiki und für ein demokratisches Russland. Mit dem Oktober-Putsch 1917, den Lenin mit Hilfe der Millionen Mark der deutschen Obersten Heeresleitung inszenierte, mussten die Hoffnungen auf ein freiheitliches Russland begraben werden.

In meiner Arbeit *Rotbuch: Stalin und die Juden*, die demnächst auch in Moskau und New York erscheinen wird, schildere ich, wie gering der Anteil der Juden bei den Bolschewiki bis 1917 war. »Eine Statistik aus dem Jahre 1922 zeigt, dass der bolschewistischen Partei vor dem Revolutionsjahr 1917 nur 964 Juden angehörten (bei insgesamt 23 600 Mitgliedern, also etwa vier Prozent). 1917 kamen 2182 hinzu, manche waren vorher Menschewiki.«

Mit seinem letzten Werk hat Solschenizyn zwar viele neue Leser gewonnen, aber seinen Ruhm und seine

Glaubwürdigkeit ruiniert. Das Buch ist der untaugliche Versuch, die wahre Geschichte der russischen Juden und ihrer Umwelt umzulügen und die Schuld an allem Unglück Russlands den Fremden und dabei besonders den Juden zuzuweisen. Er hat mit seinen Konstruktionen und Textmanipulationen den Weg für eine ehrliche Auseinandersetzung und Annäherung zwischen Russen und Juden nach 200 Jahren des Nebeneinanders verbaut. Sein Buch kann nicht einmal Grundlage eines »ehrbaren« Antisemitismus sein. Solschenizyn postulierte den Satz »Nicht in der Lüge leben.« Er selbst hat offenbar nicht mehr den Willen oder die Kraft, sich an seine Maxime zu halten.

2002

Jüdische Widerstands-
und Arbeiterlieder

Seit der Gründung der jüdischen Arbeiterbewegung vor
über 130 Jahren begleiteten jiddische Kampf- und Revo-
lutionslieder die jüdischen Arbeiter durch alle Höhen
und Tiefen ihres Lebens. Sie sangen sie in den illegalen
Organisationen in Polen und Russland, in der sibirischen
Verbannung, während der Kämpfe der Revolutionen von
1905 und 1917, bei Straßenkämpfen der jüdischen Anarchisten in London und auch im spanischen Bürgerkrieg. Die jüdische Einheit »Botwin«, Teil der 13. Internationalen Dombrowski-Brigade, hatte einen eigenen
Chor und einen eigenen jiddischen Marsch. In dem in
mehreren Auflagen erschienenen Liederbuch der Internationalen Brigaden, das Lieder aus neun Nationen beinhaltet, wurde neben der »Internationale« auf Jiddisch
auch das berühmte Kampflied »Brider mir hobn geschlossn ...« veröffentlicht. Der jiddische Dichter und
Arbeiterführer David Edelshtat (1866–1892) schuf unzählige Lieder und Gedichte, die dem Kampf der jüdischen Arbeiter für Freiheit, kulturelle Unabhängigkeit
und ein besseres Leben gewidmet waren. In allen jiddischen, meist illegalen Arbeiterzeitungen wurden seine
Lieder abgedruckt. Der Besitz dieser Texte war im zaristischen Russland unter Strafe verboten.

Das berühmteste Kampflied der jüdischen Arbeiter in
Ost- und Mitteleuropa war »Die Schwu'e« – Der
Schwur. Beim Streik der jüdischen Weber im Jahre 1892
in Kolomea in Galizien schworen sich die Streikenden,
die Arbeit nicht wieder aufzunehmen, bis ihre Forderun-
gen erfüllt wurden. Aber nach sieben Wochen erlittener
Entbehrungen dispensierte sie ein Rabbiner von ihrem

Schwur. 1897 schworen sich jüdische und christliche Arbeiter in Krynki bei Białystok gegenseitige Treue und Solidarität. Zum fünften Jahrestag der Gründung des »Bundes« schuf der jiddische Dichter Sch. An-Ski, (d. i. Salomon Rapaport, 1863–1920, Autor des *Dybbuk*) 1902 *Die naje schwu'e*. Die Melodie komponierte G. Beck, der in London jiddische Arbeiterchöre gründete und leitete. Es wurde *die* Hymne des jüdischen Proletariats, und wurde 1905 bei den Straßenkämpfen in Łodz, Białystok und anderen Orten des zaristischen Reiches gesungen.

Die Schwu'e – Der Schwur

brider un schwester vun arbet un nojt,
alle wos senen zeseit un zerspreit.
zusamen! zusamen! di fohn is grejt,
si flakert vun zorn, vun blut is si rojt!
a schwu'e, a schwu'e ojf leben un tojt!

himl un erd wet uns hern,
ejdes, di lichtige stern.
a schwu'e, a schwu'e
vun blut un vun trern.
mit schwern! mir schwern! mir schwern!

mir schwern zu kemfn far freiheit un recht
mit alle tyranen un seiere knecht.
mir schwern basiegn die finztere macht
oder mit heldmut faln in schlacht!
himl und erd ...

mir schwern zu hitn a blutikn hass
zu merder un rojber vun arbeterklass,
dem kaiser, die herscher, die kapitalistn. –
mir schwern sej alle varnichtn, varwistn.
himl un erd ...

mir schwern zu firn a heilikn streit
bis die welt wet nit sein baneit.
kejn kapzn, kejn nogid, kejn her un kejn schklav!
gleich soln wern, wer stark is un schlaff!
himl un erd …

mir schwern a treiheit ohn grenz zum »Bund«,
nor er ken die schklavn bafreien azund.
sein fohn die rojte is hojch un breit.
mir schwern ihm treiheit ojf leben un tojt!
himl un erd …

Brüder und Schwestern der Arbeit und Not,
alle, die sind verstreut und vertrieben.
Zusammen! Zusammen, die Fahne ist bereit,
sie flackert mit Zorn, vom Blut ist sie rot!
Zum Schwur! Zum Schwur auf Leben und Tod!

Himmel und Erde werden uns hören,
Zeugen – die leuchtenden Sterne.
Ein Schwur von Blut und Tränen.
Wir schwören! Wir schwören! Wir schwören!

Wir schwören zu kämpfen für Freiheit und Recht
gegen alle Tyrannen und ihre Knecht'.
Wir schwören zu besiegen die finstere Macht
oder mit Heldenmut fallen in der Schlacht.
*   Himmel und Erde …*

Wir schwören, nie aufzuhören zu hassen
die Mörder und Räuber der Arbeiterklasse,
den Kaiser, die Herrscher, die Kapitalisten. –
Wir schwören, sie alle zu vernichten, zu verwüsten.
*   Himmel und Erde …*

Wir schwören zu führen den heiligen Kampf
bis die Welt erneuert wird.
Kein Bettler, kein Reicher, kein Herr und kein Sklav'!
Gleich sollen alle werden, ob stark oder schwach!
*   Himmel und Erde …*

Wir schwören Treue ohne Grenzen zum »Bund«,
nur er kann die Sklaven jetzt befreien.
Seine Fahne, die rote ist hoch und breit.
Wir schwören ihr Treue auf Leben und Tod:
  Himmel und Erde ...

David Edelshtat schuf unzählige unvergessene Lieder, die, in andere Sprachen übersetzt, von Arbeitern in der ganzen Welt gesungen wurden. Mehrere von ihnen waren auch in der deutschen Arbeiterbewegung sehr populär. Das Lied *Mir wern gehasst un getriebn* übersetzte aus dem Jiddischen ins Deutsche Rosa Luxemburg. Es wurde vor dem Hintergrund der grausamen Verfolgung der Juden und der jüdischen Arbeiterbewegung im zaristischen Russland geschrieben.

Mir wern gehasst un getriebn

mir wern gehasst un getribn,
mir wern geplogt un varfolgt,
un alz nor derfar, weil mir liebn
dos orime, schmachtnde volk.

mir wern derschossn, gehangen,
m'barojbt uns dos lebn un recht,
derfar, weil mir emes varlangen
un freiheit far orime knecht.

doch kejnmol wet uns nischt derschrekn
gefengenisch un tiranei,
mir musn die menschheit derwekn
un machn sie gliklech un frei.

schmidt uns in eiserne kejtn,
wie blutike chajes uns rejst;
ir wet unser kerper nor tojtn,
ober nischt unser hejlikn geist!

ir kent uns dermordn, tiranen,
naje kemfer wet bringn die zeit,
un mir weln kemfn, bis wanen
die welt wet schojn wern bafreit.

Wir werden gehasst und getrieben,
wir werden geplagt und verfolgt,
und alles nur, weil wir lieben,
das arme, das leidende Volk.

Wir werden erschossen, gehangen,
man nimmt uns das Leben, das Recht,
und nur weil wir Freiheit verlangen
für arme und elende Knecht'.

Doch uns werden niemals erschrecken
Gefangenschaft und Tyrannei.
Wir müssen die Menschheit erwecken
und machen sie glücklich und frei.

Ihr schlagt uns in eiserne Ketten;
wenn ihr uns wie Tiere zerreißt,
könnt ihr nur unsere Körper töten,
doch nie unseren heiligen Geist.

Ihr könnt uns ermorden, Tyrannen,
schon stehn neue Kämpfer bereit.
Wir kämpfen, bis wir gewonnen
und bis wir die Erde befreit.

Brider mir hobn geschlossn ...

Oj brider, mir hobn geschlossn
ojf lebn un tojt a varband,
mir stehen in schlacht wie genossn,
die fohne, die rojte, in hant.

Es trift dich a kojl, mein getrajer,
a kojl vun dem ssojne, dem hunt,

dan trog ich dich arojs bald vun fajer
un heil dir mit kuschn dein wund.

Un bistu gefaln a tojter,
die ojgn die liebe varmacht,
dan wikl ich dich in der fohne, die rojte,
un fall mit dir zusamm in schlacht

O Brüder, wir haben beschlossen,
in Leben und Tod fest zu stehn.
Wir gehen in den Kampf als Genossen,
die Fahne, die rote, wird wehn.

Und trifft dich die Kugel, Getreuer,
die Kugel vom Feinde, dem Hund,
dann trage ich dich aus dem Feuer
und heile mit Küssen die Wund'.

Und fällst du und hast du die Augen
für immer im Tod zugemacht,
dann hülle ich dich in die Fahne
und falle mit dir in der Schlacht.

Wacht ojf!

wie lange, o wie lang wet ir bleibn noch schklavn,
un etrogn di schendleche kejt?
Wi lang wet ir glenzende reichtimer schafn
far dem wos barojbt ajer brojt?

wie lang wet ir schtejn, ajer rukn gebojgn,
dernidrikt, hejmlos, varschmacht?
es togt schojn! wacht ojf un zu'èfnt die ojgn!
derfilt ajer eiserne macht!

klingt umetum die freiheitsglokn!
varsamlt die leidnde knecht!
un kemft bageistert, un kemft umerschrokn
far ajere heilike recht!

un ales wet lebn, un liebn, un bli'en,
in frajen, in goldenem mai!
brider, genug far tiranen zu kni'en,
schwert as ir must sein frei!

David Edelshtat

Wacht auf!

wie lange, oh wie lange noch wollt ihr Sklaven bleiben
Und tragen die schändliche Kette?
Wie lange werdet ihr große Reichtümer schaffen
für die, die euch eures Brotes berauben?

Wie lange noch werdet ihr mit gebeugtem Rücken stehen,
erniedrigt, heimatlos und verschmachtend?
Wacht auf, es tagt schon, öffnet die Augen!
Und fühlt eure eiserne Macht!

Lasst erklingen die Freiheitsglocken!
Versammelt die leidenden Knechte!
Kämpft begeistert und kämpft unerschrocken
Für euere heiligen Rechte!

Und dann wird alles leben, lieben und blühen,
Im freien goldenen Mai!
Brüder, lange genug habt ihr vor Tyrannen gekniet,
Schwört, dass ihr euch befreit!

Einer der bekanntesten jiddischen Dichter ist Jossi Papier-
nikow, der 1924 das Gedicht *Soll sein ...* schrieb. Im
Laufe der Jahrzehnte entwickelte es sich zu einem der
meistgesungenen Lieder der jüdischen Massen in Osteuropa. Es wurde zu einer Mischung von Volkslied und Ar-
beiterlied. Von Wolf Biermann stammt die wunderschöne
Nachdichtung und Interprtation.

Soll sein – Mag sein

soll sein, as ich boj in der luft meine schlesser,
soll sein, as mein gott is inganzn nit do.
in trojm wet mir heller, in trojm wet mir besser,
in cholem is der himml blojer wie bloj.

soll sein, as ich wel kejnmol mein ziel nit derlangen,
soll sein, as mein schiff wet nit kumen zum breg.
es gejt nit in dem ich soll hobn dergangen,
es gejt nor der gang ojf dem sunnikn weg.

Mag sein, dass ich irre und dich nur verwirre.
Mag sein, dass ich hoffe und bin längst verloren.
Ich leb' ja den Traum der Commune noch immer
– dazu hat mich ja meine Mutter geboren.

Wir haben uns selber am schlimmsten von allen
Verraten, verkauft und blutig genarrt.
Und doch sind nicht all meine Träume, die roten,
Mit all unseren Toten verreckt und verscharrt.

Und ob es mir schwer wird und ob es mir leicht ist,
Ich geh' unsern Weg, geh' mit Sehnsucht und Zorn
– mag sein, dass ich einmal, wenn alles erreicht ist,
Erreicht habe nichts als ein' Anfang von vorn.

zitiert nach: Wolf Biermann, *Alle Lieder*, Köln 1991

Illegalität und Konzentrationslager

1936 dichtete Fritz Brügel in der politischen Emigration in der Sowjetunion das *Illegale Flüsterlied*. Es erschien erstmalig in der antifaschistischen literarischen Zeitschrift »Das Wort«. Der jüdisch-sowjetische Komponist und Musikologe Grigori Schneerson vertonte das Lied der illegalen Widerstandskämpfer in Deutschland.

Illegales Flüsterlied

Man sieht uns nicht, man kennt uns nicht,
wir tragen keine Zeichen.
Der Hass des Feindes verbrennt uns nicht,
er kann uns nicht erreichen.

Wir sind wie Atem, Luft und Wind,
der Feind kann uns nicht greifen,
er starrt sich seine Augen blind
und fühlt nur, dass wir reifen.

Man fängt uns nicht, man hört uns nicht,
wir leben nicht im Hellen.
Die List des Feinds zerstört uns nicht
das Netz der roten Zellen.

Wir sind wie Atem ...

Wir spinnen unsre Fäden fort,
das Netz wird immer dichter.
Von Stadt zu Stadt, von Ort zu Ort,
trotz Henker, Kerker, Richter!

Die heut' im Grau des Dämmerlichts
die schmalen Wege graben,
sie hatten nichts, sie haben nichts –
sie werden alles haben!

Im Jahre 1938 verfasste der junge jüdisch-österreichische Dichter Jura Soyfer im KZ Dachau die Worte, die von seinem Lagerkameraden Herbert Zipper vertont wurden. Kurze Zeit darauf starb der Dichter mit 26 Jahren im KZ Buchenwald, aber das Lied gelangte ins politische Exil. Es wurde in London 1940 publiziert und von Antifaschisten oft gesungen.

Das Dachau-Lied

Stacheldraht, mit Tod geladen, ist um unsre Welt
    gespannt.
Drauf ein Himmel ohne Gnaden sendet Frost und
    Sonnenbrand.
Fern von uns sind alle Freuden, fern die Heimat,
    fern die Frau'n,
wenn wir stumm zur Arbeit schreiten, Tausende
    im Morgengrau'n.

Doch wir haben die Losung von Dachau gelernt und
    wurden stahlhart dabei:
Sei ein Mann, Kamerad, bleib ein Mensch, Kamerad,
mach ganze Arbeit, pack an, Kamerad,
denn Arbeit macht frei!

Vor der Mündung der Gewehre leben wir bei Tag
    und Nacht.
Leben wird uns hier zur Lehre, schwerer,
    als wir's je gedacht.
Keiner mehr zählt Tag' und Wochen, mancher
    schon seit Jahren nicht,
und gar viele sind zerbrochen und verloren ihr Gesicht.

Doch wir haben die Losung von Dachau ...

Lieder aus dem spanischen Bürgerkrieg

Über 7000 Juden kämpften als Freiwillige im spanischen Bürgerkrieg in den Internationalen Brigaden, viele von ihnen in der jüdischen Einheit »Botwin«. Die Truppe hatte eine eigene Fahne und die Kommandosprache war Jiddisch. Der letzte Gefallene in Spanien war der polnische Jude Chaskiel Honigstein. Ihr Marschlied wurde in der jiddischen Frontzeitung der Einheit an der Ebro-Front veröffentlicht. Es wurde in meinem Buch *Schalom Libertad!* erneut abgedruckt.

Das Marschlied der Botwin-Soldaten

wenn s'geien zum krieg republiks-batalionen,
wenn s'blutikt sich die erd un es knallt der dynamit,
bagleit a gesang die zerflatterte fohnen:
dos geien die botwinzes zu der schlacht mit a lied:
mit a lied vun hoffenung un sieg vun milionen
wos wiln lebn in freiheit un recht,
wos schickt uns sturmen dem ssojnes kanonen
un fihrt uns dreiste zum letztn gefecht.
No pasaran!

mutig vorojs, zum sturm, zum atack
geien mir, botwinistn!
mit der brigade international
mit unser volksarmee.

uns einikt der hass zu die brojne banditn,
wos wil varknechtn dos spanische land.
mir welln die grin-rojte felder varhitn
mit fohnen vun einheit un mit biks in der hand.
un in der brider-reih vun velker un rassn,
wos willn mehr nischt varschklavung un nojt,
schmiedn mir ojs dos gewehr vun die massn,

der freiheits-volksfront vun scholem un brojt.
No pasaran!
Refrain: mutig, vorojs zum sturm ...

mir welln nischt losn vun hand die gewehrn
asoj hot gelernt uns Botwin, der held,
bis s'wet uns die zukunft inganzn gehern,
bis s'wet a bafreite sich zerblijen die welt.
un in die naje un krieglose zeitn
wet men dermonen unser varmesst,
wie s'hoben jiddische Botwin-soldatn
vartriebn weit die faschistische pest.
No pasaran!
Refrain: mutig vorojs zum sturm ...

Wenn zum Krieg gehen der Republik Bataillone,
wenn die Erde blutet und knallt das Dynamit,
begleitet ein Gesang die flatternden Fahnen:
Hier gehen Botwinisten zur Schlacht mit einem Lied,
einem Lied von Hoffnung und Sieg für Millionen,
die wollen leben in Freiheit und Recht,
welches uns schickt zu stürmen des Feindes Kanonen
und führt uns mutig zum letzten Gefecht.
No pasaran!

Mutig voraus, zum Sturm, zur Attacke
gehen wir Botwinisten!
Mit der »Brigada Internacional«,
mit unserer Volksarmee.

Uns einigt der Hass gegen die braunen Banditen,
welche wollen knechten das spanische Land.
Wir werden die grün-roten Felder hüten
mit den Fahnen der Einheit, mit dem Gewehr
*   in der Hand.*
In den Bruderreihen der Völker und Rassen,
die nicht mehr wollen Versklavung und Not,
schmieden wir die Waffen für die Massen,
die Freiheits-Volksfront für Frieden und Brot.

No pasaran!
Refrain: Mutig voraus, zum Sturm ...

Wir lassen nicht fallen unsere Gewehre,
das lehrte uns Botwin, der Held,
bis uns die ganze Zukunft wird gehören,
Bis erblühen wird eine befreite Welt.
Und in den neuen und kriegslosen Zeiten
wird man unseres Kampfes gedenken,
als die jüdischen Botwin-Soldaten
weit vertrieben die faschistischen Henker.
No pasaran!
Refrain: Mutig voraus, zum Sturm ...

Unter den Tausenden jüdischer Freiwilliger kämpfte in Spanien auch Ludwig Detsinyi, der in Budapest geboren wurde und in Berlin aufwuchs. 1934 flüchtete er über Holland nach Palästina. Von dort ging er als Freiwilliger nach Spanien und war Sanitäter bei der 15. Internationalen Lincoln-Brigade. Er schrieb die meisten Lieder und Gedichte des spanischen Bürgerkrieges. Sein bekanntestes Lied:

Das Lied von der Jarama-Front

Genossen im Graben, singt alle mit,
lasst schweigen die anderen Lieder.
Wir singen das Lied der Jarama-Front,
wo gefallen so viele Brüder.

Mit Tanks und Fliegern, so griffen sie an.
Wir hatten nur Mut und Gewehre.
Wie viele auch fielen, an unserem Damm
zerschellten die Legionäre.

Jetzt blüht wieder Mohn im Jaramatal
und blüht vor unserem Graben.
Wie ein blutroter Teppich bedeckt er das Land,
wo so viele der Besten begraben.

Aber später und immer und überall,
wenn Arbeiter sitzen zusammen,
wird erklingen das Lied der Jarama-Schlacht,
wird zum Kampfe die Herzen entflammen.

Und einmal dann, wenn die Stunde kommt,
da wir alle Gespenster verjagen,
wird die ganze Welt zur Jarama-Front,
wie in den Februartagen.

Ghetto- und Partisanenlieder

Das berühmteste Lied des jüdischen Widerstandes während des Zweiten Weltkrieges ist die Partisanenhymne *Sog nit kejnmol* .... Es wurde von Hirsch Glik gedichtet und von allen jüdischen Partisanen-Einheiten gesungen. Hirsch Glik wurde 1920 geboren und organisierte schon als Jugendlicher eine jiddische Dichtergruppe, die sich nach der von ihr herausgegebenen Zeitschrift »Jungwald« nannte. Bereits als neunzehnjähriger Dichter wurde er 1939 Mitglied der berühmten literarischen Gruppe »Jung Wilne«. Während der deutschen Besatzung war er Häftling in mehereren KZ, wo er größere poetische Werke schuf, wie *Eine Nacht im Lager.* 1943 wurden die Häftlinge ins Ghetto Wilna deportiert. Dort schrieb er das berühmte Lied, das vom Kommando der Partisanenorganisation FPO zur Partisanenhymne erklärt wurde. Kurz vor Ausbruch der Partisanen aus dem Ghetto in die Wälder wurde er in ein KZ in Estland verschleppt, von wo ihm die Flucht zu einer jüdischen Partisaneneinheit gelang. 1944 fiel er mit seinen Kampfgenossen mit der Waffe in der Hand. Vertont wurde der Text von dem sowjetischen Komponist Dmitrij J. Pokras.

Sog nit kejnmol ...

sog nit kejnmol as du gehst dem letztn weg,
chotsch himlen bleiene varstelln bloje teg;
kumen wet noch unser ojsgebenkte scho,
s'wet a pojk ton unser trot – mir senen do!

vun grinem palmen-land bis weitn land vun schnee,
mir kumen on mit unser pein, mit unser weh,
un wu gefalln s'is a spritz vun unser blut,
sprotzn wet dort unser gwure unser mut.

s'wet die morgn-sun bagildn uns dem heint,
un der nechtn wet varschwindn mitn feind,
nor ojb farsamen wet die sun un der kajor –
wie a parol sol gejn dos lied vun dor zu dor.

dos lied geschribn is mit blut un nit mit blei,
s'is nit kejn liedl vun a voigl ojf der frei,
dos hot a volk zwischn fallndike went
dos lied gesungen mit naganes in di hent.

to sog nit kejnmol as du gehst dem letztn weg,
chotsch himlen bleiene varstelln bloje teg.
kumen wet noch unser ojsgebenkte scho –
s'wet a pojk ton unser trot – mir senen do!

Sag nie nicht

Sag nie nicht, du gehst den allerletzten Weg
Schluckt das Blei im Himmel auch des Tages Licht
Unsre heißerhoffte Stunde ist schon nah
Trommeln werden unsre Schritte: Wir sind da!

Fern vom Wüstenland bis weit vom Land im Schnee
Kommen wir mit unserm Zorn, mit unserm Weh
Wo von uns auch immer fällt ein Tropfen Blut
Grade da wächst unsre Kraft und unser Mut

Morgen macht die Sonne golden unsern Tag
Mit dem Feind verschwindet alle unsre Plag
Und wenn trotzdem morgen keine Sonn aufzieht
Wird für unsre Enkel leuchten dieses Lied

Dieses Lied, ich schriebs mit Blut und nicht mit Blei
Und ist nicht kein Lied vom Vogel froh und frei
Unser Volk hat es gesungen an der Wand
In Ruinen mit Pistolen in der Hand

Sag nie nicht: Ich geh den allerletzten Weg
Schluckt das Blei im Himmel auch des Tages Licht
Unsre heißerhoffte Stunde ist schon nah
Trommeln werden unsre Schritte: Wir sind da!

© Wolf Biermann

Im Jahre 1942 unternahm die jüdische Partisanenorganisation im Ghetto Wilna eine Sabotage-Aktion, die die Vernichtung eines Militärtransportes zum Ziele hatte. Zu Ehren der Partisanin Witka Kempner und ihres Kampfgefährten Itzik Mackewicz, die an der Aktion teilnahmen, schrieb Hirsch Glik dieses Lied.

Still, die nacht is ojsgesternt ...

still, die nacht is ojsgesternt,
un der frost – er hot gebrent;
zu gedenksdu wie ich hob dich gelernt
haltn a schpajer in die hent.

a mojd, a pelzl un a beret,
un halt in hant fest a nagan,
a mojd mit a samtenem ponim
hit op dem ssojnes karawan

gezielt, geschossn un getrofn
hot ir kleininker pistojl,

an auto, a vullinkn mit woffn
varhaltn hot sie mit ejn kojl.

vartog vun wald arojsgekrochen,
mit schnee-girlandn ojf die hor,
gemutikt vun kleininkn nizochn
far unser neiem, freien dor.

Still, die Nacht ist voller Sterne,
und der Frost hat stark gebrannt.
Weißt du noch, wie ich dich lehrte,
wie man die Pistole in der Hand hält?

Ein Mädchen, ein Pelz, ein Barett
hält fest in der Hand die Pistole.
Ein Mädchen mit einem samtenen Gesicht
Hält des Feindes Zug auf.

Gezielt, geschossen und getroffen
hat ihre kleine Pistole.
Ein Auto voll mit Waffen,
hat sie mit einer Kugel aufgehalten.

Morgens aus dem Wald herausgekrochen,
mit Schneegirlanden im Haar,
vom kleinen Sieg ermutigt
für unsere neue, freie Generation.

1994

Bücher und Veröffentlichungen aus den letzten Jahren

Jüdische Stiftungen in Frankfurt, Frankfurt 1988 und Sigmaringen 1994
Schalom Libertad! – **Juden im spanischen Bürgerkrieg,** Frankfurt 1989, Köln 1991, Frankfurt 1991, Paris 1991, Taschenbuch-Ausgabe 2001, Barcelona 2001
Sog nit kejnmol – Lieder des jüdischen Widerstandes. Jüdische Arbeiter- und Partisanenlieder, Frankfurt 1990 und 1994
Zum Kampf auf Leben und Tod! Das Buch vom Widerstand der Juden 1933–1945, Erste Gesamtdarstellung des jüdischen Widerstandes in Europa. Köln 1994 und 1995, dtv-Taschenbuch 1997, Köln 2002
Konzeption der Ausstellung über den jüdischen Widerstand in Europa **Im Kampf gegen Besatzung und »Endlösung«** im Jüdischen Museum der Stadt Frankfurt im April 1995. Mitherausgeber des Kataloges/Textbandes zur Ausstellung.
Herausgeber des: **Schwarzbuches** von Ilja Ehrenburg und Wassili Grossman. *Der Genozid an den sowjetischen Juden,* Reinbek 1994 und 1995, Frankfurt 1996, Paris 1995 (Le Livre Noir), Mailand 1999 (Il Libro Nero)
Phonetische Transkriptionen aus dem Jiddischen der zweisprachigen Ausgaben
1) des poetischen Werkes von Jizchak Katzenelson *Großer Gesang vom ausgerotteten jüdischen Volk,* Köln 1994 und
2) von Zvi Kolitz: *Jossel Rakovers Wendung zu Gott,* Berlin 1996, München 1999
Herausgeber des Reprints von **The Black Book of Polish Jewry,** New York 1943, Bodenheim 1995
Rotbuch: Stalin und die Juden – *Die tragische Geschichte des Jüdischen Antifaschistischen Komitees und der sowjetischen Juden,* Berlin 1998, Taschenbuch Aufbau Verlag, Berlin 2000, Berlin 2002

Einige Aufsätze

außer den zahlreichen Essays, Buchrezensionen und Aufsätzen im Rundfunk, Fernsehen, in Zeitungen und Zeitschriften, wie *Frankfurter Allgemeine Zeitung, Frankfurter Rundschau, Berliner Zeitung, Die Woche, Jüdische allgemeine Wochenzeitung, Der Spiegel* usw.

German and Austrian Jews in the International Brigades, in: Leo Baeck Institue Year Book 1990, London

Historische Aufarbeitung, in: Michael Brenner: *Nach dem Holocaust. Juden in Deutschland 1945–1950*, München 1995

Muß es ein (monumentales) Denkmal sein? in: *Der Wettbewerb für das »Denkmal für die ermordeten Juden Europas«*, Leonie Baumann u. a.(Hg.), Berlin 1995

Arno Lustiger, Auschwitzhäftling Nr. A 5592 in: *Als der Krieg zu Ende war.* Hans Sarkowicz (Hg.), Frankfurt 1995

Los Judios en las Brigadas Internacionales de la Guerra Civil Espanola, in: *Los Judios en la Espana Contemporanea*, Ricardo Izqierdo Benito (Hg.) Universitad Castilla – La Mancha, Toledo 1998

Deportiert ins KZ Langenstein-Zwieberge in: *Wegweiser durch das jüdische Sachsen-Anhalt*, Jutta Dick /Marina Sassenberg (Hg.), Potsdam 1998

Jüdische Kultur in Ostmitteleuropa am Beispiel Polens, Reihe Geschichte der Friedrich-Ebert-Stiftung, Bonn 2000

Quelque notes sur l'engagement des Juifs dans la guerre d'Espagne, in: *Plurielles - Vers un judaisme humaniste et laique*, Paris 2000

Some problems and aspects in the historiography of the Jewish resistance, in: *Studia Judaica*, Universität Cluj-Napoca 2001

Einführung zu: Lorenz Sichelschmidt: **Mala.** *Ein Leben und Liebe in Auschwitz*, Bremen 1995

Einführung zu: Alex Faitelson: **Im jüdischen Widerstand**, Zürich 1998

Einführung zu: Harold Werner: **Partisan im Zweiten Weltkrieg.** Lüneburg 1999

Der Fettmilch-Aufstand in Frankfurt und die Juden. Festschrift zum 60. Geburstag von Julius H. Schoeps, Hildesheim-New York, 2002